Ignaz Urban

Monographie der Familie der Turneraceen

Ignaz Urban

Monographie der Familie der Turneraceen

ISBN/EAN: 9783743308114

Hergestellt in Europa, USA, Kanada, Australien, Japan

Cover: Foto ©ninafisch / pixelio.de

Manufactured and distributed by brebook publishing software
(www.brebook.com)

Ignaz Urban

Monographie der Familie der Turneraceen

Monographie der Familie

der

TURNERACEEN

von

Dr. Ign. Urban.

Besonders abgedruckt aus:
»Jahrbuch des Kgl. botan. Gartens u. botan. Museums zu Berlin. II.«

Mit zwei Tafeln.

BERLIN 1883.
GEBRÜDER BORNTRAEGER
(ED. EGGERS).

Inhalts-Verzeichniss.

Einleitung.

Die Familie der Turneraceen ist bisher noch nicht monographisch behandelt worden. Von den Uebersichten über die beschriebenen Arten aus den ersten Decennien dieses Jahrhunderts z. B. in Lamarck's Encyclopaedie, in den neuen Auflagen von Linné's Systema Vegetabilium etc. verdient nur De Candolle's Arbeit im Prodromus (1828) etwas mehr Beachtung wegen des (freilich missglückten) Versuches, die Arten systematisch zu gruppiren. Was seitdem an neuen Formen bekannt wurde, ist in den mannigfaltigsten Werken und Zeitschriften zerstreut. Die Flora des Verbreitungscentrums der Familie ist aber seit Cambessèdes' vortrefflicher Abhandlung in St. Hilaire's Flora Brasiliae meridionalis (1829) rücksichtlich der Turneraceen nicht wieder studirt worden, so dass sich aus diesem Gebiete noch eine beträchtliche Anzahl unbeschriebener Arten in den Herbarien vorfand. Auch die wiederholte Bearbeitung der Genera Plantarum lieferte für die Kenntniss der Familie und ihre systematische Stellung keine wesentlich neuen Momente. Von der Biologie war gar nichts bekannt, von der Morphologie nur das wenige, was Eichler in seinen Blüthendiagrammen mitgetheilt hat.

Das Material zu meinen Untersuchungen lieferten mir die Herbarien zu Berlin (mit den Willdenow'schen Originalien), Brüssel (ehemals Martius), von A. De Candolle, zu Göttingen (Grisebach), Kopenhagen (die königl. Sammlungen und die Warming's), München (die von Martius in Brasilien gesammelten Turneraceen), Paris (besonders St. Hilaire, ferner die Sammlungen des Grafen Franqueville), St. Petersburg (Herb. der Akademie und des botanischen Gartens), Rostock (Herb. Lamarck), Stockholm und Wien. Trotz dieses beträchtlichen Materials würde meine Arbeit noch

1

sehr unvollständig geblieben sein, wenn die Königliche Akademie der Wissenschaften zu Berlin es mir nicht durch eine pecuniäre Unterstützung ermöglicht hätte, die gerade an brasilianischen Pflanzen so überaus reichen Sammlungen von London (Kew, British Museum, Linnean Society) und die Separatsammlungen des Pariser Museums zu studiren, deren Versendung nach auswärts durch Staatsgesetze verboten ist.

Dem grösseren systematischen Theile sind die allgemeinen Resultate meiner Untersuchungen vorausgeschickt. Ein aufmerksamer und einsichtsvoller Leser wird den Werth derselben zu würdigen wissen, wenn sie auch nur selten paragraphenweise aufgezählt sind: sehr oft liefert die Art der Gruppirung der Thatsachen die ungezwungenste Erklärung schwieriger Verhältnisse.

I. Keimung, Aufbau und Inflorescenz.

Die Samen der Turneraceen scheinen ihre Keimkraft nur wenige Jahre zu bewahren und keimen selbst in frischem Zustande nur schwer und in geringer Anzahl. Die 1—2 cm über die Erde tretenden Kotyledonen sind eiförmig bis länglich, stumpf, ganzrandig und kahl; an der Basis verschmälern sie sich plötzlich oder allmählich in einen um die Hälfte kürzeren Stiel. Die bald verzweigte, bald nur zaserige Pfahlwurzel steigt im Allgemeinen senkrecht in die Erde, ist aber gewöhnlich mehr oder weniger hin- und hergebogen; Ausläufer oder hypokotyle Sprosse finden sich niemals. Charakteristisch für die Familie (an *Turnera ulmifolia* und *Piriqueta racemosa* im lebenden Zustande, an *Turnera Pumilea*, *Piriqueta cistoides*, *Wormskioldia lobata* und *Streptopetalum serratum* im trocknen konstatirt) scheint die Behaarung der Stiele der Kotyledonen und der hypokotylen Axe (bis zum Erdboden hin) und die Gegenständigkeit der beiden ersten auf die Kotyledonen folgenden und sich mit ihnen kreuzenden Blätter.

Die alternirenden, fiedernervigen Blätter sind einfach, selten ganzrandig, gewöhnlich gekerbt, gezähnt oder gesägt, seltener fiederspaltig oder fiedertheilig (und dann oft die unteren allein oder diese stärker), nur bei *Wormskioldia tanacetifolia* doppelt-fiedertheilig. Die Zähne gehen gewöhnlich in bleiche oder durchscheinende papillöse Spitzchen oder Wärzchen aus, die im jugendlichen Zustande häufig secerniren und in der unteren Blatthälfte, wo die eigentlichen Zähne sich meist verlieren, oft noch allein aus dem Rande hervortreten; bei anderen Arten verdicken sie sich zu deutlichen Drüsen, welche dem vorderen Rande der Zähne eingefügt sind und von der Spitze des Blattes nach seiner Basis hin an Umfang und Ausdehnung zunehmen

(so bei *Piriqueta Madagascariensis* et aff., *Turnera Panamensis* et aff.);
bei anderen wieder treten die Drüsen nicht an den Zähnen, sondern
auf deren Kommissuren am Blattrande selbst oder auf der Blattunter-
seite auf (so bei *Turnera acuta* et aff. und *Piriqueta Selloi*). Wenn
nun blos die untersten (dicht über dem Grunde des Blattes oder am
Blattstiele selbst) zur Ausbildung gelangen, so erhalten wir die für
viele *Turnera*-Arten so charakteristischen Basaldrüsen, welche in ihrer
Vollendung die Gestalt eines Tellerchens oder Näpfchens besitzen, dessen
Rand gewöhnlich dicht und kurz behaart, dessen Fläche im frischen
Zustande etwas erhaben, im trocknen flach oder eingedrückt und mit
einer braunen Membran überkleidet ist.

Eigentliche Nebenblätter sind bei vielen Turneraceen nicht entwickelt; so fehlen sie in der Gattung *Wormskioldia*, *Streptopetalum*,
Piriqueta sect. *Eupiriqueta*, bei *Turnera sidoides* et aff., *T. Guianensis*
et aff., *T. Pumilea*, während sie bei anderen Arten mehr oder weniger
deutlich ausgebildet sind. Aber auch dort findet man in der Regel
Spuren von ihnen in der Gestalt von abgekürzten Borstenhaaren oder
gelblichen bis bräunlichen Papillen, welche in der Länge von kaum
0,5 mm aus dem Rande des herablaufenden Blattstieles hervorgehen
und bisweilen deutlich secerniren; bei gewissen *Turnera*-Arten ver-
härten diese Papillen an der Basis, werden dunkler und länger und
können nunmehr auf die Benennung Nebenblätter Anspruch machen
(z. B. bei *T. ulmifolia*, *lamiifolia*). Aber selbst wenn sie bis zu einer
Länge von 6 mm entwickelt sind, bleiben sie immer unscheinbar (gewöhnlich linealisch-pfriemlich), so dass man der Familie das Vorkommen der Stipulae früher gänzlich absprach. Sie nehmen bald am
Stengel neben dem Blattstiele, bald an seiner Basis ihren Ursprung,
bald rücken sie am Petiolus bis zur Abgliederungsstelle desselben empor
(so besonders charakteristisch bei *T. diffusa* et aff.); öfter findet man
neben ihnen nach aussen hin noch 1—3 kleinere Stipularbildungen vor.

Als Typus der immer seitlich stehenden Inflorescenzen muss
eine mit zwei opponirten Vorblättern versehene Einzelblüthe in der
Achsel der Laubblätter angesehen werden. Daraus geben zunächst die
„Flores petiolares" hervor, wenn der Pedunculus dem Petiolus mehr oder
weniger hoch, meist bis zu den Vorblättern, anwächst (so bei vielen
Turnera-Arten), ferner die terminalen Köpfchen, wenn die Laubblätter an der
Spitze der Zweige plötzlich zu dichtgedrängten hochblattartigen Bracteen
reduzirt werden, die lateralen, wenn an verkürzten Seitenzweigen nur
Bracteen auftreten, die zusammengesetzten, wenn die lateralen mit dem
terminalen Köpfchen zu einem Glomerulus vereinigt sind (alles nur in
der Gattung *Turnera*). Sind anderseits die Vorblätter unterdrückt
(so bei vielen *Piriqueta*-Arten), und die Tragblätter auf Schwielen
reduzirt, so erhalten wir die endständige Traube von *P. racemosa*.
Eine weitere Ausbildung erfährt der Blüthenstand dadurch, dass

1*

die Vorblätter fruchtbar werden: es entstehen zunächst die (bisweilen) 3-blüthigen Cymen von *Mathurina penduliflora* und die lockerblüthigen, in Wickeln ausgehenden Dichasien von *Turnera serrata*, ferner, wenn die Partialaxen verkürzt sind, die seitlichen Köpfchen von *T. Brasiliensis*, endlich bei alleiniger Förderung aus dem Vorblatte β die reinen Wickeln bei mehreren *Piriqueta*-Arten und bei sämmtlichen Species von *Streptopetalum* und *Wormskioldia*.

Die Inflorescenzen der letzten beiden Gattungen, welche von Endlicher, sowie von Bentham und Hooker u. a. als Trauben aufgefasst und nur von Maxwell T. Masters (in Oliv. Flor. trop. Afr.) richtig als „racemose cymes" bezeichnet werden, verdienen eine besondere Beachtung und genauere Darstellung. Wenn man nur die in den Herbarien am häufigsten oder allein begegnenden Arten *Wormskioldia pilosa* und *Streptopetalum serratum* in Betracht zieht, so wird man in der That nicht leicht zu einer richtigen Vorstellung vom Blüthenstande und zu einer zutreffenden Deutung desselben gelangen. Dort findet man am oberen Theile des Pedunculus gewöhnlich drei fast einseitig über einander stehende, in Wahrheit um 90° im Zickzack divergirende Tragblätter, aus deren Achseln je eine sich später nach der entgegengesetzten Seite hin überbiegende Blüthe hervorgeht; der Insertion des obersten Tragblattes gegenüber endigt die Inflorescenz blind. Bei der zweitgenannten Art gehen 3—8 sehr kurz gestielte Blüthen einseitig, auf den ersten Blick ohne Deckblätter, aus der Inflorescenzaxe ab; bei genauerer Betrachtung findet man seitlich neben dem Blüthenstielchen und zwar immer nach der Rückseite der Axe hin kleine membranöse Schuppen. Da an der einen Seite der Axe die aufeinander folgenden Blätter, an der anderen die aufeinander folgenden Schüppchen im Zickzack je um etwa einen rechten Winkel divergiren, und da ausserdem noch der jugendliche Blüthenstand nach der Seite der Schuppen hin eingerollt ist, so würde die grösste Uebereinstimmung mit der Inflorescenz von *Hyoscyamus niger* vorhanden sein, wenn sich nicht bei sehr sorgfältiger Untersuchung auch noch gewöhnlich, aber nicht immer, die die Blüthe stützenden Deckblättchen in der Gestalt noch minutiöserer Schüppchen nachweisen liessen. Die Berechtigung, diese Inflorescenzen als traubenähnliche Monochasien anzusehen, ergiebt sich aus dem vergleichenden Studium der Blüthenstände der wenigen übrigen Species der genannten Gattungen. Bei *Wormskioldia glandulifera* finden wir zunächst regelmässige Wickel mit Förderung aus β; die Vorblätter sind nahezu gleichmässig ausgebildet und entweder genau opponirt, oder das fertile ist an der Scheinaxe etwas hinaufgewachsen; nur die beiden untersten sind in ihrer Stellung zu einander oft variabel: das fertile steht gewöhnlich bald höher bald tiefer als der Blüthenstiel oder fehlt sehr selten ganz; im ersten Falle rückt bisweilen das sterile an der Axe etwas hinab. Aehnlich verhält sich *W. Biviniana*. An den noch nicht zur vollen Ausbildung gelangten Inflorescenzen von *W. brevicaulis* war das unterste fertile Vorblatt eine Strecke weit, alle anderen bis zur Insertion der folgenden Blüthe an der Axe hinaufgewachsen. *W. tanacetifolia* weicht von der vorigen nur dadurch ab, dass auch das unterste fertile Vorblatt nahezu die Insertion der folgenden Blüthe erreicht und wie die nächst folgenden kleiner und membranöser ist als die benachbarten sterilen Vorblätter, während die obersten falschen Paare gleich gross und gleichmässig häutig sind. Am besten wird das Emporwachsen der fertilen Prophylla durch die gewöhnlich 3-blüthige Inflorescenz von *W. lobata* veranschaulicht; die unterste Blüthe hat hier ein (sie stützendes) Vorblatt, die folgende ausserdem ein seitlich neben der Insertion des Pedicellus stehendes, die oberste drei in einen Quirl vereinigte Vorblätter, von denen die zwei zugehörigen opponirt sind, und das hinaufgewachsene auf dem einen Zwischenraume steht. Bei *W. longipedunculata* wächst das fertile Vorblatt in dem unteren Theile der reichblüthigen Inflorescenz nur eine Strecke weit hinauf, im oberen Theile fehlt es aber gänzlich. Bei der nahe verwandten *W. pilosa* findet es sich überhaupt niemals vor. Was nun die beiden *Streptopetalum*-Arten betrifft, so ist bei ihnen gerade das sterile Vorblatt am wenigsten stark ausgebildet; bei *St. Hildebrandtii* ist es sammt dem oft laubblattartigen fertilen an der Basis der Inflorescenz eine Strecke tiefer inserirt, als die zugehörige Blüthe; bei *St. serratum* tritt es bisweilen gar nicht in die Erscheinung. Wir sehen also, dass sich diese so mannichfaltig ausgebildeten Inflorescenzen auf eine ganz ungezwungene Weise mit dem Blüthenstande der übrigen Turneraceen in Verbindung bringen und auf denselben zurückführen lassen, ohne dass man etwa nöthig hätte, wie es in neuester Zeit bei anderen Familien geschehen ist, plötzlich einen neuen Verzweigungstypus auftreten zu lassen, nämlich den einer dorsiventral ausgebildeten Traube, deren Vorderseite die Blüthen (gewöhnlich in den Achseln von Bracteen), deren Rücken meist zwei Reihen steriler Blättchen trüge, bei *W. pilosa* aber ganz nackt wäre.

Die Inflorescenzen treten im Allgemeinen aus den Achseln der mittleren und oberen Blätter einjähriger Pflanzen oder diesjähriger Triebe hervor, während die Achseln der unteren Blätter Laubzweige oder wenigstens Laubknospen führen. Sehr häufig ist nun das Vorkommen laubiger serialer Zweige in dem Winkel zwischen dem primären Achselprodukte und der Abstammungsaxe. Bei *Wormskioldia* und *Streptopetalum* treten sie immer einzeln und zwar nur zwischen der Insertion des Pedunculus und der Mutteraxe auf und sind an der letzteren oft ein wenig hinaufgewachsen; bei *W. tanacetifolia* und *longipedunculata* fand ich sie nur in Knospenform vor; bei *W. brevicaulis*, welche nur in zwei jugendlichen Exemplaren vorhanden ist, liessen sie sich nicht nachweisen. In der Gattung *Piriqueta* ist die Entwickelung der Serialsprosse sehr variabel, aber im Ganzen nicht bedeutend: sie

fehlen gänzlich bei *P. aurea, nitida, ovata, Berneriana, Madagascariensis*
und *odorata*, treten bisweilen als sehr kleine Höcker über der Basis
des Pedunculus auf bei *P. Açuruensis* und *Capensis*, deutlicher und
häufiger bei *P. Duarteana, plicata, rosea, Selloi, sulphurea* und *Tamberlikii;* sie fehlen oder sind als Knospen oder Zweige vorhanden bei den
verschiedenen Formen von *P. sidifolia* und *Caroliniana*; sie finden sich
ausserdem in dem Winkel zwischen den Laubzweigen und der Mutteraxe selten bei *P. viscosa*, häufig bei *P. cistoides* und *P. Caroliniana*
var. *Jacobinae* und allein als minutiöse Knöspchen bei *P. racemosa*.
Bei der Gattung *Mathurina* sah ich hier und da, oberhalb der Narben
der abgefallenen Blattstiele, nur sehr kleine, in der Rinde fast versteckte
Knöspchen. In der Gattung *Turnera* fehlen die Serialsprosse gänzlich
oder gelangen nicht zur Entwickelung bei *T. Guianensis* et aff., *sidoides*
et aff., *T. albicans, Cearensis, genistoides, rupestris;* bei den übrigen Arten
sind sie bald nur an der Basis der Inflorescenz, bald nur an der Basis der
Laubzweige (letzteres bei mehreren Species mit köpfchenförmigem
Blüthenstande), bald an beiden Orten, und zwar bald als Knöspchen,
bald entwickelt vorhanden; bei einer geringen Anzahl Species, z. B. bei
T. incana und besonders bei *T. serrata* et aff., treten sie öfter zu 2 oder
3, aber immer in der Mediane, die jüngste der Abstammungsaxe zunächst, auf. Die Serialzweige verhalten sich in Bezug auf Stärke, Grösse
der Blätter, Reichblüthigkeit der Inflorescenzen entweder ebenso wie
die gewöhnlichen Laubzweige (bei *T. Brasiliensis* geschieht die Aus-
zweigung allein durch Serialsprosse), oder die an der Basis der Pedunculi entspringenden bleiben kürzer, armblüthiger und führen bedeutend
kleinere, oft hochblattartige Blätter. Das letztere ist besonders bei der
Beurtheilung des Blüthenstandes von *T. Panamensis, Weddelliana, Clausseniana* und *serrata* zu beachten; bei diesen Arten kann man nämlich
leicht zu der Meinung verleitet werden, wie es in der That oft geschehen ist, dass man traubig angeordnete (laterale) Inflorescenzen vor
sich habe, weil zur Zeit, wenn die Blüthen an den Serialzweigen zur
Entfaltung gelangen, die primären achselständigen Blüthen resp. Blüthenstände schon abgefallen sind. Die serialen Sprossungen treten niemals als
Inflorescenzen auf; sie beginnen sogleich mit Laubblättern.

Trichome. Behaarung von Stengel, Blättern, Blüthenstielen, Kelch und Frucht
wird bei den Turneraceen fast ausnahmslos angetroffen, seltener an Staubfäden, Griffeln
und Blumenblättern (hier fast nur auf der Innenseite in der unteren Hälfte), sehr
selten an Samen. Man hat folgende Trichombildungen zu unterscheiden: 1) Einfache
Haare. einzellig, nicht secernirend, bald kurz und aufwärts gekrümmt oder angedrückt,
bald abstehend und dann gewöhnlich verlängert; sie finden sich am häufigsten, entweder allein oder in beiden Formen gemischt, so bei *Turnera sidoides* et aff., oder
mit den folgenden Arten kombinirt vor. Die in den Blüthen (mit Ausnahme des
Ovariums) und am Samen auftretenden gehören immer zu dieser Kategorie. 2) Sternhaare: aus einem Knötchen oder Polster gehen einzellige. nicht secernirende, mehr
oder weniger zahlreiche Strahlen ab; sie sind entweder ungefähr gleich lang, so bei
Turnera Blanchetiana, Cearensis, hermannioides und *lamiifolia* und bei fast allen *Piriqueta-*

Arten aus der Section *Eupiriqueta* (dort bleicher, hier gewöhnlich gelb bis fuchsroth), oder der mittlere Strahl ist derartig borstenförmig verlängert, dass die übrigen wie ein Krönchen an seiner Basis erscheinen, so hauptsächlich an den Zweigen aus der genannten Abtheilung von *Piriqueta*. Bei den übrigen Gattungen fehlen die Sternhaare.

3) Durch Querwände getheilte, nicht secernirende Gliederhaare kommen im Uebergange zu den einfachen bei *Wormskioldia* und *Streptopetalum* vor: unterwärts oder über der Basis und sehr undeutlich quergetheilt (bisweilen ganz einfach) am Stengel von *St. Hildebrandtii*, *W. lobata*, *tanacetifolia*, deutlicher bei *St. serratum* und *W. Biviniana*, bis zur Spitze hin bei *W. glandulifera*, und ausserdem an den Theilungsstellen merklich kontrahirt bei *W. pilosa* und *brevicaulis*, in allen diesen Fällen bald abstehend, bald aufwärts gekrümmt, aber niemals einwelkend. Typische Gliederhaare begegnen sonst nur noch auf der Innenseite der Blattstielbasis von *Piriqueta Berneriana*. 4) Köpfchenhaare : kugelige wasserhelle einzellige oder undeutlich mehrzellige, wahrscheinlich secernirende Gebilde, die auf einem sehr kurzen mehrzelligen Träger sitzen, nur bei *Turnera chamaedrifolia*. 5) Secernirende abstehende Borsten, aus mehreren oder vielen Zellreihen bestehend, aber gefässbündellos, im Innern wahrscheinlich immer hohl, von der Spitze zur Basis allmählich oder plötzlich, bisweilen knollenförmig (so bei mehreren *Wormskioldien*) sich verdickend, bei *W. lobata* fast nur auf die kegelförmige Knolle reducirt; nur bei *Wormskioldia*, *Streptopetalum* und *Piriqueta* sect. *Eupiriqueta*.[1]) 6) Vielzellige sitzende gelbe oder gelblichweisse kugelige Papillen auf der Unterseite der Blätter, an den jungen Zweigen, oft auch an den Vorblättern, an der Aussenseite des Kelches, an Ovarium und Frucht nur in der Gattung *Turnera* und zwar am zahlreichsten und am besten wahrzunehmen bei *T. annularis*, ferner bei *T. aphrodisiaca*, *calyptrocarpa*, *diffusa*, *hebepetala*, *odorata*[2]), *stachydifolia* und weniger deutlich bei *T. incana*, *longiflora*, *melochioides* und *opifera*. Sie haben die Gestalt einer Rubusfrucht, indem die äusseren Zellen convex hervortreten, und einen Durchmesser von 0,060—0,100 mm. Wahrscheinlich bildet ihr Inhalt die in der Damiana[3]) wirksame Substanz, welche in den Vereinigten Staaten von Nordamerika aus den Blättern, Stengeln etc. von *T. aphrodisiaca* und *diffusa* gewonnen wird und einen mächtigen Einfluss auf die Harn- und Geschlechtsorgane beider Geschlechter ausübt. Presl ist der erste und einzige, welcher auf das Vorhandensein dieser Gebilde aufmerksam gemacht hat.[4])

II. Blüthen-, Frucht- und Samenbildung.

In den bis auf die Karpelle nach der Fünfzahl gebauten Blüthen sind die Kelchblätter unterwärts mehr oder weniger hoch mit einander verwachsen; nur bei *Mathurina* und *Piriqueta* sect. *Erblichia* ist

---

1) Es ist für die Bestimmung der Arten dieser äusserst schwierigen Abtheilung sehr misslich, dass sich die im Bau total verschiedenen Borstenhaare mit Hülfe der Lupe kaum als solche erkennen lassen, es sei denn, dass zufällig an der Spitze derselben noch die Sekrete in Gestalt kleiner Köpfchen vorhanden sind. Sie zeichnen sich vor den Sternhaaren dieser Gruppe durch ihre gewöhnlich bleichere Farbe, vor der wirklich einfachen Pubescenz durch ihre Dicke, Starrheit und Richtung aus.

2) An den typischen stark behaarten Exemplaren, während die an verschiedenen Lokalitäten Venezuela's gesammelten schwach bekleideten Specimina kaum irgend welche Papillen erkennen liessen. — Die Pflanze hat ihren Namen von dem hoch aromatischen Geruche der Blätter.

3) Vergl. Urban im Archiv der Pharmacie, Bd. 220, Heft 3 (a. 1882), übersetzt in The Therapeutic Gazette, Detroit 1882, p. 209.

4) In Reliqu. Haenk. II. 98 t. 68 für *Turnera diffusa* (*Bohadschia humifusa*).

die Gamophyllie sehr unbedeutend oder gleich Null. Aus dem Blüthenstielchen gehen in den Tubus 10 Nerven ab, von denen 5 als Mittelnerven die freien Lappen durchziehen und sehr gewöhnlich aus der
Spitze oder auf dem Rücken dicht unter der Spitze pfriem , borsten-
oder hörnchenartig hervortreten ; die 5 kommissuralen gabeln sich am
Schlunde des Tubus und durchziehen die Lappen, sich unterwärts oft
verzweigend und die Spitze nicht ganz erreichend, als Seitennerven :
so bei *Turnera* , *Piriqueta* und *Mathurina*. Bei den zwei Gattungen
des afrikanischen Festlandes dagegen, bei *Wormskioldia* und *Streptopetalum* ist der anatomische Bau ein anderer: hier sind die Kommissuren
selbst nervenlos, die gewöhnlich zahlreicheren Seitennerven der Lappen
steigen sämmtlich in den Tubus hinab und vereinigen sich unterwärts
zu je einem, welcher, ohne auch hier mit dem benachbarten zusammen
zu fliessen, in das Blüthenstielchen verläuft ; der Tubus hat also über
der Basis 15 Nerven. — Bei vielen *Turnera*- und *Piriqueta*-Arten bemerkt man etwas oberhalb des Kelchgrundes, gerade über dem Abgange
der Filamente, fünf meist halbkreisförmige Schwielen, welche beim gänz-
lichen Loslösen der Staubfäden vom Tubus dem Rücken der Filamente
häufig anhaften oder demselben angewachsen scheinen. Konstant , in
ganz gleichmässiger Ausbildung und von den Filamenten fast vollständig frei treten sie bei *Wormskioldia* und *Streptopetalum* einerseits
und *Mathurina* anderseits auf, dort als schmale lanzettlich-linealische,
verhältnissmässig lange (1—2 *mm*) Verdickungen der Hauptnerven,
hier als dicke, an der Spitze gestutzte oder schwach zweilappige Drüsen.
— Die Kelchblätter decken sich quincuncial ; dem entsprechend sind
die inneren am Rande zarter oder membranöser und bisweilen noch
fransig gewimpert.

Die Blumenblätter sind bei allen Gattungen in der Knospenlage stets gedreht[1]) und zwar derartig , dass , wenn man sich in das
Centrum der Blüthe gestellt denkt, der deckende (äussere) Theil jedes
Petalums zur rechten Hand liegt, der gedeckte zur linken. Ihre Form
ist nicht sehr variabel: länglich, umgekehrt-eiförmig oder fast dreieckig,
nach der Basis zu keilförmig verschmälert oder bei *Wormskioldia* und
Streptopetalum lang genagelt. Sie entspringen am Schlunde des Kelches,
oder vielmehr, weil sie sich bis zu seiner Basis als schmale, mit besonderem
Gefässbündel versehene Leisten mit Leichtigkeit loslösen oder abziehen
lassen, sie sind der Röhre bis zum Abgange der Lappen angewachsen;
nur bei *Wormskioldia* gehen sie mehr oder weniger tief unterhalb des
Schlundes aus den Kelchkommissuren ab. Die an der Basis vorhandenen

---

1) Auch bei *Turnera dichotoma* Gardn. (*T. decipiens* Baill.) decken sie sich, ob-
gleich nur wenig, — entgegen der Behauptung Baillon's Hist. des Plant. IV. 287:
„les pétales sont trop étroites pour se recouvrir ou se toucher, même dans le bouton."
— Bei *Mathurina* fand ich die Petala in der einen Knospe , welche ich analysiren
konnte, cochlear.

Nerven verzweigen sich oberwärts und anastomosiren häufig. — Der
Mittelnerv springt bei manchen *Turnera*-Arten dicht über der Insertion
der Petala auf der Innenseite kielförmig vor; bei *Wormskioldia* ist diese
Erhöhung gegen den weiteren Verlauf der Nerven plötzlich abgesetzt
und an der oberen Kante dermassen flächenartig verbreitert, dass ein
häutiges, 1—2 *mm* langes Gebilde in der Gestalt eines Kahnes (ohne
Hintertheil) entsteht, dessen Kiel eben jene Erhöhung darstellt. Diese
bisher übersehene Effiguration der Petala, welche wir Ligula (adnata)
nennen wollen, ist bald nur am Rande, bald bis auf den Kiel, bald
(bei *W. longipedunculata*) auch am Vordertheil frei. — Eine bei weitem
andere Ausbildung hat die Corona bei *Piriqueta*. Hier finden wir ein
ebenso langes, aber sehr breites, gänzlich freies, in der oberen Hälfte
fransig zerschlitztes Häutchen, welches nicht blos an der Basis der
Petala seinen Ursprung nimmt, sondern auch zwischen denselben und
in Verbindung mit ihnen am Kelche auftritt (hier gewöhnlich in
schwächerer Ausbildung) und auf diese Weise einen am Kelchschlunde
kontinuirlich über Petala und Sepala fortgehenden Kranz darstellt.

Eine morphologische Bedeutung wohnt der Corona ebenso wenig wie der Ligula
bei; beides sind Effigurationen, diese der Petala allein, jene von Blumenkrone und
Kelch zugleich. Da aber ihr systematischer Werth ein ausserordentlich grosser ist,
so wird eine kurze Geschichte derselben hier wohl am Platze sein. Der Corona scheint
zuerst Cambessèdes (1829)[1]) Erwähnung zu thun, welcher die Petala in der Gattungs-
diagnose von *Turnera* (im früheren Sinne) „raro ad basin appendice parvula instructa"
nennt, ohne von ihr zur Classificirung der Arten Gebrauch zu machen. Sodann ent-
deckte sie wiederum B. Seemann (1852)[2]) an der von ihm zuerst beschriebenen
Erblichia odorata und gründete auf das Vorhandensein derselben ein neues Genus;
wenn auch die versuchte Deutung „Petala basi filamentis brevibus coronata," welche
Bentham und Hooker als Gattungscharakter von *Erblichia*, Baillon als Sections-
charakter und andere nachschrieben, keine tiefere Begründung hat, so verdanken wir
Seemann doch den Hinweis auf die Analogie dieser Schuppen mit den fadenförmigen
Gebilden innerhalb der Kronblätter der *Passifloraceen*; allen anderen *Turneraceen* dagegen sprechen die Genannten den Besitz eines solchen Anhanges ausdrücklich ab,
obschon bereits einige Pflanzensammler[3]) in ihren Etiquetten Aufzeichnungen darüber
gemacht hatten. Zuletzt erwähnte Eichler[4]), welcher Baillon folgend nur die Gattung
Turnera acceptirt, die Excrescenz: „Petala am nagelförmig verschmälerten Grunde
häufig mit einer gezähnelten oder in Wimpern aufgelösten Ligula". Die einzig richtige
Darstellung von ihr hat allein L. R. Tulasne (1868)[5]) in der sehr sorgfältigen Beschreibung einer später ganz in Vergessenheit gerathenen Turneracee von Madagascar
geliefert: „sub corolla calyci etiam inseritur discus tenuis et petaloideus, qui coronam
s. annulum brevissimum et continuum, sed in margine spisse et exiliter fimbriatum
seu quasi stupeum refert".

1) In St. Hilaire: Flor. Bras. mer. II. 154.
2) Botany of the voyage of the Herald p. 129.
3) So Wright bei Grisebach Cat. Plant. Cub. 285 für *Piriqueta glabra*: „Calyx
ad insertionem petalorum squamulis fimbriatis auctus".
4) Blüthendiagr. II. 447.
5) In Ann. des Scienc. nat. V. Ser. IX. 323.

An den Staubblättern ist fast allein die Art und Weise, wie sie der Kelchröhre eingefügt sind, von Interesse. Bei *Piriqueta, Mathurina, Wormskioldia* und *Turnera* sind die Filamente dem Tubus auf eine sehr kurze Strecke (0,2—1 *mm*, nur bei den sehr grossblüthigen *Turnera aurantiaca* und *longipes* 2—3 *mm* weit) und zwar mit ihrer ganzen Fläche angewachsen; bei *Streptopetalum* ist diese Anwachsung im Verhältniss zur Länge des Kelches eine beträchtliche (2—3 *mm*). *Turnera ulmifolia* und Verwandte, sowie einige wenige andere *Turnera*-Arten (z. B. *T. Blanchetiana*) zeigen dagegen ausserdem noch eine ganz andere Befestigung an der Kelchröhre, welche bisher in ihrer Natur nicht erkannt worden ist. Zunächst sind hier die Filamente ebenso wie dort dem Kelchtubus an der Basis mit ihrer ganzen Fläche angeheftet, weiterhin aber nur mit ihren Rändern und zwar derartig dem Rande der herablaufenden Petala angewachsen, dass zwischen den Staubfäden und dem Kelchtubus fünf flache honigführende Kanäle entstehen. — Die 2 + 2-fächerigen Antheren, welche auf der Innenseite der Länge nach aufspringen, sind auf dem Rücken über der Basis oder bis gegen die Mitte hin bald auf der Oberfläche des Connectivs, bald in einer mehr oder weniger geräumigen Höhlung desselben dem Filamente angeheftet; sie scheinen bisweilen etwas versatil zu sein; bei oder nach dem Verstäuben krümmen sie sich in der oberen Hälfte häufig nach auswärts oder rollen sich um; das Connectiv läuft oberhalb der Fächer oft in eine Spitze aus. — Die ovalen oder eiförmigen, sehr fein netzigpunktirten Pollenkörner besitzen drei tiefe Längsfurchen, aus denen beim Eintauchen in Wasser die Keimporen hervortreten; die Körner selbst nehmen zu gleicher Zeit einen kugeligen Umriss an.

Auf zwei merkwürdige Auswüchse, die ich auf der Innenseite der Kelchröhre bei *Turnera capitata* und *T. lamiifolia* und zwar an allen untersuchten Blüthen derselben Exemplare beobachtete, möge hier noch hingewiesen werden. Bei der erstgenannten Art trat aus der Mitte des dem Tubus angewachsenen Nagels der Petala je ein linealischer, etwas abstehender behaarter 0,5—0,8 *mm* langer Zahn hervor, den man für das Rudiment eines inneren Staubblattkreises ansehen könnte, wenn nicht die noch viel seltsamere Excrescenz bei *T. lamiifolia* vorhanden wäre. Hier gingen genau an der nämlichen Stelle wie dort, bald 1, bald 2, bald 3 unterwärts behaarte, oberwärts kahle, 2—4 *mm* lange, etwas hin- und hergebogene Fäden hervor, welche an der Spitze in derselben Weise zertheilt waren, wie die Narben; ja die Uebereinstimmung mit letzteren war so gross, dass man diese Gebilde ohne weiteres für die so charakteristischen Griffel einer Turneracee gehalten haben würde, wenn sie losgelöst zur Beurtheilung vorgelegt wären. Ein Analogon für diesen Fall ist mir in der Teratologie nicht bekannt geworden.

In der Fruchtblattregion geht die Fünfzahl plötzlich zur Dreizahl über. Entgegen der Beschreibung und Zeichnung Eichler's, dessen Untersuchungen sich nur auf trockenes Material gründeten, haben bei der lebend geprüften *Turnera ulmifolia* und *cuneiformis* die von der Kelchröhre gänzlich freien Karpelle nicht die Stellung nach ½, welche bei gleichem Diagramm von Vor- und Kelchblättern in anderen Familien die normale zu sein scheint, sondern sind so orientirt, dass das eine zur Seite über eins der Vorblätter, die beiden anderen schräg nach vorn und hinten fallen. Die specielle Orientirung nach links und rechts steht im innigsten Zusammenhange mit der Deckung des Kelches, dessen Spirale in den aufeinanderfolgenden Blüthen desselben Stockes regellos bald nach links bald nach rechts herumgeht: das genau seitlich fallende Karpell steht immer ungefähr über dem fünften Kelchblatte. Diese Stellung ist wahrscheinlich allen Arten eigen; wenigstens zeigten verschiedene petioliflore Species, besonders deutlich solche mit köpfchenförmigen Blüthenstande, an den aufgesprungenen Früchten, welche nicht durch Pressen beeinflusst waren, dieselbe Stellung der Klappen zu Tragblatt und Vorblättern. Für die übrigen Gattungen, bei denen die Vorblätter entweder ganz fehlen oder von der Blüthe entfernt stehen, lässt sich die Stellung der Karpelle an aufgeweichten Blüthen nicht mit irgend welcher Zuverlässigkeit konstatiren; es handelt sich ja auch nur um einen Winkel von 30°[1]). — Die Griffel, welche über der Mitte der Karpelle abgeben, also dieselbe Stellung wie diese haben, sind von der Basis an frei, hier einander meist sehr genähert oder sich berührend, selten etwas von einander entfernt (bei *T. acuta* et aff.), oberwärts (nur bei *Mathurina* gerade oberhalb der Basis) mehr oder weniger divergirend. Gegen die Spitze hin sind sie tubulös und am oberen Rande entweder fein gekerbt oder undeutlich gelappt (so bei *Mathurina*, *Piriqueta odorata*, *Wormskioldia*, *Streptopetalum*, *Turnera coriacea*) oder 3-lappig und am Rande gekerbt (bei *Turnera sidoides* var.) oder durch wiederholte Zwei- und Dreitheilung in linealische Zipfel zerspalten (gewöhnlich so, dass bei der primären Dreitheilung der äussere Zipfel bei weitem am schmalsten bleibt oder geradezu linealisch ist und sich nicht weiter theilt) oder von vornherein geisselförmig in zahlreiche fädliche Strahlen aufgelöst (so bei den meisten *Turnera-* und *Piriqueta-*Arten). Da ein genaueres Studium der Struktur dieser zarten Organe im getrockneten Zustande durch den Druck beim Pressen fast unmöglich gemacht wird, so kann ich nur über *T. ulmifolia* einige eingehendere Mittheilungen machen; diese hat ausserdem auch, vielleicht den meisten Turneraceen gegenüber, die Eigenthümlichkeit, dass die Zipfel an Länge von innen nach aussen hin abnehmen,

---

[1] Da die Stellungsverhältnisse von Griffeln und Staubblättern später bei der Darstellung der Bestäubungseinrichtungen von einiger Wichtigkeit werden, so will ich hier die berechneten Divergenzen zwischen Kelchblättern (Stamina) und Karpellen (Griffeln) mittheilen: Das genau seitliche Karpell steht von Sv um einen Winkel von 18°, das vordere der beiden anderen Karpelle S₁ um einen Winkel von nur 6° weiter nach vorn, das hintere seitliche Karpell divergirt von S₁₁ um 30°, von S₁v um 42°. — Liesse man die Petala und Stamina ausser Betracht, so würde das innerste der Kelchblätter, die um 144° divergiren, unter einem Winkel von 138° an das zweitfolgende Karpell anschliessen, während dieses von dem nächsten 120° weit absteht.

also gleichsam extrors gestellt sind.   Denkt man sich hier die Strahlen
mit einander verbunden, so stellt die Griffelspitze eine nach aussen hin
stark abgeschrägte kurze Röhre dar, welche zunächst auf der Aussen-
und Innenseite (hier gewöhnlich etwas tiefer) aufgeschlitzt ist; die dadurch entstehenden zwei seitlichen Lappen sind nun ebenfalls, aber
weniger tief in pfriemliche Strahlen zerspalten, von denen oft je 2 oder 3
benachbarte noch eine Strecke weit mit einander verwachsen bleiben;
auf der Innenseite dieses Strahlenkranzes gehen noch einige weitere
Zipfel ab.   Auch darin scheint *T. ulmifolia* von den meisten anderen
Turneraceen abzuweichen, dass die Griffel ringsherum geschlossen sind.
Bei den übrigen nämlich beobachtet man auf der Innenseite gewöhnlich einen tiefen Spalt, welcher sich vom Abgange der Strahlen an
mehr oder weniger weit nach abwärts erstreckt.   Geht dieser Spalt
bis zur Aussenseite durch, so erhalten wir die zweischenkeligen
Griffel von *Piriqueta cistoides*, *Caroliniana* etc. — Mit den Griffeln
wechseln auf dem Ovarium bisweilen kleine Spitzchen ab, die nach
ihrer Stellung nur Auswüchse der Karpell-Kommissuren sein können;
bei *Turnera capitata* entwickeln sie sich auf der Frucht zu deutlichen
über der Placenta stehenden Hörnchen.

Die 3 fädlichen Placenten steigen vom Grunde des einfächerigen
Ovariums an seiner inneren Wandung bis über die Mitte oder bis zur
Spitze empor, sind aber nur gegen die Mitte hin oder bei den Arten
mit langgestrecktem oder sehr vieleiigem Ovar wenigstens nicht gegen
die Spitze und Basis hin mit Eichen besetzt; bei *Turnera dichotoma*
allein endigen sie gleich über dem Grunde und tragen hier nur je ein
Ovulum.   Sonst variirt die Anzahl der Ovula in einem Ovarium von
3—200; bei *Mathurina* sind sie wohl noch viel zahlreicher.   Dass sie anatrop
sind und zwei Integumente besitzen, hat man bisher richtig erkannt;
über alles Andere aber herrschten seit Endlicher sehr ungenaue Vor-
stellungen.   Dieser, sowie Bentham und Hooker, geben an, dass sie
zweireihig angeordnet und aufsteigend seien; dem schliesst sich Baillon
im französischen Text seiner Histoire des Plantes (IV. 288) rücksichtlich der Richtung an „ovules ascendants, à micropyle intérieur et inférieur";
später in der Diagnose von *Turnera* (l c. 321) übersetzt er das aber mit
„ovulis descendentibus micropyle extrorsum supera".   Wir wenden uns
zur Darlegung des richtigen Sachverhaltes wieder an die lebend zu
prüfende *T. ulmifolia*.   Auf eine Placenta kommen hier 25 und mehr
Ovula, die im Allgemeinen ungefähr in 5 Reihen senkrecht zu ihr
stehen, die Micropyle also der Wandung des Ovariums zugekehrt haben;
da aber der obere und untere (vierte) Theil der Placenta steril ist, so
suchen sie auch diesen Platz auszufüllen und divergiren bei ihrer fort-
schreitenden Entwickelung vom Centrum aus nach allen Seiten hin
ziemlich gleichmässig, so dass sie folgende Orientirung erhalten: die
mittlere Partie der Ovula bleibt ungefähr in ihrer Stellung, und zwar

ist bei den oberen die Raphe nach abwärts, bei den unteren nach aufwärts gerichtet und dem entsprechend auch die Micropyle orientirt; die übrigen sind mehr oder weniger in der Richtung des Radius übergebogen und zwar derartig, dass die Raphe immer nach vorn (von der Klappe ab) zu liegen kommt, die Micropyle also nach der Mitte der Placenta hinblickt. Nach der Befruchtung, wenn die Klappen sich stärker wölben, kehren die peripherischen Ovula wieder mehr zu ihrer senkrechten Stellung zurück.[1]) — Bei *Wormskioldia* treffen wir in dem fast linealischen Ovarium eine ungefähr zweireihige, aber sehr lockere Anordnung der Ovula an den Placenten; die obersten sind aufsteigend, die untersten absteigend (mit von der Placenta abgewendeter Raphe), die übrigen ohne Regel schräg auf- und absteigend; die Samen sind später in einer Reihe angeordnet und demgemäss ist der Nabel immer entweder nach der Basis oder nach der Spitze der Frucht gekehrt. — Bei den *Turnera*-Arten mit wenig-eiigem Ovar scheinen die Ovula im Allgemeinen ebenfalls in 2 Reihen zu stehen und zwar gegen die Mitte der Placenta hin gruppirt und mehr oder weniger senkrecht zu ihr; die Raphe scheint in den beiden Reihen einander zugekehrt oder nach vorn zu liegen; es kann also auch hier von einer Ascendenz oder Descendenz der Ovula nicht die Rede sein. — Nur bei *Turnera dichotoma*, welche an jeder Placenta nur ein Ovulum dicht über der Basis führt, ist dieses aufsteigend; ob aber die Micropyle nach aussen oder innen gerichtet war, liess sich nicht ermitteln.

Die Frucht ist eine einfächerige Kapsel: kurz kugelig bis oval und dann gewöhnlich schwach dreikantig (*Streptopetalum, Piriqueta, Mathurina, Turnera*) oder eng cylindrisch, schotenförmig (*Wormskioldia*). Dort weichen die 3 Klappen, welche auf ihrer Mitte die Samen tragen, bei der Reife allmählich von der Spitze zur Basis hin auseinander und rollen sich oberwärts bisweilen um; hier findet das Aufspringen von der Mitte her statt, während die Klappen an der Spitze durch einen schnabelartigen Fortsatz noch lange zusammen gehalten werden. — Die Abgliederung der Frucht ist in den einzelnen Gruppen eine verschiedenartige. Ist ein Pedicellus ausgebildet d. h. sind die Vorblätter (wenn auch nur durch Schwielen angedeutet, wie bei vielen *Piriqueta*-Arten) vom Kelche entfernt, so gliedert sich der Pedicellus mit der Frucht dicht über oder etwas oberhalb seiner Basis ab; man bemerkt diese Stelle dann schon sehr frühzeitig an einer mehr oder weniger starken Einschnürung. Entspringen aber die Vorblätter dicht unter dem Kelche und sind die Pedunculi frei (*Turnera acuta* et aff.), so fällt die Frucht,

---

1) Diese Stellungsverhältnisse lassen sich kaum in einen präcisen Ausdruck zusammenfassen: „Ovula centralia horizontalia, caetera omni parte divergentia" würde nur ungenügend die thatsächlichen Verhältnisse wiedergeben; für die Orientirung der Micropyle lässt sich überhaupt kein zutreffendes Wort finden.

wenn die Klappen sich nicht schon vorher an ihrer Basis losgelöst haben, mit dem ganzen Blüthenstiele zugleich ab. Merkwürdig ist die Abgliederungsweise bei *Turnera ulmifolia* et aff., deren Vorblätter ebenfalls bis dicht unter den Kelch gerückt und deren Pedunculi den Blattstielen angewachsen sind; hier löst sich die obere Partie des Blüthenstiels bei der Fruchtreife wieder von dem Blattstiele los und hinterlässt auf demselben eine oblonge bis linealische Narbe, während die untere Partie für immer mit dem Petiolus vereinigt bleibt. — Für die Unterscheidung der Gattungen und Gruppen ist der Verlauf der Gefässbündel in den Klappen von nicht geringer Wichtigkeit. Aus dem Pedicellus treten 6 Hauptstränge in die Frucht, von denen 3 auf die Kommissuren der Karpelle (also die Placenten), 3 auf deren Mitte (also an die Stelle des späteren Dehiscenz) fallen; bei mehreren *Wormskioldia*-Arten sind sie als hervortretende Nerven sofort sichtbar; bei anderen Arten derselben Gattung gehen von diesen Hauptnerven Seitenzweige aus, die bei *Turnera* und *Piriqueta* zwar weniger hervortreten, aber dafür deutlich anastomosiren; wenn nun die Felderchen des Adernetzes sich nach aussen hin vorwölben, so entstehen die für die Unterscheidung mehrerer Gruppen dieser beiden Gattungen so wichtigen Warzen auf den Früchten.

Die Samen sind für die Turneraceen besonders charakteristisch. Sie haben einen kugelig-eiförmigen bis oblongen Umriss, sind im Querschnitt, wenn sie nicht von Seiten ihrer Nachbaren durch Druck beeinflusst waren, ziemlich kreisrund und dabei entweder geradegestreckt oder mehr oder weniger nach der Raphe zu eingekrümmt. Die letztere ist als feine, gewöhnlich dunkler gefärbte, fädlich hervortretende Linie leicht wahrzunehmen und läuft vom Nabel aus in die sehr oft näpfchenförmig ausgehöhlte und warzig hervorragende Chalaza. Nach der Anheftungsstelle zu verschmälern sich die Samen mehr oder weniger und sind dann plötzlich in den konischen oder halbkugeligen Nabel zusammen gezogen; bei der monotypischen *Mathurina* ist der ebenfalls konische Nabel nur durch eine ringförmige Einschnürung vom übrigen Theile des Samens abgegrenzt. Die Oberfläche ist der Länge nach erhaben gestreift; da diese Streifen in sehr regelmässiger Weise wieder durch Querlinien verbunden sind, die gewöhnlich nicht so stark hervortreten, dafür aber fast immer dichter angeordnet sind, so entsteht eine zierliche netzförmige Skulptur, deren Maschen oft grubig vertieft, deren Knoten bisweilen höcker- oder zapfenartig hervorragen. Die Felderchen sind entweder nur mit einer membranösen Oberhaut ausgekleidet oder zeigen in der Mitte einen deutlichen, oft glänzenden Porus. Bei *Wormskioldia* und *Streptopetalum* sind in den Areolen zwei solcher punktförmigen Vertiefuugen wahrzunehmen; man sieht sie am besten an völlig reifen Samen, wenn sich die Oberhaut in den Felderchen schon abgeschülfert hat; die Poren liegen dicht an den Hauptnerven und sind ebenso regelmässig angeordnet, als die Felderchen

selbst; bei jüngeren Samen kann man ihre Anwesenheit äusserlich nur
daran erkennen, dass die Epidermis in sie etwas hineintritt und so zwei
flache Höhlungen darstellt. — Die Samen sind ausnahmslos mit einem
Arillus bekleidet, welcher am Nabel entspringt und schon zur Zeit der
Befruchtung als einseitiger Ringwall am Ovulum wahrzunehmen ist.
Er stellt eine dünne weissliche, später oft gelb oder bräunnlich werdende
Membran dar, der den Samen entweder nur an der Bauchseite bis zur Mitte
oder zur Chalaza hin bedeckt oder bisweilen dicht über dem Nabel ringsherum greift; am Rande ist er gekerbt, gelappt oder unregelmässig
eingerissen. Bei *Mathurina* ist der Arillus offenbar als Flugorgan ausgebildet: von einer sehr kleinen unversehrten Kappe, die dem Nabel
aufliegt, gehen zahlreiche Haare aus, welche den Samen allseitig, aber
sehr locker umgeben und ihn an Länge 5—6 mal übertreffen.

Der gerade oder etwas gekrümmte Embryo ist in reichliches
saftiges Eiweiss eingebettet und so orientirt, dass die Spitze der stielrunden Radicula den Nabel berührt, während die ungefähr ebenso langen
eiförmigen bis schmal-oblongen, plankonvexen Kotyledonen nach der
Chalaza zu liegen.

III. Biologische Eigenthümlichkeiten.

Da Keimung und Sprossbildung schon im ersten Abschnitte abgehandelt sind, so bleibt hauptsächlich die Schilderung der Bestäubungseinrichtungen übrig.[1]) Wir beginnen mit denjenigen Arten, welche
lebend untersucht werden konnten. Bei der homostylen *Turnera ulmifolia* (und zwar der schmalblätterigen Form, welche den Namen *T. angustifolia* erhalten hat,) sind die Blüthenstiele bis zur Hälfte oder noch
weiter hinauf mit dem Petiolus verwachsen. Die lanzettlichen oder
eiförmig-lanzettlichen Vorblätter tragen über der Basis je eine grosse
bisweilen noch oberhalb derselben eine zweite kleinere Drüse, entspringen
dicht unter dem Kelche und stellen bei ihrer bedeutenden, laubblattähnlichen Ausbildung gleichsam ein zweiblättriges Involucrum dar. Das Aufblühen findet in den Morgenstunden oder bei trübem Wetter erst gegen
Mittag statt: die grossen goldgelben Kronenblätter breiten sich etwas
oberhalb der Insertion am Kelchschlunde fast in eine Ebene aus, so
dass sich ihre Ränder kaum oder nicht mehr berühren, und drücken
die Kelchlappen in dieselbe Stellung; die Krone hat nunmehr einen
Durchmesser von cr. 3,5 *cm*, ist also, von oben gesehen, in hohem Grade
augenfällig. Die Griffel zerspalten sich an der Spitze in ein Büschel
von 15—20 pfriemlichen 1—1,5 *mm* langen Strahlen, von denen die
äusseren kürzeren fast wagerecht ausgebreitet sind, die inneren fast

---

[1]) Ueber die Häufigkeit der Heterostylie bei den Turneraceen gab ich eine kurze
Notiz in den Sitzgsb. des bot. Ver. Brandbg. 1882 p. 2.

doppelt längeren ziemlich vertikal stehen, so dass sie alle von oben betrachtet in einem Halbkreise angeordnet erscheinen; sie selbst divergiren in ihrem oberen Drittheile nur so viel, dass die Strahlen sich gegenseitig eben noch oder kaum mehr berühren. Etwas stärker spreizen die unterwärts ebenfalls senkrechten Filamente; sie sind ausserdem nach der Spitze hin noch schwach nach auswärts gekrümmt; dadurch werden die schräg aufsteigenden, nach innen aufspringenden, gerade gestreckten oder mit der Spitze eingebogenen Antheren gewöhnlich hinreichend weit von der Narbe entfernt, um eine Sichselbstbestäubung zu verhindern; aber man findet dieselben nicht selten auf der Spitze der Filamente auch in wagerechter oder fast wagerechter Lage und ihre Basis in Berührung mit einigen der Narbenstrahlen. Die oben stielrunden Staubfäden werden in der Kelchröhre flach und sind hier nach der Basis hin auf eine Strecke von 4 mm mit ihren Rändern den Kommissuralnerven des Tubus (resp. dem Rande der herablaufenden Nägel der Petala) angewachsen; die dadurch entstehenden 5 flachen mit Honig gefüllten Röhren erhalten im oberen Theile der Kelchröhre gleichsam eine Fortsetzung dadurch, dass die Blumenblätter sich an ihren Anheftungsstellen nach einwärts halbkreisförmig vorwölben, und dass die Filamente nach dem Innern der Blüthe zu diese Furchen abschliessen; gegen das Eindringen kleinerer Insekten werden die Röhren an ihrer Mündung durch zahlreiche feine Härchen, welche aus den Blumenblattbasen und dem Kelchschlunde (unterhalb der Lappen) vorspringen, hinreichend gesichert. Da die Antheren gerade über den Honigbehältern stehen, so können sie, wenn es noch nicht der Fall ist, beim Besuche der Insekten leicht mit den Narbenstrahlen in Berührung gerathen und etwas Pollen auf dieselben absetzen; fast ebenso leicht wird aber auch mitgebrachter Pollen von den Insekten an die hervorragenden Narbenäste geheftet werden, so dass Fremdbestäubung eintritt; diese wird um so wirksamer sein, da fast ausnahmslos Blüthen verschiedener Stöcke, welche gewöhnlich nur je eine Blüthe für den Tag zur Entfaltung bringen[1]), gekreuzt werden. Gegen den Abend hin richten sich die Petala wieder auf und legen sich zusammen: dadurch werden die Antheren, aus denen der Staub von selbst nicht herausfällt, an die Narben gedrückt, und es wird nach ausgebliebenem Insektenbesuche Sichselbstbestäubung mit Sicherheit herbeigeführt; während der Nacht, wenn der Welkungsprocess eintritt, drehen sich die Petala oberwärts zu einem Zipfel zusammen und bringen die Antheren in noch innigere Berührung mit den Narben.

Dass die Sichselbstbestäubung bei *T. ulmifolia* wirksam ist, geht aus der reichlichen Fruchtbildung hervor, die auch zu einer Zeit und

---

1) Dafür blühen sie aber, wenigstens in unseren Gewächshäusern, fast das ganze Jahr hindurch.

an Orten stattfindet, wo die Insekten sich nicht einstellen. — In Folge des Anschwellens des Ovars reisst der Kelch dicht über seiner Basis vom Receptaculum ringförmig ab, platzt an der einen Seite gewöhnlich eine Strecke weit auf und fällt mit den eingeschlossenen Blüthentheilen zur Erde. Trotz des Aufplatzens würde aber der Kelch in der sehr engwinkeligen Achsel von Ovarium und Vorblättern eingeklemmt und noch lange als Haube auf der Frucht zurückbleiben, wie es nach Herbarmaterial bei *T. calyptrata* und *T. hebepetala* wirklich geschieht, wenn nicht der untere Rand desselben sich nach dem Ablösen nach innen einzurollen begänne und sich dadurch über die Mitte des Ovariums (also über dessen grösste Dicke) emporarbeitete; es bedarf dann nur eines leisen Windstosses oder auch nur des Uebergewichts nach einer Seite, um das gänzliche Abfallen herbeizuführen.

Die im ersten Abschnitte besprochenen Basaldrüsen sind bei *Turnera ulmifolia* sehr charakteristisch ausgebildet und zwar nicht nur an den Laubblättern, sondern auch an den Vorblättern. Es ist nun besonders interessant, die Funktion dieser Drüsen kennen zu lernen. An den 1—2 untersten Blättern jedes Zweiges sind sie entweder gar nicht oder nur einseitig, selten an beiden Seiten vorhanden und dann immer kleiner als an den folgenden; an diesen, soweit sie Laubknospen in ihren Achseln haben, erreichen die Drüsen zwar die normale Grösse, allein sie secerniren niemals. Nur die Drüsen derjenigen Blätter, deren Stielen Blüthen angewachsen sind, bringen es zur Absonderung und zwar erst dann, wenn die zugehörige Blüthe der Entfaltung nahe ist, aber dann auch gewöhnlich so reichlich, dass der Saft am Blattstiel und selbst am Stengel herabläuft; ein bis zwei Tage nach dem Verwelken der Blüthe hört die Absonderung wieder auf. Es ist nicht unwahrscheinlich, dass kleinere kriechende Insekten durch das Sekret vom Besuche der Blüthe ferngehalten und an der für die Fremdbestäubung zwecklosen, ja schädlichen Wegnahme des Blüthenhonigs verhindert werden sollen. In der That sah ich wiederholt, wie zahlreiche Ameisen in grosser Rührigkeit an den Zweigen auf- und abstiegen und den offenbar sehr beliebten Saft zu sich nahmen. Die Stellung der Drüsen macht ihnen das Geschäft besonders leicht: an den Laubblättern ist die secernirende Fläche nach abwärts gerichtet, ist also den am Stengel emporkriechenden Insekten sehr leicht zugänglich; an den fast senkrecht stehenden Vorblättern sind die Drüsen dem Blattrande genau seitlich inserirt und in Folge davon den zu der Blüthe strebenden Insekten besser sichtbar, als wenn sie wie dort auf dem Rücken der Blätter sich befänden. — Die Drüsen haben vor dem Absondern eine schwach kon-

---

1) Bei einigen *Turnera*-Arten finden sich die Drüsen überhaupt erst in der Blüthenregion an den Laubblättern vor; so bei *T. callosa*, *T. stachydifolia* und auch bei *T. ulmifolia var. acuta.*

vexe Oberfläche, unter der sich ein saftreiches Gewebe befindet, und besitzen einen etwas excentrisch nach der Blattspitze zu gelegenen Porus, durch welchen das wasserklare, stark lichtbrechende Sekret hervorgepresst wird. Dass nicht die ganze Oberfläche absondert, davon kann man sich leicht überzeugen, wenn man das Sekret vorsichtig entfernt; nach ganz kurzer Zeit sieht man aus dem Porus, und zwar nur aus diesem, die Flüssigkeit wieder hervordringen. — Der Porus ist meist auch an den zuerst genannten Drüsen bemerkbar, trotzdem sie niemals absondern.

Die andere im Berliner botanischen Garten kultivirte Form, *Turnera cuneiformis*, welche sich von der vorhergehenden durch eine ganze Reihe von Merkmalen, besonders durch die schmalen drüsenlosen Vorblätter und durch die blassgelben nach dem Grunde zu purpurbraunen Blumenblätter unterscheidet, aber dessenungeachtet aus systematischen Gründen nur als Varietät neben jene gestellt werden kann, zeigt auch in den Bestäubungseinrichtungen bemerkenswerthe Abweichungen. Die Griffel divergiren oberwärts so stark, dass sie ihre Narben ungefähr in den Antherenkreis bringen. Die 15—25 Strahlen, von denen auch die äusseren, kürzeren fast aufrecht stehen, endigen mit ihrer Spitze in einer nach aussen hin abgeschrägten ovalen Ebene. Die Antheren aber — und das ist das auffälligste — drehen sich beim Aufblühen so herum, dass ihre geöffneten Fächer mehr oder weniger genau nach aussen gerichtet sind, und bleiben, während ihre Spitzen nach dem Rücken zu sich umrollen, ziemlich senkrecht stehen. Nur eine derselben (selten zwei) behält gewöhnlich ihre introrse Stellung bei und biegt sich dann auch nach Analogie von *T. angustifolia* mehr oder weniger über; es ist dies beinahe ausnahmslos diejenige, welche über dem ersten Kelchblatte steht, und zwar wird sie von dem fast genau vor ihr stehenden Griffel (vergl. die Anmerkung auf Seite 11), dessen Narbenstrahlen sich ihr anlegen, an der Bewegung gehindert; die übrigen Narben, welche auf die Intervalle zwischen je zwei Antheren getreten sind, können nicht störend einwirken. Es macht diese Stellung von Antheren und Narben einen recht unordentlichen Eindruck, ist aber für die Fremdbestäubung nicht ungünstig, da die Insekten die extrors gestellten Staubbeutel ihrer ganzen Länge nach berühren und von Pollen befreien können, um denselben in einer anderen Blüthe an die zwei hervortretenden Griffelspitzen abzusetzen; die dritte Narbe würde die Sichselbstbestäubung bei ausbleibendem Besuche sichern, wenn nicht in derselben Weise, wie bei *T. angustifolia*, am Abende beim Schliessen der Korolle sämmtliche Narbenäste mit Pollen in Berührung gebracht würden.

Das sind die Resultate, welche ich durch die Untersuchung der beiden lebenden Formen gewann. Alle folgenden Beobachtungen, die ich der Uebersichtlichkeit halber in Form von möglichst kurzen Sätzen mittheilen will, gründen sich auf das Studium von Herbariummaterial und haben einen grossen Aufwand von Zeit, Mühe und Geduld in Anspruch genommen. Dafür haben sich einige neue Gesichtspunkte ergeben, auf die ich die Aufmerksamkeit der Bearbeiter von Familien mit dimorphen Blüthen lenken möchte, damit sie prüfen, in wie weit jene Punkte auf eine allgemeinere Gültigkeit Anspruch erheben können; denn nur die Monographen vermögen nach gründlicher Abwägung der Artcharaktere und nach sorgfältiger Ernirung der Verwandtschaftsverhältnisse der einzelnen Formen solche Fragen einer Entscheidung näher zu führen und dadurch vielleicht auch einen Beitrag zur Aufhellung der noch so dunkelen Entwickelungsgeschichte der Pflanzenwelt zu liefern.

1) Von den 83 Turneraceen sind 14 mit Sicherheit, 5 mit grösster Wahrscheinlichkeit monomorph, 48 mit Bestimmtheit, 8 mit hoher Wahrscheinlichkeit dimorph, 6 unvollkommen dimorph, 1 rücksichtlich der Längenverhältnisse der Geschlechtstheile unbekannt (*Turnera Cearensis*), 1 in 6 Varietäten homostyl und in 6 Varietäten heterostyl (*T. ulmifolia*).

2) Die am weitesten von den übrigen Turneraceen abstehenden und durch ihre geographische Verbreitung merkwürdigen : *Mathurina penduliflora, Piriqueta Capensis, Berneriana, Madagascariensis* und *odorata*, sind wahrscheinlich sämmtlich monomorph.

3) Sieht man von den vorhin genannten Arten ab, so sind die monomorphen Species in allen Gattungen vertreten und fast in allen kleineren Gruppen von Arten, die durch natürliche Verwandtschaft zusammengehören, anzutreffen; sie treten ausserdem im ganzen Verbreitungsbezirke der Turneraceen auf.

4) Wenn bei Arten, die nach Untersuchung zahlreicher Exemplare verschiedener Standorte sich als durchaus monomorph erwiesen haben, in einem Individuum eine Neigung zum Dimorphismus auftrat, so äusserte sich diese allein in der Verlängerung der Griffel, während die Staubfäden ihre specifische Länge beibehielten (*Turnera chamaedrifolia, Piriqueta viscosa* var. *australis, P. cistoides* var. *macrantha*). — Bei der am weitesten nach Norden gehenden Varietät von *Turnera ulmifolia* (*T. velutina* Presl in Mexico) überragen die Narben die Antheren in allen Exemplaren um 1—4 mm gegenüber allen anderen monomorphen Varietäten derselben Art, bei denen die Antheren und Narben genau in derselben Höhe endigen.

5) Es giebt Arten, welche man als unvollkommen dimorph bezeichnen kann : die dolichostyle Form ist gut ausgebildet, in der brachystylen dagegen erreichen die Narbenäste die Basis der Antheren oder stehen von ihnen nur wenig ab ; bei ausbleibendem Insektenbesuche kann also hier Sichselbstbestäubung erfolgen. — Man begegnet diesen Arten nur in Gruppen, welche sich noch wenig specifisch differenzirt haben (*Turnera nana* und *sidoides* einerseits, *T. Hilaireana, pinifolia, Riedeliana* und *trigona* anderseits).

2*

6) Bei vollkommen heterostylen Arten[1]) erstreckt sich die Differenzirung entweder nur auf die reciproken Längenverhältnisse von Griffeln
und Staubfäden oder auch auf die Richtung der kürzeren Griffel, welche
so stark bogenförmig divergiren, dass ihre Narbenäste der Kelchröhre
dicht anliegen, oder auch auf die Länge der Narbenstrahlen, welche bei
der dolichostylen Form gewöhnlich länger, bisweilen doppelt länger
sind, als bei der brachystylen, oder endlich auch auf Behaarung und
Form der Griffel. Letzteres bei *Turnera capitata*. Die kürzeren 1—1,5 mm
langen Griffel sind hier auf der Aussenseite kahl, auf der Innenseite
mit etwas starren aufgerichteten Haaren besetzt, sonst glatt, rundlich,
gleich dick und oberwärts schwach nach aussen gekrümmt; die längeren
5—6 mm langen Griffel verhalten sich unterwärts wie die kürzeren,
sind aber hier nahezu aufrecht; etwas über ihrer Mitte krümmen sie
sich in einem eleganten Bogen nach auswärts, während die oberste
Partie wieder senkrecht steht und kahl ist. Der gekrümmte Theil nun,
welcher etwa die mittleren $^3/_7$ der ganzen Griffellänge darstellt, ist ab-
geflacht, verbreitert, dicht warzig-rauh und dicht und langwollig behaart. — Eine Annäherung an diese Struktur der längeren Griffel
zeigt die ebenfalls ausgeprägt heterostyle *T. genistoides*.

7) Weder die Farbe der Blüthe, noch die intensivere, gewöhnlich
schwarzviolette Färbung der Basis der sonst gelben, blauen oder weiss-
lichen Petalen steht in irgend welchem Zusammenhange mit dem Mono-
und Dimorphismus.

8) Die auf Fremdbestäubung angewiesenen dimorphen Arten zeichnen
sich vor den ihnen am nächsten verwandten monomorphen durch grössere
Augenfälligkeit der Blüthen aus. Diese wird entweder herbeigeführt
durch die Grösse der Blüthe selbst (*Piriqueta Tamberlikii* und *Duarteana* gegenüber *P. viscosa*, *P. Caroliniana* gegenüber *P. cistoides*, *P. sidifolia* gegenüber *P. Assuruensis*, *Streptopetalum Hildebrandtii* gegenüber
St. serratum, *Wormskioldia longipedunculata* gegenüber *W. pilosa*, *Turnera acuta*, *velutina*, *aurantiaca* und *longipes* gegenüber *T. macrophylla*,
— ausgenommen sind die 6 heterostylen Varietäten von *T. ulmifolia* gegenüber ebenso vielen homostylen derselben Art) oder durch die Anordnung der Blüthen in eine tragblattlose, sehr reichblüthige Traube

---

1) Es ist gewiss interessant zu erfahren, wie Cambessèdes, welcher 23 fast
durchweg neue und heterostyle Arten im Jahre 1829 sorgfältig untersuchte und genau
beschrieb, sich rücksichtlich der Heterostylie ausdrückte. Er sagt in einer Anmerkung
zu *Turnera pinnatifida*: „Dans cette espèce, comme dans plusieurs autres du même
genre, les styles sont d'abord courts et épais, terminés au sommet par un stigmate
en tête, plus tard les styles s'alongent, et les stigmates, d'abord soudés entre eux,
deviennent libres. La longueur des styles, relativement aux autres parties, ne saurait
donc fournir un caractère constant pour le diagnostic des espèces, puisqu'elle est
subordonnée à l'épanouissement plus ou moins complet de la fleur." — Von der sogleich zu nennenden *Turnera capitata* war ihm leider nur die kurzgrifffelige Form
bekannt.

(*Piriqueta racemosa* gegenüber *P. ovata*); die kleinblüthigen Arten mit
ächten, sei es traubig oder cymös angeordneten Köpfchen, in denen
wahrscheinlich zahlreiche Blüthen zugleich aufblühen, sind sämmtlich
dimorph.

9) In einem auffälligen Zusammenhange steht auch der Mono- und
Dimorphismus zur Lebensdauer: sämmtliche vorhergenannten grossblüthigen heterostylen Arten sind ausdauernd und fast sämmtliche kleinblüthigen homostylen einjährig (ausgenommen nur *Piriqueta Assuruensis*
und *Turnera macrophylla*, welche aber auch sonst von den ihnen verwandten Arten beträchtlich abweichen).

10) Von den sub 8 genannten Arten ist die specifische Differenzirung bei *Piriqueta Tamberlikii* und *Duarteana* im Vergleich mit
P. viscosa und bei *P. Caroliniana* im Vergleich mit *P. cistoides* kaum
oder nicht viel über die Blüthengrösse, die Ausbildung der Geschlechtsorgane und die Lebensdauer hinausgegangen; in den übrigen kleinen
Gruppen weichen die homostylen von den verwandten heterostylen
Species durch viele andere wichtige Charaktere ab.

Es bleibt nur noch übrig, auf ein merkwürdiges Verhalten der
Staubfäden (und zum Theil auch der Griffel) bei mehreren Arten von
Wormskioldia und *Streptopetalum* aufmerksam zu machen; ob dasselbe
aber in irgend einem Zusammenhange zur Fremdbestäubung steht, lässt
sich nach dem trockenen Material nicht feststellen. Bei *Wormskioldia
lobata* und *pilosa* endigen 3 der Antheren mit den Narben genau in
gleicher Höhe, die beiden anderen aber stehen um ihre eigene Länge
tiefer, da sie um 2—2,5 *mm* kürzere Filamente besitzen. Bei *Streptopetalum serratum* bemerkte ich dieselbe Differenz in den Staubfäden;
aber in einer Blüthe eines anderen Exemplars war auch eine solche in
den Griffeln vorhanden, von denen der eine in der Höhe der zwei
kürzer gestielten, die beiden anderen in der Höhe der 3 länger gestielten
Antheren endigten. Bei *Wormskioldia longipedunculata* sind die Filamente in demselben Verhältnisse ungleich lang; aber in der Blüthe
des einen Exemplars waren die Griffel nur 4 *mm* lang und 3—4 *mm*
kürzer als die länger gestielten Antheren, in der des anderen 8 *mm*
und mit den länger gestielten gleich lang; also wahrscheinlich Dimorphismus. Aehnlich scheint sich *W. brevicaulis* und *W. tanacetifolia* zu verhalten, von welchen nur eine kurzgriffelige Form vorlag; bei letzterer
besass aber eines der Filamente eine intermediäre Länge. Einen aus-
geprägten Dimorphismus in Verbindung mit der ungleichen Länge der
Stamina boten die beiden Exemplare von *W. glandulifera*. *Streptopetalum
Hildebrandtii* hat allein in dieser Gruppe gleichlange Stamina, die von
den Griffeln beträchtlich überragt werden (also wahrscheinlich heterostyl).
— Morphologisch bemerkenswerth ist die Thatsache, dass die kürzeren
Filamente über den äusseren Kelchblättern, die längeren über den
inneren stehen.

IV. Familiengeschichte und verwandtschaftliche Beziehungen.

Die Gattung *Turnera* wurde von Adanson[1]) unter den *Portulacae* aufgeführt. A. L. de Jussieu[2]) belässt sie bei den *Portulacaceen*, indem er hinzufügt, dass sie wegen ihres Habitus vielleicht aus dieser Familie zu entfernen sei; die inzwischen von Aublet aufgestellte Gattung *Piriqueta* rechnet er dagegen unter Hinweis auf die Verwandtschaft mit *Turnera cistoides* zu den *Cisti*. Nachdem dann Ventenat[3]) auf die unnatürliche Verbindung von *Turnera* mit den *Portulacaceen* aufmerksam gemacht, weil nicht blos die Tracht, sondern auch die samentragenden Klappen und das fleischige, den Embryo umgebende Perisperm gewichtige Unterschiede böten, und Poiret[4]) die Vermuthung geäussert hatte, sie könne wohl eine eigene Familie bilden, erörtert Aug. de St. Hilaire[5]) sehr eingehend die verwandtschaftlichen Beziehungen und kommt zu dem Resultate, dass sie den *Loaseen* am nächsten stände. Dieser Meinung schliesst sich Kunth[6]) an, welcher *Turnera* und *Piriqueta* unter dem Namen *Turneraceae* zu einer Section der *Loaseen* erhebt. Bald nachher behandelt A. P. De Candolle[7]) die *Turneraceen* als selbständige Familie.

Die systematische Stellung von *Wormskioldia* wurde erst viel später erkannt. Willdenow beschrieb die erste Species im Jahre 1800 als *Raphanus pilosus* (also als *Crucifere*), De Candolle als *Cleome* unter den *Capparideen*; A. Richard, welchem Meissner folgte, stellte sie unter dem schon von Thonning gegebenen Namen *Wormskioldia* zu den *Droseraceen*, Lindley zu den *Frankeniaceen*, Endlicher reihte sie 1839 bei den *Turneraceen* ein. — Die übrigen Gattungen wurden sogleich als *Turneraceen* erkannt.

De Candolle stellt die *Turneraceen* zwischen die *Loaseen* und *Fouquieraceen*, denen er die *Passifloreen* incl. der *Malesherbieen* vorausgehen lässt, und deutet auf die Aehnlichkeit des Fruchtbaues mit dem bei den *Violarieen* und *Cistineen* vorkommenden hin, was übrigens schon die Patres in den von ihnen gegebenen Namen zum Ausdruck gebracht hatten, meint aber, dass die Insertion der Petala sie zu den Calycifloren verweise; zugleich hebt er die bedeutenden Unterschiede gegenüber den *Loaseen* hervor und macht darauf aufmerksam, dass die *Turneraceen* durch die Anzahl der Blüthentheile, die Lage der Placenten, den

1) Fam. des Plant. II (1763) p. 241.
2) Gen. Plant. (1789) p. 313 und 295.
3) Tabl. du règne vég. IV (1794) p. 26.
4) In Lam. Dict. VIII (1808) p. 141.
5) In Mém. Mus. d'hist. nat. Paris II (1815) p. 202—205.
6) In H. B. K. Nov. Gen. et Spec. VI (1823) p. 123.
7) Prodr. III (1828) p. 345.

Arillus und die Blattdrüsen an die *Passifloreen* herantreten. — L i n d l e y[1]) vereinigt in der Gruppe der *Passionales* die *Passifloraceae, Papayaceae, Flacourtiaceae, Malesherbiaceae* und *Turneraceae*, denen er die Gruppe der *Bixales* folgen lässt, und schliesst sich De Candolle's Ansichten über die verwandtschaftlichen Beziehungen an, ebenfalls auf die Basaldrüsen an den Blättern grosses Gewicht legend. — M e i s s n e r[2]), wie schon vorher B a r t l i n g[3]), verweist die Familie zu den *Peponiferen* und stellt sie zwischen die *Papayaceen* und *Malesherbiaceen*, welch letzteren die *Passifloraceen* unmittelbar folgen; dieselbe Anordnung giebt B r o n g - n i a r t[4]) in der von ihm aufgestellten Gruppe der *Passiflorinae* wieder. — E n d l i c h e r[5]) rechnet die *Turneraceen* zu den *Parietales*, welche er folgendermassen gruppirt: *Cistineae, Droseraceae, Violarieae, Saucagesieae, Frankeniaceae, Turneraceae, Samydeae, Bixaceae, Homalineae, Passifloreae, Malesherbiaceae, Loaseae, Papayaceae*; trotz dieser Anordnung sagt er von ihnen „*Turneraceae Malesherbiaceis* proxime affines videntur, a quibus stylis terminalibus, seminibus strophiolatis, staminibus perigynis et coronae membranaceae petalis subjectae defectu sunt diversae", eine Meinung, die er in ähnlicher Weise bei der Charakteristik der *Malesherbiaceen* wiederholt[6]). — A. B r a u n[7]) erkennt ebenfalls die nahen Beziehungen der *Turneraceen* zu den *Parietales* an, ohne sie diesen jedoch zuzuzählen; er acceptirt die Ordnung der *Passiflorinae*, zu denen er B r o n g n i a r t gegenüber auch die *Bixaceae* rechnet (also *Loasaceae, Turneraceae, Papayaceae, Passifloraceae, Bixaceae, Samydaceae*), und stellt sie zwischen die *Parietales (Droseraceae, Violaceae)* und *Guttiferae (Cistaceae* etc.). — Vorher hatte schon B. S e e m a n n[8]) die speciellen Verwandtschaftsverhältnisse der *Turneraceen* im Anschluss an die Beschreibung der neuen Gattung *Erblichia* erörtert: wegen des Vorhandenseins der Stipulae, die sie zuerst bei den *Turneraceen* nachwies, aber mit Unrecht allen Arten zuschrieb, wegen der freien Kelchblätter bei *Erblichia*, deren „filamentösen" Blumenblattanhängsel und unbedeutenden Zertheilung der Narben hielt er sie für so eng verwandt mit den *Passifloreen*, dass er vorschlug, beim Mangel eines durchgreifenden Unterschiedes beide Familien unter dem Namen *Passifloraceae* zu vereinigen.

---

1) Nat. Syst. of Botany II ed. (1836) p. 71.
2) Gen. Plant. (1838) p. 123.
3) Ord. nat. (1830) p. 271.
4) Enum. des plant. cult. au Muséum d'hist. nat. de Paris p. 40 (II. éd. a. 1850).
5) Gen. (1839) p. 915.
6) Der andere Unterschied „styli placentis oppositi" der *Turneraceen* gegenüber den „styli cum placentis alternantes" der *Malesherbiaceen* ist irrthümlich, wird auch von Endlicher selbst nur in der Beschreibung erwähnt.
7) In Ascherson's Flora der Provinz Brandenburg (1864) Einleitg. p. 50.
8) In Bot. of Herald (1852—57) p. 129 und in Hook. Kew Gard. Misc. VI (1854) p. 53.

— Bentham und Hooker[1]) entfernen die *Passiflorales*, zu welchen sie die *Samydaceae*, *Loaseae*, *Turneraceae*, *Passifloreae*, *Cucurbitaceae*, *Begoniaceae* und *Datisceae* ziehen, wieder aus der Nachbarschaft der hypogynischen Familien der *Parietales*, bei welchen sie die *Bixineen* belassen, und bringen sie zu den epigynischen *Calycifloren*. Ueber die specielle Verwandtschaft der *Turneraceen* äussern sie sich dahin[2]), dass sie durch den Habitus, die hinfälligen gedrehten Petala und den Mangel der Corona deutlich von den *Passifloreen* verschieden und in Wahrheit den *Bixineen* näher verwandt seien; auch erinnerten die Anhängsel der Petala bei *Erblichia*, welche keineswegs mit der „Corona calycina" der *Passifloreen* verglichen werden könnten, an die epipetale Schuppe in den Blüthen der *Bixineen*-Tribus *Pangieae*. Es scheint demnach, als ob es ihnen beim genaueren Studium der Familie leid gethan hätte, die *Turneraceen* nicht in dem 5 Jahre früher erschienenen Hefte bei den *Parietales* abgehandelt zu haben. — Das geschieht nun von Baillon[3]), welcher die *Turneraceen* sammt den *Bixineae*, *Flacourtieae*, *Samydeae*, *Lacistemeae*, *Calanticeae*, *Homalieae*, *Pangieae*, *Papayeae* und *Cochlospermeae* zu Tribus der *Bixaceen* macht und diese vor die *Cistaceen* und *Violaceen* stellt, während er die *Passifloraceen* durch die Anwesenheit der Corona für verschieden erklärt, aber bis jetzt noch nicht abgehandelt hat; die *Samydeen* werden von ihm als die den *Turneraceen* am nächsten verwandte Gruppe hingestellt. — Ihm schliesst sich Balfour fil.[4]) an, welcher für die Berechtigung, die *Turneraceen* in die Nähe der *Bixaceen* zu stellen, noch auf die Aehnlichkeit der Kelchdrüsen von *Mathurina* mit denen der *Samydaceen*-Gattung *Homalium* und auf das Vorkommen einer *Homalium*-Art in der Nähe von *Mathurina* (auf Mauritius) hinweist. — Eichler[5]) endlich, welcher im Ganzen Bentham und Hooker folgend unter dem Namen *Passiflorinae* die *Samydaceae*, *Passifloraceae*, (*Papayaceae*), *Turneraceae*, *Loasaceae*, *Datiscaceae* und *Begoniaceae* zusammenfasst und diese Reihe weit ab von den *Cistifloren*, wozu die *Bixaceen* gerechnet werden, stellt, äussert sich über die Verwandtschaft der *Turneraceen* folgendermassen: „Das Diagramm der *Turneraceen* stimmt am nächsten mit dem der *Passifloren* überein, nur durch die Convolution der Petala unterschieden. Die Wimperschuppen am Grunde der Petala vieler Arten lassen sich wohl einigermassen als ein Analogon der Corona der *Passifloren* betrachten; die andersartige Insertion der Staubgefässe (der Mangel eines Gynandrophors bei den *Turneraceen*) gestattet jedoch nicht, beide Familien, wie es von manchen Autoren geschehen ist, mit einander zu vereinigen. Von den *Bixaceen*, denen Baillon die *Turneraceen* zu-

---

1) Gen. Plant. I (1862) p. XIV.
2) l. c. (1867) p. 806.
3) In Adansonia X (1871—73) p. 258 und Hist. Plant. IV. 292—295.
4) In Journ. of Linn. Soc. XV (1876) p. 161—62.
5) Blüthendiagr. II (1878) p. 447.

gesellt, bietet die perigynische Insertion von Perianth und Androeceum einen Unterschied, von den *Samydeen* die constante Isostemonie, gedrehte Kronpraefloration und ausserdem die grubige Samenschale".

Alle diese Erörterungen kranken daran, dass man die wahre Struktur der Corona bei den *Turneraceen* nicht kannte und nicht wusste, dass fast einem Viertel aller Arten dieser Familie ein solches Gebilde zukommt, zum Theil auch daran, dass man einzelnen Merkmalen ein unverhältnissmässig grosses Gewicht beilegte, während man andere, scheinbar weniger wesentliche, gar nicht zum Vergleiche heranzog. Wenn ich nun nach dieser etwas langen geschichtlichen Uebersicht auf Grund eigener Beobachtungen meine Ansichten über die Beziehungen der *Turneraceen* zu den in Frage kommenden Familien darzulegen versuche, so muss ich vorausschicken, dass ich mich nicht auf eine Erörterung der Frage einlassen kann, ob es naturgemäss sei, auf die Insertionsverhältnisse ein so hohes Gewicht zu legen, wie von den Autoren geschehen ist, mit anderen Worten, ob man berechtigt sei, die *Passiflorinae* so weit von den *Cistiflorae* zu entfernen; es handelt sich vielmehr nur, um das Resultat sogleich an die Spitze zu stellen, um den Nachweis, dass die *Turneraceen* mit keiner anderen Familie näher verwandt sind, als mit den *Passifloraceen* (incl. der *Malesherbiaceen*).

Fassen wir zunächst eine typische Art dieser Familie, z. B. *Passiflora gracilis*[1]) in's Auge und erinnern wir uns zugleich derjenigen Eigenthümlichkeiten, welche früher als für die *Turneraceen* mehr oder weniger charakteristisch geschildert worden; trotz der auf den ersten Blick grossen Verschiedenheiten, bedingt durch den Habitus und den Blüthenbau, ist es leicht, in vielen Punkten intime Verwandtschaftsbeziehungen oder wenigstens Analogieen nachzuweisen. Der primäre Achselspross hat sich hier anderen Verhältnissen angepasst und ist in eine Ranke verwandelt, dessen meist einziges Blättchen in seiner Achsel eine Blüthe führt, aber am Pedunculus bis zu den Vorblättern der Blüthe hinaufgerückt ist; Serialknospen sind zwischen der Ranke und der Hauptaxe immer sichtbar. Die Drüsen auf der Unterseite der Blätter, unweit des Randes, treffen wir hier ebenfalls an, aber in noch wenig entwickeltem Zustande; die basalen dagegen sind vollkommen ausgebildet, am Blattstiele hinabgerückt, gestielt und mit der Fläche schon sehr frühzeitig nach abwärts gebogen; ihr Bau ist derselbe, welchen wir für *Turnera ulmifolia* beschrieben haben.[2]) Der Bau der

---

1) Ich muss zu einer im Habitus so weit abweichenden *Passifloracee* zurückgehen, weil die Stellung der Ovula, wie schon früher bemerkt, nur an lebendem Materiale richtig beurtheilt werden kann, und weil gerade nur die Gattung *Passiflora* in Rücksicht hierauf lebend zur Verfügung stand. — Dass der *P. gracilis* gerade die Petala fehlen, thut nichts zur Sache.

2) Die Drüsen beginnen schon zu secerniren, wenn die jungen Blätter ihre Lamina ausbreiten, trocknen aber nach dem Abblühen der zugehörigen Blüthe sehr bald ein;

Frucht weicht nicht im Geringsten von dem der *Turneraceen* ab. Am auffälligsten aber ist die Uebereinstimmung in der Stellung der anatropen Ovula die hier wegen ihrer lockeren Anordnung besonders deutlich wird; sie nehmen, wie bei vielen *Turneraceen*, ziemlich Zweidrittel der ganzen Placenta ein und sind ungefähr in zwei Reihen senkrecht zu ihr gestellt, so, dass anfänglich die Raphe nach vorn (von der Klappe abgewendet) liegt, später in den beiden Reihen einander mehr zugekehrt ist, die Micropyle also in den Winkel zwischen der Placenta und der Klappe hineinschaut — dieselbe Anordnung, wie bei *Turnera ulmifolia*, wenn hier die mittleren Reihen fehlten; der Arillus tritt ebenfalls am Nabel als Ringwall in die Erscheinung, wird aber später fleischig und bildet einen den Samen umgebenden Sack. Der Umriss und die Schale des Samens sind zwar noch bedeutend verschieden; doch zeigt die letztere schon eine, wenn auch unregelmässige, kleingrubige Skulptur. Da Zahl und Stellung der Blüthentheile nicht abweichen, und da ferner bei anderen *Passiflora*-Arten der primäre Achselspross nur an der Spitze sich in eine Ranke verwandelt oder bei aufrechtem Wuchs ganz unverändert bleibt, so restiren als unterscheidende Merkmale der persistirende Kelch, die Insertionsweise der Blüthentheile, die eigenthümliche Ausbildung der Corona, der Bau der Narben und der Samenschale und die Form des Samens.

Eine andere *Passifloreen*-Gattung, *Paropsia*, von welcher mir *P. edulis* Pet.-Thouars vorliegt, zeigt Anzahl, Verwachsung und Anwachsung der Kelchblätter und Petala gerade in derselben Weise wie *Erblichia* und *Mathurina*: die Sepala sind nahezu frei, ihren Kommissuren sind die Petala inserirt, ringsherum läuft an der Insertion ein kontinuirlicher Kranz von an der Basis verwachsenen Fäden, die im oberen Theil sehr dicht filzig behaart sind und sich in 5 vor den Petalen stehende, mit Hülfe des Filzes verbundene Phalangen gruppiren; die einzelnen Fäden sind ausserdem oft noch bis zur Mitte verwachsen. Trotz ihrer etwas abweichenden Konsistenz zeigt die Corona schon eine grosse Uebereinstimmung mit der bei den *Turneraceen*. Die Blätter dieses madagascarischen Strauches haben ganz das Aussehen einer strauchartigen *Turneracee*, besitzen auch nach dem Grunde zu unterseits unweit des Randes einige eingedrückte Drüsen. Das Gynophor ist schon sehr kurz, aber es sind ihm noch die Staubfäden inserirt.

Bei der westafrikanischen *Smeathmannia laevigata* Sol., welche sich von voriger Gattung durch ein vielzähliges Androeceum auszeichnet, sind kleinere Drüsen am Blattrande als Andeutung der Zähne vorhanden; die grossen Basaldrüsen sind aber am Blattstiele bis zu seiner

---

da sie von dem gewöhnlich zur Seite gebogenen Blüthenstiele ziemlich weit entfernt sind, so können sie die Blüthe gegen unberufene Gäste nicht in der wirksamen Weise schützen, wie viele *Turnera*-Arten.

Insertion hinabgerückt, also an die Stelle, wo sonst die Stipulae stehen, und zeigen besonders charakteristisch die Struktur der *Turnera*-Drüsen (sitzend, rundlich, am Rande konvex, in der Mitte koncav und im trockenen Zustande mit einem gelblichen Häutchen überdeckt). Bei *Sm. pubescens* Sol. stehen sie an derselben Stelle, aber zu zweien und meist auf dicklichen Stielen; sie sind also bei dieser Gattung eher als umgewandelte Stipulae zu betrachten[1]). Die Blüthen stehen hier in den Achseln der Laubblätter einzeln, sind gestielt und haben 2 basal stehende Vorblätter.

Aus der Tribus der *Modecceae*, welche sich nach Bentham und Hooker von den *Passifloreae* durch öftere Eingeschlechtigkeit, die kleine oder fehlende Corona, die meist im Kelchtubus eingeschlossenen Petalen und die gewöhnlich zugespitzten Antheren auszeichnen, stand eine lebende Art im hiesigen Garten zur Verfügung, welche reife Früchte besass, aber leider nur noch männliche Blüthen brachte: *Adenia venenata* Forsk., eine Bewohnerin Arabiens und des oberen Nilgebiets. Sieht man davon ab, dass der Pedicellus äusserlich ohne Abgrenzung in den Kelchtubus übergeht, so leuchtet die auffällige Uebereinstimmung von *Adenia* und *Streptopetalum* rücksichtlich der Blüthe sofort ein: ein langer Kelchtubus mit quincuncial sich deckenden Lappen und der für die in Afrika endemischen *Turneraceen*-Gattungen charakteristischen Nervatur (die aber in dem etwas fleischigen Kelche von *Adenia* nicht so leicht zu konstatiren ist); 5 gelblichweisse am Kelchschlunde inserirte Blumenblätter ohne Corona, auch ohne Ligula, leider zu schmal, um sich in der Knospenlage zu decken; 5 episepale Stamina, die der Kelchröhre über der Basis inserirt, d. h. ihr etwa 2 *mm* lang angewachsen und an der Basis in einen kurzen Tubus vereinigt sind (ähnlich auch bei *Turnera*-Arten z. B. *T. annularis*); Bau, Richtung, Insertion, Aufspringen und Farbe der Antheren wie bei *Wormskioldia* und *Streptopetalum*; Skulptur und Struktur der Pollenkörner desgleichen; hinter der Basis der Filamente genau dieselben Drüsen, welche *Mathurina*[2]) besitzt, an der Spitze gestutzt oder schwach ausgerandet und frei, sonst mit dem Rücken dem Kelche angeheftet, während die Filamente ihnen unterwärts angewachsen sind; das Ovarium (mit verkümmerten Ovulis) nahezu sitzend, frei, aber nur mit sehr kurz gestielten Narben; Frucht oberhalb des Kelches gestielt, sonst in Bau und Form wie bei *Streptopetalum*, oberste und unterste Partie der Samenträger nackt; der Arillus nur an der Basis etwas fleischig, sonst membranös, die konvexen Samen bis zur Hälfte oder bis zur Spitze umgebend, die

---

1) Benth. et Hook. Gen. I. 812 geben an: „Glandulae ad apicem petioli 1—4. Stipulae parvae fugaces v. laterales"; ich habe bei unseren beiden Arten nichts davon bemerkt.

2) Dadurch verlieren zugleich die beiden Seite 24 genannten Argumente von Balfour fil. ihren Werth.

Testa netzförmig-grubig, die Grübchen aber nicht regelmässig in Längs-
reihen angeordnet, sondern unregelmässig dicht über die ganze Oberfläche zerstreut. — Resultat: in den meisten Punkten grösste Uebereinstimmung zwischen *Adenia* und *Streptopetalum*; Differenzen gegenüber allen *Turneraceen*: der sich nicht abgliedernde Kelch, das Gynophor
der weiblichen Blüthen und der Bau des Samens.

Ich will diese Gelegenheit benutzen, um einige weitere Beobachtungen über diese
Gattung mitzutheilen [1]). *Adenia* wurde 1775 von Forskål aufgestellt und, von dem
„germen tubo calycis adnatum" abgesehen, ganz vorzüglich beschrieben; die Gattung
blieb über ein Jahrhundert in ihrer systematischen Stellung räthselhaft [2]), vielleicht
nur desbalb, weil der Autor eine zufällig 6-zählige Blüthe seiner Darstellung zu Grunde
gelegt hatte; erst 1876 wies Ascherson (in Baill. Dict. Bot. I. 47) auf die Identität
der Pflanze mit *Modecca Abyssinica* Hochst hin. Ich habe das Forskål'sche Original-
exemplar (n. 655 der Sammlung im Kopenhagener Herbarium) genau verglichen und
kann die Ascherson'sche Ansicht nur bestätigen. — Die untersten Blätter eines
Sprosses führen minutiöse Knöspchen in ihren Achseln, die folgenden eine mit zwei
sterilen Blättchen besetzte unverzweigte Ranke; zwischen letzterer und der Abstammungsaxe nimmt man als Andeutung eines Serialsprosses einige kleine pfriemliche Schüppchen wahr. Der Blattstiel ist der 3—5-lappigen Lamina etwas oberhalb ihrer Basis
eingefügt; in Folge dessen werden die Blätter schwach peltat; auf ihrer Unterseite
bemerkt man unweit des Randes zwischen den Lappen kleine rundliche wenig hervortretende stark secernirende Drüsen, die von einem schwachen Ringwall umgeben sind.
An dem schmalen Rande unmittelbar diesseits der Insertion und zwar auf der Unterseite findet sich eine grosse rundliche, fleischig verdickte, aber nur wenig hervortretende
Drüse, welche wohl durch Verschmelzung der sonst normal in der Zweizahl auftretenden Basaldrüsen entstanden ist und auch schon an den unteren Blättern, die .keine
Blüthen in ihren Achseln tragen, so stark absondert, dass der Saft am Blattstiel herabläuft. Oberwärts werden die Blätter kleiner und kürzer gestielt, während die Basaldrüsen ihre Ausbildung behalten; zuletzt, wenn in den Achseln statt der Ranken die
Inflorescenzen auftreten, ist fast nur noch von der Blattspreite die kurzgestielte oder
fast sitzende, nach der Axe zu absondernde Drüse vorhanden. Die Inflorescenzen sind
1—3-blüthige fast sitzende Cymen, welche in ihrer Gesammtheit eine langgestreckte
terminale Aehre darstellen; gelangen die Serialsprosse zur Entwickelung, so tragen sie
gewöhnlich nur die auf Drüsen reducirten Blätter und in deren Achseln sogleich
Blüthen, so dass diese Achren lateral erscheinen. Seitenblüthen aus den Achseln
minutiöser schuppiger Vorblätter, Pedicelli über der Basis gegliedert, oberhalb der
Artikulation allmählich dicker werdend und äusserlich gegen den Kelchtubus nicht abgesetzt. — Maxwell Masters, welcher die *Passifloraceen* für Oliver's Flora of trop.
Africa bearbeitete, hat unsere Pflanze (*Modecca Abyssinica*) nicht gesehen, sondern die
Beschreibung der Species nach Richard gegeben. Seiner Aeusserung (II. 512) gegenüber:
„The African species all belong to Wight's section *Blepharanthus* charakterized by the
insertion of the petals at the base of the calyx, not at the throat and by the presence
of a style and stigmatic branches. The exact nature of the corona and of the „glands
of the disk" or outer staminodes is doubtful and requires an examination of fresh

1) Nach Bentham und Hooker sollen von ihr gegen 25 Arten existiren (unter
Modecca); das Berliner Herbarium besitzt leider ausser *Adenia venenata* nur noch eine
unvollkommen vorliegende Zollinger'sche Pflanze aus Java.

2) Sie findet sich weder bei Endlicher noch bei Bentham und Hooker, nicht
einmal dem Namen nach.

flowers in all stages of their development for its full elucidation* bemerke ich nur,
dass unsere Pflanze mit Bestimmtheit nicht zur Sect. *Blepharanthus*, sondern wegen
der Insertion ihrer Petala und der fast sitzenden Stigmata zu der Section *Micro-
blepharis* gehört. Was aber die Natur der Corona und der Glandulae an der Basis der
Filamente betrifft, so glaube ich, wird sie durch die voraufgegangenen Erörterungen
hinreichend klargestellt sein.

Wir wenden uns schiesslich noch zu den *Malesherbiaceen*, welche
von Bentham und Hooker ebenfalls als Tribus zu den *Passifloraceen*
gebracht werden; sie unterscheiden sich nach den genannten Autoren
von den eigentlichen *Passifloreen* durch die 3 an der Basis entfernten
Griffel und durch die oblongen Samen und haben ihre Heimath in Peru
und Chile. *Malesherbia thyrsiflora* R. P. hat fast den Habitus einer *Piriqueta*-
Art: Blüthen axillär, gestielt, mit 2 Vorblättern, über denen sich der
Pedicellus abgliedert; Kelch lang tubulös, 10-nervig; Blumenblätter
dem Kelchschlunde inserirt, in der Praefloration cochlear; Corona einfach, häutig, kahl, an dem einen Exemplare aus 10 freien oder an der
Basis zusammenhängenden Schuppen bestehend, an dem anderen einen
gleichmässigen kontinuirlichen Ring am Kelchschlunde bildend, der am
oberen Rande gekerbt oder lappig gezähnt war; Insertion des Androece-
ums wie bei *Passiflora*; die Griffel gehen beträchtlich unter der Spitze
ab (aber über der Mitte der Karpelle, wie bei allen anderen besprochenen Gattungen); die reife Frucht bleibt vom Kelche umschlossen und
ragt nur mit der Spitze aus ihm hervor, sie ist eine oblonge, der Länge
nach 6-nervige, von der Spitze her aufspringende Kapsel. Das inter-
essanteste für uns sind die Narben und Samen. Die Griffel sind gegen
die Spitze hin auf der Innenseite aufgeschlitzt und hohl, wie bei den
meisten *Turneraceen*, an der Spitze selbst verbreitert und die Ränder
etwas umgebogen; würden sie ausserdem noch stark papillös sein, so
hätten wir ohne Weiteres die Narben von *Mathurina* und *Erblichia*
vor uns. Die Samen, welche unserem Bestreben, unter den *Passifloraceen* Analogieen zu finden, immer noch Schwierigkeiten machten,
zeigen hier eine solche Uebereinstimmung mit denen der *Turneraceen*,
wie sie besser nicht gewünscht werden kann; sie sind oval, im Querschnitt rund, von genau derselben so charakteristischen Skulptur wie
die *Turnera*-Samen; nur ist der Nabel nicht so deutlich abgesetzt, die
Chalaza sehr klein und oft etwas schwammig; der Arillus fehlt ganz.
Denkt man sich bei *Mathurina* diesen letzteren fort, so kann man ihre
Samen nur sehr schwer von denen der *Malesherbia* unterscheiden —
Die anderen *Malesherbia*-Arten[1]), welche sämmtlich Halbsträucher oder
Stauden sind, bieten für unsere Zwecke nur unbedeutende Modifikationen
dar: bei *M. Lirana* Gay fand ich die Corona auf eine fädliche über die

---

1) Ich finde weder in den Diagnosen von Bentham und Hooker noch an den
untersuchten Exemplaren einen stichhaltigen Unterschied zwischen den beiden von
jenen acceptirten Gattungen *Malesherbia* und *Gynopleura*.

Abgangsstelle der Kelchlappen und Petala sich hinziehende Schwiele reducirt, bei *M. fasciculata* Don ist sie in viele linealische Fädchen bald bis zur Basis, bald bis über die Mitte hin aufgeschlitzt. — Trotz einiger vortrefflicher Analogieen erweisen sich die *Malesherbieen* von den *Turneraceen* durch die cochleare Knospenlage, die Persistenz von Kelch und Krone, die einem Gynophor inserirten Stamina, das Fehlen des Arillus, und die tiefere Insertion der Griffel als verschieden; wir können aber die wohl begründete Behauptung aufstellen: die *Malesherbieen* sind die Vertreter der *Turneraceen* auf der Westseite der Anden.

Ziehen wir nun aus unseren vergleichenden Untersuchungen das Resultat, so finden wir, dass fast alle Eigenschaften, welche in den ersten zwei Kapiteln als für die *Turneraceen* charakteristisch geschildert wurden, sich auch bei den *Passifloraceen* wieder finden, nicht bei einer Art oder Gattung, auch nicht bei einer Gruppe, aber wohl in der gesammten Ausbildung der Familie, dass zweitens die intimsten Beziehungen nicht zu den *Passifloreen*, sondern zu den *Modeceeen* einerseits und den *Malesherbieen* anderseits vorliegen und zwar zu den ersteren altweltlichen mehr durch die afrikanische Gattung *Streptopetalum*, zu den letzteren neuweltlichen durch die fast ganz amerikanische Gattung *Piriqueta*, dass endlich als unterscheidende Merkmale allen *Passifloraceen* gegenüber für die *Turneraceen* übrig bleiben: die gedrehte Kronpraefloration und der beim Anschwellen des Ovars sich abgliedernde und mit den Petalen und Filamenten abfallende Kelch.

Ich habe mit Absicht die seltsame, aber für *Turnera* als unzweifelhaft sicher konstatirte Stellung der Karpelle in der Blüthe nicht zum Vergleiche herangezogen, weil es mir in der sehr weit vorgeschrittenen Jahreszeit nicht gelang, die Fruchtblätter in der *Passiflora*-Blüthe von ihrer Entstehung an zu verfolgen, resp. ein überzeugendes Präparat davon herzustellen. Ich verglich daher dasjenige, was in der Literatur über die Entwickelungsgeschichte vorlag, und war von den abweichenden Beobachtungen höchlichst überrascht. Schleiden[1]), welcher sich in seinen Zeichnungen weder um die Gesammtorientirung der Blüthe kümmert, noch die Stellung der Karpelle zu den Kelch- und Staubblättern erwähnt, zeichnet rein empirisch einen dicht über dem Stempel hingehenden Querschnitt einer jungen Blüthe (von *Passiflora princeps*), in welcher die einzelnen Blüthentheile, mit Ausnahme der Corona, gerade entstanden sind: in diesem Diagramme fallen 2 Fruchtblätter nach links, 1 nach rechts. Payer[2]) lässt in Fig. 9 seiner *Passiflora*-Zeichnungen die Karpelle nach $\frac{?}{}$ entstehen, also das eine vor das vordere Blumenblatt, die beiden anderen rechts und links nach hinten fallen, während er sich im Text über die Entstehung folgendermassen ausspricht: „Trois mamelons carpellaires superposés aux sépales 1, 2 et 3 constituent à l'origine tout le pistil"; das würde eine gerade umgekehrte Stellung voraussetzen. Eichler[3]) zeichnet im Diagramm von *Passiflora* die Karpelle nach $\frac{1}{4}$. — Wenn man nicht die jüngsten Zustände zu Rathe zieht, so wird die Beurtheilung der Stellungsverhältnisse durch die Ausbildung des Gynophors bedeutend erschwert; aber ich glaube mich durch die Unter-

---

1) Grundzüge der wiss. Bot. II. Aufl. II (1846) t. III. f. 9.
2) Organog. (1857) p. 396 et t. 87 f. 9.
3) Blüthendiagr. II (1878) 442.

suchung zahlreicher, sehr junger Blüthen mehrerer Arten hinreichend sicher über-
zeugt zu haben, um behaupten zu können, dass nur das Schleiden'sche Diagramm
richtig ist, dass also *Turnera-* und *Passiflora* auch in der Orientirung der Karpelle
übereinstimmen. Später, in den aufgeblühten Blüthen, findet man bei *Passiflora* die
beiden nach einer Seite fallenden Griffel einander stärker genähert (bis auf weniger
als 90°), während sie dementsprechend von dem nach der anderen Seite fallenden
Griffel um mehr als 120° abstehen. — Vielleicht ist auch bei den benachbarten
Familien die Stellung der Fruchtblätter eine gleiche, wie bei *Turnera*.

Von anderen Familien, mit welchen die *Turneraceen* verglichen
werden können, kommen nur die *Samydaceen* und *Bixaceen* in Betracht.
Die *Samydaceen* sind verschieden durch den persistirenden Kelch, die in
der Praefloration dachigen, klappigen oder offenen Blumenblätter, die
höchst seltene Isostemonie, die fast immer verwachsenen Griffel mit
einfachem oder kopfförmigem Stigma, die andersartige Insertion und
Ausbildung der Corona, wenn man bei einigen Gattungen von einer
solchen sprechen will, und durch den abweichenden Bau der Samenschale. Wenn Baillon meint, dass die *Samydeen* von den *Turneraceen* nur
durch die sepaloide, wenig entwickelte Korolle abwichen, und dass auch
dieses Merkmal noch dadurch an Werth verlöre oder gar hinfällig würde,
dass gewisse *Turnera*-Arten ebenfalls sehr kleine, die Kelchblätter an
Länge nicht erreichende und wenig auffällige Petala besässen, so wüsste
ich nicht, durch welche *Samydaceen*-Arten er jene eben aufgeführten
Unterschiede, über die er mit Stillschweigen hinweggeht, entkräften
wollte; was aber den zweiten Punkt betrifft, so muss ich bemerken,
dass nur bei *Turnera dichotoma*, *T. chamaedrifolia* und bei *Mathurina*
die Blumenblätter nicht über die Kelchblätter hinausgehen (aber nie
kürzer sind), dass sie aber immer ihre durchaus corollinische Natur
(in Bezug auf Form, Consistenz, Färbung und Nervenverlauf) bei-
behalten. Wenn derselbe Autor ferner behauptet: „Je ne saurais non
plus accorder de valeur au mode d'insertion des pétales dans les *Turnérées*; car dans le seul genre *Turnera*, je vois ces organes s'attacher à
toutes les hauteurs possibles depuis la gorge du périanthe jusqu'à
la base même de l'ovaire, sans que le reste de l'organisation florale
vienne à changer"[1]), so muss ich leider bekennen, dass ich an den
weit über 1000 Blüthen, die ich analysirt habe, eine solche Mannich-
faltigkeit von Insertionsverhältnissen nicht fand.
Was die *Bixaceen* betrifft, so lässt sich allerdings bei der sehr
mannichfaltigen Ausbildung der Familie viel schwerer ein durchgreifender
Unterschied auffinden; nach Eichler, wie schon bemerkt, bildet die
perigynische Insertion von Perianth und Androeceum der *Turneraceen*
einen solchen. Aber wenn wir auch bei der einen oder anderen Gattung
eine Uebereinstimmung in diesem oder jenem Merkmale finden, so

---

[1] In der Diagnose der *Turnérées* (Hist. Plant. IV. 293) giebt er dagegen nur an:
„Pétales insérés à la gorge et perigynes".

weicht sie doch immer in allen anderen wichtigen Charakteren so weit
von den *Turneraceen* ab, dass wir nicht an eine sehr nahe Verwandtschaft
denken dürfen. So tritt bei der Tribus *Pangieae* z. B. bei *Hydnocarpos*
eine epipetale Schuppe auf, welche, wenn sie auch durch ihre leder-
artige Consistenz und ihre ganz bestimmte Stellung vor den Petalen
sehr weit von der Corona der *Turneraceen* absteht, doch dieselbe
morphologische Bedeutung haben mag; allein wir finden neben der
Zweihäusigkeit der Blüthen eine grosse kugelige, fast holzige nicht
aufspringende Frucht und einen ganz anderen Embryo. Vor allem
aber, und darauf lege ich besonderen Werth, fehlen sowohl bei den
Samydeen wie bei den *Bixaceen*, soweit mir bekannt, alle, ich möchte
sagen, intimeren Beziehungen, wie wir sie zwischen *Passifloraceen* und
Turneraceen kennen gelernt haben.

Nun muss aber die Frage aufgeworfen werden: Sind die *Turneraceen*
als Tribus der *Passifloraceen* aufzufassen oder als selbständige Familie
beizubehalten, und sind in diesem Falle nicht auch die *Malesherbiaceen*
und vielleicht auch die *Modeceeen* selbständig zu machen? Eine aus-
reichende Antwort auf diese Frage würde ich erst geben können, wenn
ich die *Passifloraceen* in allen ihren Gattungen eben so genau kennen
gelernt haben würde, wie die *Turneraceen*. Vorläufig halte ich noch
die oben hervorgehobenen Merkmale der *Turneraceen* für wichtig genug,
um diese den *Passifloraceen* gegenüber als Familie zu charakterisiren.

V. Systematische Gruppirung.

Charles Plumier stellte 1703 in seinem Werke: Nova plantarum
Americanarum genera die Gattung *Turnera* zuerst auf und widmete
sie dem auch als Botaniker bekannt gewordenen englischen Arzte
William Turner († 1568).

1775 beschrieb Aublet in seiner Flora des französischen Guyana
eine zweite Gattung *Piriqueta*[1]), welche er *Turnera* gegenüber durch
das Vorhandensein von 5 oder 6 Griffeln charakterisirte. Man sah
jedoch bald, dass die Vermehrung der Griffel nur scheinbar war, dass
die typischen 3 Griffel sich bei der Aublet'schen Pflanze bis fast zur
Basis hin gespalten hatten, und zog schon im vorigen Jahrhundert die
neue Gattung wieder ein. Ausserdem ist dieser Charakter selbst bei
den verschiedenen Exemplaren sehr variabel und zwar ganz in derselben Weise, wie bei der schon längst bekannt gewesenen *Turnera
cistoides* L., von welcher die Aublet'sche Pflanze überhaupt nur durch

---

1) Die barbarischen meist der Sprache der einheimischen Völkerschaften entlehnten
Namen, welche Aublet seinen neuen Gattungen gab, fanden nicht überall Anklang;
ohne die Pflanzen gesehen zu haben, substituirten Scopoli und Schreber dafür
griechische, lateinische oder von Eigennamen abgeleitete Benennungen: so wurde auch
Piriqueta in *Burkardia* umgetauft.

die breiteren Blätter verschieden ist. Uebrigens trifft man fast ebenso tief zertheilte Griffel auch bei mehreren anderen *Turnera*-Arten verschiedener Gruppen an.

Die erste afrikanische Turneracee wurde in den achtziger Jahren des vorigen Jahrhunderts von Isert an der Guineaküste entdeckt, von Willdenow 1800 als *Raphanus*-Art beschrieben und von Thonning und Schumacher 1827 zum Typus einer besonderen Gattung *Wormskioldia* erhoben, aber erst von Endlicher als Turneracee erkannt.

Bei der Bearbeitung der Haenke'schen Pflanzen, im Jahre 1835, glaubte Presl in den von jenem in Mexico gesammelten Exemplaren eine neue Gattung zu entdecken, welche er *Bohadschia* (*humifusa*) nannte. Die Diagnose enthält aber nichts, was ihn dazu berechtigt hätte; es scheint vielmehr, als ob Presl bei der Bestimmung der Pflanze gar nicht an *Turnera* gedacht hat, da er sie unter den Droseraceen aufzählt. Die Art war übrigens schon 15 Jahre früher als *Turnera diffusa* beschrieben.

Eine zweite afrikanische Gattung beschrieb Hochstetter 1841 nach einer von Schimper 1838 in Abessinien gesammelten Pflanze; da er sie aber, *Wormskioldia* gegenüber, nur durch die Form der Früchte und Samen zu charakterisiren vermochte, so fand sie vor den Augen der Botaniker keine Gnade.

Unter den von der Reise des Herald mitgebrachten Pflanzen fand Berth. Seemann 1852 eine sehr auffällige Turneracee, die er auf einer kleinen Insel an der Küste von Centralamerika entdeckt hatte. Bei dem Studium derselben bemerkte er an den Blumenblättern jene oben beschriebenen Anhängsel, die, weil sie nach seiner Meinung allen anderen Turneraceen fehlten, ihn zur Aufstellung der Gattung *Erblichia* veranlassten.

In seiner Flora of the British Westindian Islands 1864 versuchte Grisebach die schon von Presl generisch abgetrennte *Turnera diffusa* wiederum als neue Gattung zu proklamiren und dieselbe durch eine Reihe von Merkmalen zu stützen, welche nicht nur nicht stichhaltig, sondern auch an seinen eigenen Exemplaren nicht einmal vorhanden sind. Zunächst sollen bei *Triacis microphylla* die Zähne des Kelches 3—4 mal kürzer als die Röhre sein (calyx 5-dentate). Das ist niemals der Fall; die Zähne sind entweder ebenso lang oder nur wenig kürzer als der Tubus; ausserdem ist die Höhe der Verwachsung der Kelchblätter in der Gattung *Turnera* so variabel (aber innerhalb enger Grenzen für die einzelnen Arten konstant), dass es unmöglich ist zu sagen: hier hört die eine Gattung auf und die andere beginnt. Den Griffeln wird ferner eine 6-spaltige Spitze zugeschrieben; gewöhnlich ist aber die Anzahl der Narbenäste zahlreicher; ihre Form ist ebenso wie die der Antheren dieselbe, welche man bei anderen *Turnera*-Arten findet. Endlich soll im Gegensatz zu *Turnera* die Frucht von *Triacis* bis zur Basis 3-klappig sein und 3 Samen enthalten. Was das Aufspringen der Frucht betrifft, so lässt sich bei den meisten *Turnera*-Arten, wenn die Kapseln vollständig ausgereift sind, konstatiren, dass sich die Klappen bis nahe zur Basis trennen; in anderen Fällen, wenn die unreifen Früchte durch das Pressen zum Aufplatzen gebracht werden, finden sich die Klappen allerdings meist nur oberwärts losgelöst; allein es lässt sich aus Analogie auch hier vermuthen, dass in der Tiefe der Trennung der Klappen kein wesentlicher Unterschied zwischen den einzelnen Arten herrscht, geschweige denn, dass dieser zur Begründung einer eigenen Gattung gross genug sein kann. Was aber die Anzahl der Samen angeht, die sich aus den 6—14 Ovulis entwickeln, so richtet sich dieselbe ganz allein nach der Grösse der Früchte, so dass man an demselben Exemplare in den Kapseln bald 1, 2, 3, bald 4—5 Samen antrifft. Es giebt aber auch *Turnera*-Arten mit nur 3 Ovulis, also auch mit höchstens nur 3 Samen, z. B. *T. dichotoma* und *T. stipularis*, andere mit bald 3, bald 6 Ovulis z. B. *T. frutescens*, *T. genistoides*, mehrere mit 6—9 z. B. *T. albicans*, *Pernambucensis*, *Clausseniana* etc.; welch geringen generischen Werth aber selbst die Anzahl der Ovula hat, erhellt daraus, dass diese Arten zum Theil ganz verschiedenen Gruppen angehören.

An demselben Orte beschrieb Grisebach noch eine andere neue Gattung *Tribolacis* (*juncea*), von der sich fast dasselbe sagen lässt. Der Kürze halber will ich seiner Beschreibung meine zum Theil an dem Originalexemplare gemachten Aufnahmen gegenüber stellen: Calyx clavate 5-dentate — Calyx cylindraceus in $^2/_3$—$^1/_2$ alt. coalitus. Petals inserted into the middle of the calyx-tube — Petala fauci calycis inserta. Styles entire below the 3-fid summit — Styli in parte $^1/_2$—$^1/_3$ superiore 3—10-partiti. Capsule 3-seeded; dies trifft nur für kleinere Früchte zu, während die normalen 4—6 Samen führen (das Ovarium hat 10—18 Ovula). Was aber den „habit quite peculiar" betrifft, so findet sich derselbe bei vielen schmalblätterigen Turneraceen wieder. Die Pflanze war übrigens schon von Aublet als *Turnera Guianensis* beschrieben.

Im Jahre 1876 wurde noch eine neue Gattung *Mathurina*[1]) auf der an biologischen Seltsamkeiten so reichen afrikanischen Insel Rodriguez von J. B. Balfour fil. entdeckt und in vortrefflicher, erschöpfender Weise beschrieben.

Sehen wir nun, wie sich diejenigen Botaniker, welche die natürlichen Pflanzenfamilien und Gattungen kritisch behandelten, den vorhin genannten Turneraceen-Gattungen gegenüber, soweit sie ihnen bekannt

1) Merkwürdiger Weise war die *M. penduliflora* schon seit mehr als einem Decennium früher in den botanischen Garten zu Hamma (Algerien) eingeführt, wo sie blühte und Früchte brachte; aus den Samen sind in dem Jardin de médecine zu Paris 3 schon über meterhohe Stämmchen erzogen.

waren, verhielten. De Candolle adoptirt im III. Bande des Prodromus zwar neben *Turnera* auch noch *Piriqueta*, wirft aber die Frage
auf, ob sich diese Gattung von *Turnera* hinreichend unterscheide, da
sie ganz den Habitus von *Turnera* (*Piriqueta*) *racemosa* habe. *Wormskioldia* figurirt, wie schon erwähnt ist, bei ihm noch als *Cleome* unter
den *Capparideen*. — Endlicher acceptirt die bis dahin aufgestellten
Genera: *Turnera*, *Piriqueta* und *Wormskioldia*, mit Ausnahme von
Bohadschia, welche er ohne Weiteres zu *Turnera* zurückführt, fügt aber
den Beschreibungen nichts wesentlich Neues hinzu. *Piriqueta* wird
ausser durch die Griffel noch durch das Fehlen der Vorblätter und das
Vorkommen von Sternhaaren *Turnera* gegenüber charakterisirt; allein
diese Pubescenz besitzt auch die von ihm zu *Turnera* gerechnete *T. racemosa*, wovon er sich an dem ihm zugänglichen Jacquin'schen Originalexemplare hätte überzeugen können; dasselbe gilt von den Vorblättern.
— Bentham und Hooker nehmen *Turnera*, *Erblichia* und *Wormskioldia* an, von denen die zweite Gattung in derselben Weise, wie ihr
Urheber bereits angab, durch die „Petala supra unguem filamentis
brevibus coronata" und die „Stigmata integra" charakterisirt, die beiden
anderen aber nur durch die Insertionsweise der Staubfäden von einander abgegrenzt werden (*Turnera* staminibus saepissime perigynis,
Wormskioldia staminibus hypogynis). Die bis zur Basis gehende Theilung
des Kelches bei *Erblichia* und die tiefere Insertion der Petala bei
Wormskioldia scheinen ihnen weniger wichtig. Jene Charakteristik ist
aber fast durchweg nicht zutreffend; denn zunächst hat eine grössere
Anzahl *Turnera*-Arten (im Sinne Bentham und Hooker's) dieselben
Anhangsgebilde an der Basis der Blumenblätter, wie *Erblichia*, mehrere
andere Arten zeigen fast dieselbe Struktur der Narben; ferner sind
bei den meisten *Turnera*-Arten die Filamente in derselben Weise
nahezu hypogyn wie bei den ächten *Wormskioldia*-Species, während
sie bei einer kleinen Anzahl der erstgenannten Gattung jenes oben
beschriebene pseudo-perigyne Verhalten zeigen; endlich hat auch
die den genannten Autoren bekannt gewesene *Turnera* Süd-Afrika's fast
freie Kelchblätter und eine *Wormskioldia* Abessiniens (*Streptopetalum*)
dieselbe Insertion der Petala, welche wir bei *Turnera* antreffen. —
Nicht diese Gründe, sondern wohl nur die geringe Anzahl der von
seinen Vorgängern angegebenen Merkmale bestimmten Baillon, welcher
im Uebrigen denselben ganz und gar folgend die genauere Kenntniss
der Familie kaum förderte, alle 3 Gattungen in das eine Genus *Turnera*
zu vereinigen.

Wenn ich in meiner Darstellung der Familie 5 Gattungen acceptire,
so bestimmen mich dazu folgende Gründe. *Mathurina*, um mit der
jüngsten zu beginnen, ist vor allen Turneraceen ausgezeichnet durch
die ausserordentliche und absonderliche Entwickelung des Arillus, welcher
nicht wie sonst aus einem höchstens am Rande gelappten oder zer-

3*

schlitzten, die Länge des Samens kaum überragenden, gewöhnlich aber
kürzeren, einseitig ausgebildeten, dicht anliegenden Häutchen besteht,
sondern nahe bis zum Grunde in zahlreiche Fäden aufgelöst ist, die
den Samen an Länge 4—5 mal übertreffen und ihn von allen Seiten
her locker umhüllen; dazu kommen als ebenfalls einzige Eigenthümlichkeiten: der Verlauf der Blattnerven, die überhängenden Blüthen, die
starke Entwickelung der Kelchdrüsen an der Basis der Filamente, die
Gestalt der Petala, die die Blumenblätter überragenden Staubfäden und
die noch längeren vom Grunde an bogig divergirenden Griffel und die
vom Nabel durch keine Einschnürung abgesetzten Samen mit ihrer
schwach entwickelten Chalaza. In den Narben und der Eleutherosepalie,
ausserdem in der Ausbildung der Vorblätter erinnert sie an die Seemann'sche *Erblichia*, unterscheidet sich aber von dieser ausser durch
die genannten Punkte und viele andere mehr specifische Merkmale noch
durch das gänzliche Fehlen der Corona [1]). — Die die Gattung *Piriqueta*
früher charakterisirende tiefe Zweitheilung der Griffel wurde oben zwar
als hinfällig nachgewiesen; allein gerade diejenige Art, auf welche sie be-
gründet wurde, besitzt jene über die Basis der Blumenblätter und unter dem
Kelchschlunde sich hinziehende Corona, welche für die verwandtschaftlichen Beziehungen der Familie von so hohem Interesse war; ihr
schliessen sich eine Reihe anderer Arten, welche theils neu sind, theils
bisher in der Gattung *Turnera* aufgeführt wurden, sowohl durch das
Vorhandensein jener Corona, wie durch mehrere andere weniger be-
deutende, aber in ihrer Gesammtheit doch hinreichend wichtige Charaktere
an: das fast ausnahmslose Auftreten von Sternhaaren, das häufige Vorkommen von secernirenden Borsten, der Mangel der Basaldrüsen an
den Blättern, das ständige Freisein der Pedunculi, das Fehlen oder die
geringe Entwickelung der Vorblätter. *Erblichia* würde ich gern wegen
ihres abweichenden Habitus und der nicht verwachsenen Kelchblätter
von *Piriqueta*, mit welcher sie die Corona gemeinsam hat, abgezweigt
haben, wenn nicht die „*Turnera Capensis*" in Wuchs, Behaarung,

---

1) Wie das Studium der einzelnen Turneraceen-Arten, besonders derjenigen aus
der Gattung *Piriqueta* lehrt, variirt die Höhe und Verwachsung der Kelchblätter in
weiten Grenzen; die Bedeutung der Ausbildung der Vorblätter illustrirt am besten der
Formenkreis von *Turnera ulmifolia*. Da ferner ähnlich gebildete Narben nicht nur
in allen Gattungen vorkommen, sondern auch die Zertheilung derselben unter den
Arten der nämlichen Gruppe bei der Gattung *Turnera* sehr variabel ist, ja selbst bei der
mit *Erblichia* zunächst verwandten *Piriqueta Madagascariensis* den gewöhnlichen
Typus zeigt, so möchte ich bei der Diskutirung der Verwandtschaftsbeziehungen von
Mathurina jenen Merkmalen keine besondere Bedeutung zuertheilen, so lange wir nicht
die Früchte und Samen von *Piriqueta* sect. *Erblichia* kennen. Wir haben eben einen
nach dem heutigen Stande unserer Kenntnisse ganz isolirt dastehenden Typus vor
uns. — Man prüfe übrigens an reichlichem Materiale die Deckung der Blumenblätter
bei *Mathurina*: an der einen mir zur Verfügung stehenden Knospe war die Praefloration, wie schon bemerkt, cochlear!

Stellung der Blattdrüsen (nicht an der Basis) einen zweifellosen Ueber-
gang zu *Piriqueta* darstellen würde; es können daher diese beiden zusammen mit 2 von Madagascar her bekannt gewordenen Arten nur als
Section von letzterer Gattung angesehen werden. — Die beiden in
Afrika einheimischen Gattungen *Wormskioldia* und *Streptopetalum* fallen
allen anderen Turneraceen gegenüber sofort durch ihren Habitus auf;
ausserdem bietet die bisher nicht beachtete Struktur des Kelches und
des Samens vortreffliche, zur strengen Abgrenzung geeignete Merkmale
dar. Wollte man aber, wie bisher immer geschehen, selbst vom Autor
der einen Gattung kurz nach ihrer Geburt, die hierher gehörenden
Arten in eine Gattung *Wormskioldia* vereinigen, so müsste man auch
Baillon folgend, alle anderen Genera einziehen: so zahlreich und bedeutend sind die diese gegeneinander abgrenzenden Merkmale, welche
auf der Insertion der Petala und Filamente, Gestalt, Nervatur und Aufspringen der Frucht, Anordnung der Samen etc. basiren. Dennoch
darf man die Höhe der Insertion der Petala von *Streptopetalum* gegenüber *Wormskioldia* nicht überschätzen und zwar aus folgendem Grunde:
Zieht man ein Blumenblatt von *Wormskioldia* bis zur Basis vom Kelchtubus ab, so geht gerade an der Insertion der schmale und kahle Nagel
in den noch schmäleren stark behaarten losgelösten Streifen über.
Wenn man nun mit *Streptopetalum* dasselbe Experiment macht, so
kann man solch ein abgelöstes Petalum (von der Ligula abgesehen)
nicht mehr von jenem unterscheiden: man hat denselben Nagel, denselben Absatz und dieselbe Bekleidung der untersten Partie vor Augen;
es ist hier eben das Blumenblatt im oberen Theile der Kelchröhre in
anderer Weise, nur mit dem Mittelnerven, im unteren aber plötzlich
mit der ganzen Fläche der Röhre angewachsen. Bei *Turnera* und *Piriqueta* dagegen ist die Anwachsung eine gleichmässige, von dem Schlunde
nach der Basis zu gleichsam an Innigkeit zunehmende; dem entspricht
auch die nach dem Schlunde hin stärker werdende Behaarung, wenn sie
überhaupt vorhanden ist. Ohne Berücksichtigung dieser Verhältnisse
würde man leicht zu der Meinung gelangen können, dass die Verwandtschaft zwischen *Streptopetalum* und *Turnera* eine innigere sei, als
zwischen dieser und *Piriqueta*.

Die Gruppirung der Arten innerhalb der Gattung *Turnera* begegnet ganz erheblichen Schwierigkeiten. Das einzige Motiv, welches
bei der Anordnung der Species in Betracht kommen darf, ist die natürliche Verwandtschaft derselben, resp. die Art und Weise, wie sie sich
wohl auseinander entwickelt haben mögen; da dies aber sicherlich nicht
in einer kontinuirlichen Reihe stattgefunden hat, die Arten also nicht
blos nach 2 Richtungen hin verwandtschaftliche Beziehungen zeigen,
sondern mehrere oder viele Berührungspunkte mit einander gemein
haben, so kommt es darauf an, die nach Art eines Baumes sich auf-
bauende Gattung so zur Darstellung zu bringen, dass in der linearen

Aufzählung jene Beziehungen noch möglichst ausgedrückt werden. Dieses Breitschlagen eines Körpers in eine Ebene und Ausziehen der letzteren in eine materielle Linie, wenn ich mich so ausdrücken darf, wird bei jeder monographischen Bearbeitung einer Familie oder Gattung, ja selbst einer polymorphen Art stattzufinden haben, ist aber bei *Turnera* aus mehreren Gründen sehr schwierig. Für unsere Gattung, wie sie früher umgrenzt wurde, waren zwar schon von De Candolle und Cambessèdes Sektionen vorgeschlagen; allein diese sind, selbst wenn man die eingestreuten *Piriqueta*-Arten ausser Acht lässt, so unnatürlich, dass sie gar keine weitere Beachtung verdienen. Neue gut umschriebene Gruppen an ihre Stelle zu setzen, ist aber unmöglich, einmal weil durchgreifende Charaktere überhaupt fehlen, oder vielmehr, weil hervorstechende Charaktere bei ganz entfernt stehenden Arten wieder auftreten, und dann weil bei einer ganzen Reihe von Species, selbst nach genauesten Untersuchungen, irgend welche verwandtschaftlichen Beziehungen sich gar nicht ermitteln lassen. Es bleibt also nichts weiter übrig, als die verwandten Arten in Reihen zu vereinigen, deren Charakteristik, genau genommen, fast immer auf ein „Plus minus" hinausläuft und die Bestimmung ganz bedeutend erschweren wird. Die Reihen habe ich so angeordnet, wie sie Beziehungen zu *Piriqueta* zeigen: die *Salicifoliae* und folgende zu der Sect. *Erblichia*, die *Leiocarpae* und folgende zu der Sect. *Eupiriqueta*. Die Beziehungen der Arten zu einander sind im Schlüssel zum Ausdruck gebracht und zwar derartig, dass die in einer Abtheilung unter demselben Zeichen zusammengefassten Species je eine kleine Gruppe für sich bilden und mit einander näher verwandt sind, als mit den unter dem korrespondirenden Zeichen stehenden, und dass die Verwandtschaft stufenweise um so inniger wird, je kleiner die Gruppen von links nach rechts hin werden. — Was nun die oben erwähnten verwandtschaftslosen Arten betrifft, so haben die meisten wenigstens das Merkmal gemeinsam, dass ihre Blüthen an der Spitze der Zweige auch zuletzt (bei der Fruchtreife) köpfchenförmig vereinigt bleiben. Von den hierher gehörigen 7 Arten sind nur 2 unter einander verwandt: *T. capitata* und *Pernambucensis*; eine Art, *T. Blanchetiana*, bietet einige Anklänge an die noch unvollständig vorliegende *T. Cearensis*; bei der sehr sonderbar aussehenden *T. dichotoma* kann man aber nur mit sehr kühner Phantasie einige schwache Andeutungen an *T. genistoides* und *T. rupestris* erkennen; von den übrigen lässt sich gar nichts sagen. Diese hauptsächlich im Verbreitungscentrum der Gattung vorkommenden Arten bieten also eine Analogie zu den ebenfalls von einander so fern stehenden *Wormskioldia*- und *Streptopetalum*-Species Afrikas. Leider haben aber diese 7 Arten den köpfchenförmigen Blüthenstand nicht allein; eine Anzahl anderer die ich glücklicherweise Weise einzureihen vermocht habe, besitzen dieselbe Inflorescenz in mehr oder weniger ausgeprägtem Maasse, ganz

davon abgesehen, dass fast alle übrigen *Turnera* - Species köpfchenförmig aufblühen und erst nach dem Abblühen die Internodien strecken.
— Jenen zu gut differenzirten Formen stehen nun viel, viel zahlreichere
Arten gegenüber, welche, gleichsam noch in der Bildung begriffen,
sich von einander nur durch untergeordnete Charaktere unterscheiden;
wo diese konstant sind, habe ich specifisch getrennt, wo lückenlose
Reihen von Uebergängen vorlagen, unbarmherzig zusammengezogen. —
Eine solch geringe Anzahl guter und zugleich mit einander deutlich
verwandter Arten gegenüber jenen beiden Extremen ist mir noch nie
bei der Bearbeitung einer Pflanzenfamilie vorgekommen.

Noch einige Worte über die zur Umgrenzung der Arten verwendeten Charaktere.
— Die Arten von *Wormskioldia* und *Streptopetalum* sind durch so weite Intervalle
von einander getrennt, dass ihre Bestimmung ausserordentlich leicht fallen muss;
ausserdem sind sie so wenig variabel, dass ein Theil des Stengels, ein Blatt, ein
Pedunculus ohne Blüthen, eine Blüthe, eine Frucht, ja beinahe ein Stengelhaar zur
Identificirung ausreichend sind. Ueber *Mathurina* und *Piriqueta* sect. *Erblichia*, deren
Arten nur von je einem Standorte bekannt sind, lässt sich nicht urtheilen. Es bleibt
also die Gattung *Turnera* und die umfangreichste Abtheilung von *Piriqueta* übrig.
Sehr brauchbar sind hier die Charaktere, welche geliefert werden: von dem Vorhanden-
sein oder Fehlen der Nebenblättchen, den Blattdrüsen (nicht ohne Ausnahme z. B.
Turnera Blanchetiana, Pumilea), der Inflorescenz (aber nur, ob ein- oder mehrblüthig, ob
terminale Traube oder laterale Köpfchen, ob der Pedunculus frei oder mit dem Petiolus
verwachsen ist), von Vorkommen, Form und Grösse der Vorblätter (nicht immer), ihrer
Entfernung von der Blüthe, Höhe der Gamosepalie und Länge des Kelches (in gewissen
Grenzen), Farbe der Blumenblätter, Homo- und Heterostylie, Pseudoperigynie, Form
der Antheren und Höhe der Insertion des Connectivs (meist nur in ziemlich weiten
Grenzen), Skulptur der Aussenseite der Frucht, Form, Behaarung und Skulptur der
Samen. — Von geringerem Werthe sind: die Dauer (weil oft schwer festzustellen[1]),
die Länge der Blattstiele, Form und Grösse der Blätter, ihre Bezahnung, Länge der
Pedunculi, Form und Grösse der Petala (gegen den Ausgang der Blüthezeit scheinen
sie kleiner zu werden), Behaarung der Filamente und Griffel (bisweilen sehr charakteristisch, oft auch schwankend), Zertheilung der Narben (desgl.), Anzahl der Ovula (in
weiten Grenzen), Form der Früchte, Grösse derselben (nur in gewissen Grenzen), Farbe
und Gestalt der Samen, Grösse des Arillus. — In der Behaarung verhalten sich die beiden
Gattungen verschieden. Bei *Turnera* ist sie im Allgemeinen konstant, ja das Vorkommen von Sternhaaren bei gewissen Arten bietet das bequemste Mittel, diese zu erkennen. Bei *Piriqueta* dagegen trifft man einfache, Sternhaare und secernirende
Borsten in buntem Gemische (aber nicht ausnahmslos). Die Ausbildung der wahrscheinlich Honig absondernden Kelchschwielen an der Insertion der Filamente ist bei
beiden Gattungen in den Exemplaren derselben Form so variabel, dass sie oft kaum Erwähnung verdient.

---

1) Die ächten aus dem Wurzelstocke wieder ausschlagenden Perennen (wozu auch
vielleicht einige 2- oder 3-jährige) kann man mit einiger Uebung leicht daran erkennen,
dass die untere Partie des Stengels dünner und von Blättern fast entblösst ist, indem
die hier vorkommenden Blätter sehr weit von einander entfernt stehen und sehr allmählich nach aufwärts an Grösse zunehmen. — Es giebt höchst wahrscheinlich auch
eine ganze Anzahl von kleinen, strauchigen Turneraceen, die nur eine Lebensdauer
von 2—4 Jahren besitzen (so *Turnera ulmifolia*) und während dieser Zeit fortwährend
blühen und fructificiren.

Um zu veranschaulichen, in welcher Reihenfolge und durch welche Autoren wir mit den Turneraceen-Arten bekannt geworden sind, habe ich eine Tabelle entworfen, worin Jahreszahl, Autor und Anzahl der neu beschriebenen Species (natürlich in dem von mir angenommenen Umfange) vermerkt sind.

1696	Sloane	3	1842	Bentham	2
1767	Linné	1	1843	Gardner	1
1775	Aublet	2	1844	Bentham	1
1776	Jacquin	1	1852-57	Berth. Seemann	1
1788	Walter	1	1861-62	Harvey	1
1792	L. C. Richard	1	1862	Klotzsch	2
1800	Willdenow	1	1866	Grisebach	2
1820	Willdenow Msc. ed.		1868	L. R. Tulasne	2
	Schultes	3	1871	Maxw. Masters	1
1825	Vellozo	1	1876	Balfour fil.	1
1828	Martius	1	1881	Bello y Espinosa	1
1829	Cambessèdes	15	1881	O. Hoffmann	1
1841	Hochstetter	1	1882	Urban	36

VI. Geographische Verbreitung.

Die Turneraceen sind auf Amerika und Afrika beschränkt und gehen über die heisse Zone dieser beiden Erdtheile nur mit wenigen Arten hinaus. In Amerika verbreiten sie sich von Mexico und Nord-karolina über Central-Amerika, die westindischen Inseln und das ganze ost-andinische Südamerika bis Buenos-Aires; westlich der Anden treten sie nur in einer Art[1] (T. Hindsiana in Ecuador) auf, welche einer andern von Peru bis Paraguay verbreiteten sehr nahe steht; in Afrika reichen sie von Abessinien und Senegambien bis zum Caplande, Madagascar und der Insel Rodriguez. Ausschliesslich in Amerika kommen vor die Gattungen Turnera mit 54 Arten und Piriqueta sect. Eupiriqueta mit 15 Arten und von der Sect. Erblichia allein die auf Panama beschränkte Piriqueta odorata. In Afrika finden wir von der letztgenannten Section 1 Art im Caplande und 2 unter sich nahe verwandte Arten auf Mada-gascar. Die 3 übrigen Gattungen sind in Afrika endemisch und zwar Wormskioldia mit 7 Arten, Streptopetalum mit 2 Arten (beide nur auf dem afrikanischen Festlande incl. der Insel Zanzibar) und die mono-typische Gattung Mathurina auf der Insel Rodriguez.

Die specielle Vertheilung von Turnera und Piriqueta über die einzelnen Länder wird am besten durch folgende Tabelle veranschaulicht.

---

1) Turnera ulmifolia soll nach Griseb. Flor. of Brit. West. Ind. Isl. 297 auf den Galapagos-Inseln vorkommen. Ich sah kein Exemplar von dort, so dass ich nicht zu entscheiden vermag, ob die Pflanze daselbst einheimisch ist oder zu den verschleppten Formen von T. ulmifolia gehört (vergl. S. 42).

Geographische Verbreitung von *Piriqueta* und *Turnera*.

(Die eingeklammerte Ziffer bedeutet die Anzahl der endemischen Arten.)

	Piriq.	Turn.		Piriq.	Turn.
Südöstl. Verein. Staaten	1		Brasilien	14 (9)	40(34)
Westindien (excl. Trinidad)	4 (1)	4 (1)	und zwar: Alto Amazonas	1	4 (1)
und zwar: Cuba	3	4 (1)	Pará	1	6 (1)
Jamaica	1	3	Mato Grosso	1	2
Hayti	3	2	Maranhão		3
Portorico	2	2	Piauhy	5 (1)	5 (1)
kl. Antillen	2	2	Ceara	2	4 (1)
Mexico	1	3 (1)	Pernambuco	2	3 (1)
Central-Amerika	2 (1)	2 (1)	Alagoas		1
Neu-Granada	1	2	Bahia	8 (2)	13 (1)
Venezuela	3	6 (1)	Minas Geraës	7 (2)	15 (4)
Guayana	2	8 (4)	Goyaz	5 (1)	16 (7)
Ecuador		1 (1)	Rio de Janeiro	4	5 (2)
Peru		2	S. Paulo	3	3
Bolivia	1	3	Rio Grande do Sul	1	1
Paraguay	1	3 (1)			
Argentina	1	2	Südafrika	1 (1)	
Uruguay		1	Madagascar	2 (2)	

Von *Wormskioldia* gehen nur 2 Arten: *W. pilosa* und *W. lobata* quer durch den äquatorialen Theil des Kontinentes; 4 sind auf die Küstenstriche von Zanzibar und Mozambik beschränkt, 1 ist von Mozambik bis Transvaal gefunden. — Von *Streptopetalum* ist die eine Art in Abessinien, die andere an der Zanzibarküste endemisch.

Werfen wir nun einen Blick auf die Tabelle, so finden wir die stärkste Entwickelung der Familie und den grössten Endemismus in Brasilien, in welchem fast $^2/_3$ aller Turneraceen (65 pCt.) vorkommen, und mehr als die Hälfte (56 pCt.) endemisch ist. Speciell sind es die bergigen Landschaften von Bahia, Minas Geraës und Goyaz, wo die stärkste Differenzirung stattgefunden hat; hier tritt auch jene Gruppe von *Turnera*-Arten (mit köpfchenförmigem Blüthenstande) auf, deren einzelne Glieder, gerade wie *Wormskioldia* und *Streptopetalum* im östlichen Afrika, nicht blos eine grosse Beständigkeit in ihren Eigenschaften, sondern auch sehr weite Zwischenräume zwischen einander besitzen. Wir dürfen daher diese Provinzen als das Verbreitungscentrum von *Turnera* und *Piriqueta* ansprechen. Die kleinen Provinzen des Ostens, deren Erforschung noch eine sehr unvollkommene ist, sind in unserer Tabelle entweder gar nicht oder nur mit wenigen Arten vertreten;

wir sind aber berechtigt, hier noch einen grösseren Procentsatz schon bekaunter Arten vorauszusetzen.

Ueber den Verbreitungsbezirk der Turneraceen scheinen nach Osten hin zwei Formen, die ich später als Varietäten der polymorphen *Turnera ulmifolia* aulfübreu werde, hinauszugehen. Es ist dies zunächst *T. angustifolia*, eine Bewohnerin der grossen und kleinen Antillen, welche auf Mauritius, den Seychellen, in Vorderindien vom Himalaya bis Ceylon (auch auf den Gebirgen), bei Singapore und auf Borneo gesammelt ist. Während nun die zahlreichen von mir untersuchten Exemplare der westindischen Inseln fast nur die monomorphen Blüthen und die gleichfarbigen goldgelben Petala gemeinsam hatten, in allen anderen Punkten aber: in Höhe, Behaarung, Form und Grösse der Laub- und Vorblätter, Länge und Verwachsung der Blüthenstiele, Grösse und Gamophyllie des Kelches, Grösse der Früchte und Samen u. s. w. so ausserordentlich variirten, dass ich nicht zwei vollkommen übereinstimmende Exemplare verschiedener Standörter aufzufinden vermochte, stimmten sämmtliche auf den afrikanischen Inseln und im südlichen Asien gesammelten Specimina, etwa von der Stärke der etwas variablen Bekleidung abgesehen, in wunderbarer Weise überein: sie zeichnen sich alle durch den oblong-lanzettlichen bis lanzettlichen Umriss der Blätter, durch die nach der Spitze zu freien Blüthenstiele und besonders durch die sonst so variablen, aber hier immer eiförmig-lanzettlichen oder lanzetlichen, laubblattähnlichen, verzweigtnervigen, am Rande gesägten, über der Basis mit 2 (oder 4) secernirenden Drüsen versehenen Vorblätter aus. Würde die Pflanze schon in einer früheren Erdepoche in jene Gegenden eingewandert sein, so hätte sie bei der starken Veränderlichkeit sowohl der Species, wie der Varietät, in den verschiedenen Klimaten und Bodenunterlagen wohl sicher etwas abgeändert. Dazu kommt noch, dass die Exemplare Afrikas und Asiens ebenso auffällig mit derjenigen Pflanze übereinstimmen, welche seit mehr als 100 Jahren in den Gärten Europas und Asiens kultivirt worden ist (ich sah sie aus den botanischen Gärten von Ceylon, Calcutta, Serampore). Wir dürfen daher wohl mit Sicherheit annehmen, dass *T. angustifolia* ihre östliche Verbreitung durch Verwilderung aus den botanischen Gärten erlangt hat. In derselben Weise lässt sich darthun, dass die auf Java und bei Singapore gesammelte *Turnera elegans* den Gärten entschlüpft ist. Von allem anderen abgesehen, haben nach den Aufzeichnungen von Jagor (1858) die an der zuletzt genannten Lokalität gesammelten Exemplare eine sehr selten vorkommende Blütbenfärbung (Petala oberwärts fast weiss, unter der Mitte gelb, nach der Basis hin violet), welche genau mit derjenigen übereinstimmt, die Sims 1820 in der Abbildung seiner *T. trioniflora* wiedergegeben und Otto in demselben Jahre für die mit jener identische *T. elegans* beschrieben haben (beide nach Gartenexemplaren[1])). Die Heimath der *T. elegans* ist Südamerika östlich der Anden von Babia und Bolivia bis Neu-Granada; die Samen der Sims'schen Pflanze sollen aus Brasilien stammen.

Da die Arten von *Turnera* und *Piriqueta* sect. *Eupiriqueta* je ein zusammenhängendes Areal einnehmen (nur *T. diffusa* macht einen Sprung von den kleinen Antillen nach Bahia), so haben wir in Bezug auf diese keine pflanzengeographischen Räthsel zu lösen. Nur einige Bemerkungen über die Verbreitung polymorpher Species mögen hier am Platze sein. — Die überaus vielgestaltige *Turnera ulmifolia*, welche fast das ganze amerikanische Areal der Turneraceen occupirt, hat wahrscheinlich ihre Heimath in den Berggegenden Bahia's und den benachbarten brasilianischen Provinzen; denn hier allein tritt sie in 2 homostylen

---

1) Die Pflanze befindet sich jetzt nicht mehr in Kultur.

sehr nahe verwandten Formen auf, die sich fast nur durch die Blüthen-
farbe unterscheiden und als Ausgangspunkte der beiden Reihen der
gelb- und blaublühenden Formen angesehen werden dürfen. Von der
gelbblühenden Var. *orientalis* zweigt sich nach Südosten hin zunächst
eine homostyle Varietät (*cuneiformis*) ab, deren Petala an der Basis
dunkelpurpurn gefleckt sind; diese tritt in Paraguay und Argentinien
unter Aufnahme einiger anderer Charaktere dimorph auf (var. *grandidentata*). Nach dem Norden hin hat die Var. *orientalis* sich in eine
heterostyle Varietät (*elegans*) verwandelt, die ebenfalls an der Basis
dunkel gefleckte Petalen besitzt, aber sonst von der analogen Form des
Südostens beträchtlich verschieden ist. Verfolgt man diese Var. *elegans*
noch weiter nach Norden, so findet man, dass sie im nördlichen Südamerika und auf den südlichen Antillen ihren dunkelen Fleck gewöhnlich einbüsst (var. *intermedia*), in Centralamerika sich eine stärkere
Bekleidung zulegt und in Mexico so zu sagen nur in einer dolichostylen,
sammetartig behaarten Form erhalten ist (var. *velutina*), während sie
sich auf den Antillen wiederum in zwei nicht nur gleichfarbige, sondern
auch homostyle Formen (var. *angustifolia* und *acuta*) umgewandelt hat.
Die blaublühende Var. *elliptica* tritt nur in Bahia homostyl auf; alle
anderen Formen: eine sehr grossblüthige in Paraguay (var. *grandiflora*),
eine weit verbreitete gewöhnlich sehr schmalblättrige (var. *Surinamensis*)
und eine meist nur staudenartige, hauptsächlich in Mexico verbreitete
(var. *caerulea*) sind heterostyl. — *Piriqueta cistoides* und *P. Caroliniana*,
zwei sehr nahe verwandte, hauptsächlich durch die Homo- und Heterostylie, durch die Dauer und durch die Grösse der Blüthen verschiedene
Arten, zeichnen sich ebenfalls durch einen grossen Reichthum von
Formen aus, welche bei beiden Arten zum Theil korrespondiren. In
Südamerika und auf den Antillen haben sie fast dieselbe geographische
Verbreitung; an der nördlichen Grenze ihres Vorkommens dagegen vertreten sie sich gegenseitig: *P. Caroliniana* findet sich noch in den süd-
östlichen Vereinigten Staaten, während in Mexico *P. cistoides* allein vor-
kommt.

Was dagegen die 4 Arten der Gruppe *Erblichia* in der Gattung
Piriqueta betrifft, so ist ihre geographische Verbreitung (1 in Panama,
1 im Capland, 2 auf Madagascar) sehr seltsam und das um so mehr,
als die beiden Arten von Madagascar bedeutend näher mit der Pana-
mensischen Species verwandt sind, als mit der südafrikanischen. Diese
letztere allein bildet das Bindeglied zwischen der Sect. *Erblichia* und
der Sect. *Eupiriqueta* und zwar mit Hülfe der am weitesten nach Süden
(Prov. Rio Grande bis Buenos Ayres) gehenden *P. Selloi*, welche in
gewissen Formen mit *P. Capensis* in Wuchs, Blattform, Behaarung, Ausbildung und Stellung der Blattdrüsen am meisten übereinstimmt.

In neuester Zeit hat man versucht, eine Lösung der Frage nach
der Entwickelung der Pflanzenwelt anzustreben, eine Aufgabe, die in

der That des eifrigsten Studiums und des tiefsten Nachdenkens würdig ist, die aber vielleicht nur dann befriedigende Resultate liefern wird, wenn erst eine grössere Anzahl genauer monographischer Arbeiten vorliegt. Aus der Reihe von Fragen, die mir bei meinen Untersuchungen vorschwebten, auf die ich aber keine genügende Antwort zu geben vermag, mögen folgende Erwähnung verdienen: Haben die *Turneraceen* ihren Ursprung in der alten oder in der neuen Welt? — Haben sich die *Malesherbieen* von der Gattung *Piriqueta*, die *Modecceen* von der Gattung *Streptopetalum* abgezweigt, oder sind die *Passifloraceen* älter als die *Turneraceen*? — Ist die Gattung *Turnera* oder *Piriqueta* älter? — Wie kommt es, wenn man eine gewisse Verwandtschaft der mascarenischen *Mathurina* mit der Gruppe *Erblichia* aus der Gattung *Piriqueta* anerkennen will, dass jenes Genus zu der in Panama einheimischen *P. odorata* nähere Beziehungen zeigt, als zu den madagascarischen *P. Madagascariensis* und *P. Berneriana*, von denen es durch eine Reihe weiterer wichtiger Merkmale verschieden ist? — Warum hat nur die auf einer kleinen oceanischen Insel vorkommende monotypische Gattung *Mathurina* ihren Arillus zu einem Flugorgane entwickelt, von dem sie zu etwaiger weiterer Verbreitung gar keinen Gebrauch gemacht hat? — Haben *Piriqueta cistoides* und *P. Caroliniana* nach ihrer specifischen Differenzirung den jetzigen Verbreitungsbezirk eingenommen und sich auf ihrer Wanderung in zahlreiche Formen zerspalten, oder haben zahlreiche Formen einer und derselben Art mit dem Dimorphismus zugleich die augenfälligen Blüthen und die Ausdauer angenommen? — Haben sich *Turnera coriacea*, *hermannioides* und *arcuata* von *T. ulmifolia* var. *cuneiformis*, var. *intermedia*, var. *Surinamensis*, denen sie beziehungsweise unzweifelhaft sehr nahe verwandt sind, abgezweigt und dann erst ihre so charakteristischen, aber übereinstimmenden Samen erhalten, oder hat sich irgend eine *T. ulmifolia*-Varietät diese Samen angeeignet und nachträglich in 3 Formen differenzirt, welche Mimicries jener *Ulmifolia*-Varietäten sind?

Ueber den Ursprung der *Turneraceen* lässt sich manches sagen, aber nichts entscheiden: Unzweifelhaft haben wir bei den *Turneraceen* viel einfacher gebaute Formen, als bei den *Passifloraceen*. Denkt man sich nun der Reihe nach *Wormskioldia*, *Streptopetalum* und *Turnera* entstanden, so würde aus der letzteren, etwa aus *T. sidoides*, die Gattung *Piriqueta* hervorgehen, indem die zum Schutze gegen nutzlosen Insektenbesuch gewöhnlich am Kelchschlunde auftretende Pubescenz zu einer Corona verschmölze; die übrigen *Turnera*-Arten hätten sich dann durch Ausbildung der Heterostylie, Anwachsung des Pedicellus an den Blattstiel, hohe Organisation und vortreffliche Funktion der Blattdrüsen etc. als solche weiter gebildet. Aus *Piriqueta* liessen sich ohne grossen Zwang die westandinischen *Malesherbieen* herleiten; denn eine Neigung, die Geschlechtsorgane aus der Blüthe herauszubringen, bemerkt man schon bei der Sect. *Erblichia*, sowie bei *Mathurina*. Da bereits einige *Piriqueta*-Arten eine sehr intensiv gefärbte Corona besitzen, die also zugleich als Anlockungsmittel dienen mag, so ist auch der Weg zu den *Passifloreen* geebnet. Ueber die Anlehnung der *Modecceen* an *Streptopetalum* habe ich bereits früher gesprochen. — Allein, wie kommt es dann, dass die *Passifloraceen* im fleischigen Arillus ein vortreffliches Verbreitungsmittel besitzen, während er bei den *Turne-raceen* ganz saftlos ist und wenigstens bei *Turnera*, *Piriqueta*, *Wormskioldia* und *Strepto-petalum* der Pflanze nach unserer heutigen Kenntniss gar keinen Nutzen bringt? Ausserdem lässt sich die Verbreitung der Sect. *Erblichia* mit obiger Theorie nicht recht in Zusammenhang bringen.

TURNERACEAE.

Turneraceae A. P. DC. Prodr. III, 345; *Bartl. Ord. nat.* 271; *Lindl. Nat. Syst. II ed. 71; Meissn. Gen.* 123 (89); *Endl. Gen. p.* 914; *Schnizl. Iconogr. III ad t.* 193; *Harv. in Harv. et Sond. Flor. Cap. II*, 599; *Benth. et Hook. Gen. I, 806; Le M. et Dcne. Trait. gén.* 277; *Maxw. Mast. in Oliv. Flor. trop. Afr. II*, 501; *Balf. fil. in Linn. Soc. Journ. XV*, 159; *Eichl. Blüthendiagr. II*, 447. — *Loasearum sect. Turne-raceae H. B. K. Nov. Gen. VI*, 123. — *Passifloracearum pars Berth. Seem. in Bot. of Her.* 129 *et in Hook. Kew Gard. Misc. VI*, 53. — *Bixacearum ser. Turnereae Baill. Hist. Plant. IV, 286, 293 et in Adansonia X, 258.*

Flores choripetali perigyni regulares hermaphroditi, saepissime heterostyli. Sepala 5, per aestivationem quincuncialiter sibi imbricata, intus supra basin ad v. supra filamentorum insertionem saepius callo semiorbiculari v. angustissime lanceolato, rarissime glandula ampla notata, inferne v. usque supra medium in tubum infundibuliformem, campanulatum v. cylindraceum coalita, raro libera, basi circumcirca abrupta cum petalis et filamentis et stylis decidua. Petala 5 cum sepalis alternantia, fauci calycis, nunc tubo inserta, sinistrorsum contorta, ad basin cuneata v. unguiculata, nuda v. intus ad insertionem corona tenui brevi ad calycem sub lobis annuliformi-continua, sed hoc loco plerumque obsoletiore, margine supero lacero-fimbriata, raro ligula nervo medio adnata cymbiformi aucta. Stamina 5 episepala subhypogyna v. tubo infero inserta v. marginibus tantum ei adnata; filamenta libera linearia v. subulata; antherae subquadratae usque lineares, medio dorso v. supra basin affixae, loculis bilocellatis, rima longitudinali intus dehiscentibus; pollinis granula ovalia v. ovata tririmosa, tenuissime reticulato-granulosa. Ovarium liberum, globosum semiovatum subtrigono-conicum ovatum v. lineare, e carpidiis 3 in flore transverse positis valvatim conflatum, 1-loculare; styli 3 ex apice carpidiorum et supra eorum medium dorsum abeuntes, filiformes, saepius latere interiore superne fissi v. raro fere ad basin 2-partiti, apice stigmatoso subintegri v. trilobi v. multilobulati v. plerumque iterum dividendo flagellatimve

multiramulosi. Ovula 3— ∞, anatropa, placentis 3 parietalibus nervi-
formibus 1-pluriseriatim ad medium versus v. saltem non ad apicem
nec ad basin, rarissime paullo supra basin, funiculis plerumque longiusculis inserta, typice biseriata et horizontalia, sed ubi permulta, media
horizontalia, caetera omni parte radiantia, micropyle ad placentam
spectante. Capsula globulosa usque linearis 1-locularis, ab apice ad
basin v. fere usque ad basin 3-valvis, nunc e medio 1-, deinde 3-latera-
liter ad basin et apicem versus dehiscens, valvis medio placentam fili-
formem gerentibus. Semina breviter obovata usque oblonga, transversim paene semper teretia, recta v. curvata, basi in hilum conicum
v. semiglobosum abrupte contracta, rarissime supra hilum constricta,
chalaza saepius mamilliformi-prominente et concaviuscula mediante raphe
filiformi cum hilo conjuncta, testa crustacea, reticulato-striata et plus
minus foveolata, striis plerumque elevatis, transversis raro subincon-
spicuis, nodis reticuli raro gibberoso-prominentibus, areolis 0—2-porosis;
arillus semper obvius tenuissime membranaceus, nunc semen dimidium
aequans, nunc ad chalazam ascendens, ad raphen versus unilateralis
v. inferne semen subamplectens, integer v. margine lobulatus v. lacer,
rarissime quam semen pluries longior et in pilos sericeos dissectus;
endopleura tenuissime membranacea; albumen carnosum copiosum. Embryo magnus axilis rectus v. curvatus; cotyledones plano-convexae
ovales v. oblongae radiculam teretem hilum attingentem aequantes,
paullo breviores v. longiores, germinatione foliaceae.

*Herbae annuae v. perennes, fruticuli, frutices v. raro arbores, glabra
v. plerumque pubescentia, pube varia non urente, ramulis serialibus inter
ramos et caules sicut inter pedunculos et caules saepius obviis. Folia
infimis binis exceptis alterna petiolata, raro sessilia, serrata, crenata v.
dentata, nunc subintegra, interdum pinnatifida v.-partita, rarissime duplicato-pinnatipartita, pinnatinervia v. angustissima sub-1-nervia. Stipulae
parvae v. O. Flores axillares solitarii, inter sese remoti v. approximati
v. in capitula v. glomerulos aggregati, rarissime bracteis subdeficientibus in
apice caulium racemosi, interdum in pedunculo pauci v. multi et in cymam,
nunc capituliformem, v. in cincinnum racemiformem collecti; pedunculi
liberi v. cum petiolo connati, sub v. supra prophylla interdum callis tantum
notata articulati, raro subnulli. Petala plerumque flava, raro caerulea,
coccinea v. alba, interdum ad basin atropurpurea.*

Species 83, perplurimae Americanae a Carolina septentrionali et
Mexico usque ad Argentinam divulgatae, sed in latere Andium occidentali rarissimae, nonnullae Africanae, una varietatibus duabus in
insulis Africanis et Asia australi inquilina.

Obs. I. Herbae „perennes" verisimiliter pro parte tantum 2- v. 3-ennes sunt.
Obs. II. Petala ab insertionis loco, filamenta a basi calycis mensus sum.
Obs. III. Icones sub „Urb. in Mart. Flor. Bras." laudatae proximo tempore in
lucem prodibunt.

CONSPECTUS GENERUM.

a. Calyx inferne tubulosus, tenuiter 15-nervis, ad commissuras ipsas enervis, supra filamentorum insertionem callis 5 paene linearibus incrassatus. Areolae reticuli seminum biporosae. — Inflorescentiae secundoracemiformes.

α. Petala tubo calycis sub fauce inserta, supra insertionem intus ad nervum medium ligula integra cymbiformi dorso adnata aucta. Filamenta e tubo calycis imo abeuntia. Fructus linearis teres siliquiformis 15—55-plo longior quam crassior, primum a medio unilateraliter, deinde in valvas tres rostro longe cohaerentes dehiscens, elevatim longitudinaliter nervosus. Semina uniserialia
   I. *Wormskioldia* Thonn. et Schum.

β. Petala fauci calycis inserta, supra insertionem non ligulata. Filamenta tubo calycis 2—4 *mm* longe facie tota adnata. Fructus ovalis usque oblongus, 2—3$^1/_2$-plo longior quam crassior, ab apice ad basin dehiscens, obsolete reticulato-impressus. Semina irregulariter pluriseriata . . . . II. *Streptopetalum* Hochst.

b. Calyx inferne tubulosus, manifeste 10-nervis, v. usque ad basin 5-sepalus, supra insertionem filamentorum nudus v. callis semiorbicularibus v. glandulis subovalibus amplis incrassatus. Areolae reticuli seminum 1- v. non porosae. — Petala fauci calycis inserta. Inflorescentiae variae, plerumque 1-florae, rarissime racemiformes v. racemosae.

α. Calyx sub lobis (ad faucem) corona membranacea margine supero fimbriato-lacera supra petalorum basin continua et hoc loco manifestiore ornata. — Pedunculi semper liberi. Calyx sub medio coalitus v. usque ad basin 5-sepalus. Caules plerumque pilis stellaribus et aliis setiformibus secernentibus vestiti
   III. *Piriqueta* Aubl.

β. Calyx sub lobis nudus. — Caules raro pube stellari, nunquam secernente vestiti.

† Flores penduli. Calyx usque ad basin 5-sepalus, ad insertionem filamentorum glandulis crassis ornatus. Styli inferne a basi arcuato-divergentes, petala longe superantes. Semina supra hilum subconstricta; arillus semine 4—5-plo longior, undique laxe amplectens, in pilos sericeos dissectus. — Pedunculi liberi . . . . IV. *Mathurina* Balf. fil.

†† Flores erecti. Calyx in $^1/_4$—$^2/_3$ alt. gamophyllus, ad insertionem filamentorum callis parum conspicuis v. nullis instructus. Styli supra basin recti, petalis breviores. Semina abrupte in hilum contracta; arillus unilateralis, semen aequans v. brevior, subinteger v. margine lobulatus laceratusve. — Pedunculi saepius petiolis adnati . . . V. *Turnera* Linn.

CLAVIS GENERUM.

Flores penduli. Arillus longe piloso-sericeus. — Ins. Rodriguez . . IV. *Mathurina*.
Flores erecti. Arillus membranam margine saepius laceram sistens.
  Corona membranacea sub fauce calycis obvia . . . . III. *Piriqueta*.
  Corona deficiens.
    Flores solitarii v. in capitulum collecti, raro cymosi. — Amerika . V. *Turnera*.
    Flores secundo-racemiformes. — Afric. contin.
      Petala fauci calycis inserta. Fructus ovalis usque oblongus II. *Streptopetalum*.
      Petala tubo calycis sub fauce inserta. Fructus linearis . . I. *Wormskioldia*.

I. Wormskioldia *Thonn. et Schum.*

Wormskioldia Thonn. et Schum. Beskr. Guin. Pl. (1827) p. 165 (scors. impr. ex: Danske Vidensk. Selsk. III, a. 1828. p. 185); A. Rich. in Guill., Perr. et Rich. Tent. Flor. Seneg. I, 35; Meissn. Gen. 22 (19); Endl. Gen. p. 915 n. 5058; Benth. et Hook. Gen. Plant. I, 807; Maxw. Mast. in Oliv. Flor. trop. Afr. II. 501; Walp. Rep. II, 230; V, 782 et Ann. II, 658. — Tricliceras Thonn. Msc. ex DC. Pl. rar. Jard. Genev. 56. — Schumacheria Spreng. Gen. Plant. I, 232 (nec Vahl). — Raphani spec. Willd. Spec. Plant. III, 562. — Cleomes spec. DC. Syst. Veg. II, 662 et Prodr. I, 240. — Turnera ex parte Baill. Hist. Plant. IV, 321.

Sepala in $^2/_5$—$^3/_4$ altitudinis in tubum cylindraceum, superne saepe paullo ampliatum, supra insertionem filamentorum callis linearibus v. anguste lanceolatis 1—1,5 mm longis incrassatum, ad commissuras enervem coalita, nervis loborum vicinorum sub fauce non confluentibus, sed in tubum descendentibus. Petala calycis tubo sub fauce inserta, unguiculata, supra insertionem intus ad nervum medium ligula integra anguste cymbiformi dorso medio adnata, margine et apice saepe libera 1,3—2 mm longa ornata. Filamenta subhypogyna e tubo calycino 0,2—1 mm supra basin abeuntia, superne filiformi-angustata, saepius inter sese inaequilonga; antherae apice et basi aequaliter et brevissime emarginatae v. antice truncatae. Styli recti, glabri, apice brevissime v. obsolete multipartiti v. -lobulati. Fructus linearis teres, inter semina plerumque constrictus, siliquiformis, 15—55-plo longior quam crassior, primum a medio unilateraliter, deinde in valvas tres rostro diu cohaerentes dehiscens, dorso elevatim 3-, 6-v. pluri- et ramosi-nervis. Semina uniserialia, infima inversa, summa erecta, caetera sine ordine inversa v. (pleraque) erecta, recta subrectave, elevatim reticulato-striata, areolis reticuli biporosis, in hilum breve subito constricta, arillo unilaterali longitudine semen aequante v. breviore, margine integro v. crenulato.

Herbae annuae, rarius perennes, pube brevi tenui et paene semper (cf. n. 4) setis initio secernentibus, inferne v. basi saepius bulboso-inflatis, nunc valde abbreviatis restitae. Stipulae nullae. Folia petiolata v.

subsessilia, ambitu varia, glandulis basalibus paene semper (cf. n. 5) carentia. Inflorescentiae axillares, pluriflorae, secundo-racemiformes, pedunculis liberis, prophyllis binis v. solitariis evolutis; floribus erectis. Petala flava, raro coccinea. — Species 7 *Africam tropicam inhabitantes.*

Obs. I. „Jeg har kaldt denne Slaegt efter Morten Wormskiold, Ridder af Dannebrog, bekiendt ved sine Reiser i Grönland, Kamtschatka og i Sydhavet" Schum. l. c.

Obs. II. Ex multis gravibusque characteribus, quibus species valde constantes discrepant, solummodo facile conspicuos in diagnosi, caeteros in descriptione invenies.

CLAVIS SPECIERUM.

a. Caulis setis 1—1,5 *mm* longis, superne flavidis, inferne v. ad basin subito bulboso-inflatis et nigrescentibus vestitus. Folia profundiuscule duplicato-serrata eglandulosa. Pedicelli fructiferi erecti.

    Folia ovato-lanceolata v. lanceolata, superne valde angustata et saepe longe acuminata. Inflorescentiae folia aequantes v. superantes

                        1) *W. glandulifera* Klotzsch.

    Folia ovata v. ovato-elliptica, obtusa v. acuta. Inflorescentiae foliis breviores

                        2) *W. Biviniana* Tul.

b. Caulis setis cr. 1 *mm* longis luteis, inferne subito bulboso-inflatis et nigrescentibus vestitus. Folia duplicato-pinnatipartita eglandulosa. Pedicelli fructiferi arcuato-deflexi.

    Folia ambitu ovata v. triangularia. Inflorescentiae folia pluries superantes

                        3) *W. tanacetifolia* Klotzsch.

c. Caulis setis carens. Folia postice integra subintegrave, antice minute crenulato-serrata, eglandulosa. Pedunculi fructiferi arcuato-deflexi.

    Folia anguste lanceolata supra medium latissima. Inflorescentiae folia aequantes . . . . 4) *W. brevicaulis* Urb.

d. Caulis setis brevissimis difficile conspicuis aureis v. brunnescentibus, ad basin paullatim incrassatis exasperatus. Folia lobulis 2 parvis basi auriculata, in $^{1}/_{4}$—$^{1}/_{2}$ alt. semel incisa et subito angustata, lobulis et lobis antice glanduloso-impressis. Pedunculi fructiferi subhorizontales v. arcuato-deflexi.

    Folia ambitu lanceolata v. oblongo-lanceolata. Inflorescentiae foliis breviores v. postremo sublongiores . . . . 5) *W. lobata* Urb.

e. Caulis setis elongatis purpureis v. violaceis v. nigrescentibus, basi non bulboso-inflatis, saltem ad apicem vestitus. Folia postice v. supra basin pinnatifida v. pinnatipartita, eglandulosa. Pedicelli fructiferi arcuato-deflexi.

    Perennis. Inflorescentiae folia pluries superantes 4—12-florae. Flores coccinei

                        6) *W. longipedunculata* Mast.

    Annua. Inflorescentiae folia aequantes v. breviores 2—4-florae. Flores flavi v. aurantiaci . . . . 7) *W. pilosa* Schweinf.

1. **Wormskioldia glandulifera** *Klotzsch*, annua, caule praeter pubem brevem patentem setulis creberrimis subaequilongis crassitiem caulis dimidiam subaequantibus, superne flavidis, inferne v. basi subito bulboso-inflatis et nigrescentibus vestito; foliis 5—10 *mm* longe petiolatis, aequalibus ovato-lanceolatis v. lanceolatis, superne valde angustatis et saepe longe acuminatis, utrinque dense hirtellis, basi eglandulosis, profundiuscule v. inciso-serratis, serraturis intermediis v. omnibus postice iterum serrulatis; inflorescentiis folium aequantibus v. superantibus

4

2—5-floris, pedicellis fructiferis erectis; calyce 10—15 *mm* longo; fructu 3—5 *cm* longo dense piloso, valvis dorso 1-nervibus.

Wormskioldia glandulifera Klotzsch! in Peters Mossamb. I, 146;
Maxic. Mast.! in Oliver Flor. trop. Afr. II, 503.

Icon: *Peters Mossamb. t. 26!*

Caulis erectus, 15—25 cm altus, inferne teres 3—4 mm crassus, ad apicem densissime setulosus. Folia 5—9 cm longa, 1—2 cm lata, 3—5-plo longiora quam latiora. Pedunculus 5—10 cm longus, pilis tenuibus et setis basi incrassatis obtectus; flores an dimorphi?; prophylla plerumque bina evoluta, opposita v. alterna, 0,5—1 mm longa, breviter ovata v. triangulari-lanceolata; pedicelli 3—6 mm longi, superne densius setulosi. Calyx extrinsecus pilosus et setosus; tubus = ½ calycis, in parte ²/₃ inferiore intus breviter albido-pubescens; lobi oblongo-lineares obtusiusculi v. obtusi, interiores margine membranaceo ad apicem brevissime et obsolete ciliati, 5- v. sub-7-nerves. Petala calycem parte ejus longitudinis ³/₃ v. fere duplo superantia, tubo 4—5 mm longe adnata, lutea, quoad libera 15—20 mm longa, sub apice 5—6 mm lata, obovato-cuneata obtusissima, glabra, ligula omnino adnata cymbiformi 1,3—1,5 mm longa. Filamenta tubo calycis 0,5—0,7 mm longe adnata, 3 longiora 13 v. 10, 2 breviora 10 v. 8 mm longa; antherae juniores oblongo-lineares, 2,3 mm longae, 0,6 mm latae, apice truncatae, basi vix emarginatae, in ¹/₅ alt. affixae. Styli aequilongi, 10 mm longi antheras fil. long. 2 mm superantes aut 5 mm longi antheras fil. brev. non attingentes. Fructus 1,2 ad 1,3 mm crassi, 1—2 mm longe rostrati, pilis simplicibus tenuibus brevibus patentibus dense pilosi, 10—15-spermi. Semina oblonga recta, 3 mm longa, 1 mm crassa, demum brunneo-nigrescentia, hilo brevi semigloboso, chalaza prominula concaviuscula.

Habitat in ora Mosambicensi prope Tette et Boror et loco arenoso ad Rios de Sena: Peters; inter Sena et Lupata: Kirk.

2. **Wormskioldia Biviniana** *Tul.*, annua, caule praeter pubem tenuem patentem v. subdeflexam setulis crebris brevibus subaequilongis sulfureis basi subito bulboso-inflatis et nigrescentibus obsito; foliis 10—15 *mm* longe petiolatis, aequalibus, ovatis v. ovato-oblongis, obtusis v. acutis, margine toto inciso-lobulatis, lobulis inaequaliter serratis, supra pilis brevissimis parcis, subtus praesertim ad nervos crebrioribus vestitis, setulis parcis intermixtis, margine eglandulosis; inflorescentiis folio brevioribus 1—3-floris, pedicellis fructiferis erectis; calyce 9—10 *mm* longo; fructu 3,5—4,5 *cm* longo, breviter albido-pubescente et parce setuloso, valvis dorso 1-nervibus.

Wormskioldia Biviniana L. R. Tul.! in Ann. Sc. nat. V. Sér. IX (1868), 324.

Caulis erectus, 20—40 cm altus, 2—4 mm crassus, flexuosus teres striatus. Folia basi cuneatim contracta, 6—8 cm longa, 2,5—3,5 cm lata, 2—2¹/₂-plo longiora quam latiora. Pedunculi 1,5—4 cm longi, 0,3—0,5 mm crassi, pube caulis; prophylla bina evoluta opposita v. suhopposita, 0,6—0,8 mm longa, triangulari- v. lanceolato-subulata; pedicelli 3—5 mm longi, dense setulosi. Calyx extrinsecus pube caulis; tubus = ½ calycis v. paullo longior, intus in parte ³/₄ inferiore albido-pubescens; lobi lineari-lanceolati obtusi, interiores margine supero brevissime ciliolati 5-nerves, exteriores sub-7-nerves. Petala calycem fere duplo superantia, tubo 4 mm longe adnata, flava, quoad libera 12—15 mm longa, obovato-cuneata glabra, ligula 1,5 mm longa lineari-cymbiformi inferne omnino, superne dorso medio adnata. Filamenta tubo imo 0,4—0,7 *mm* longe adnata, glabra v. supra basin pilosula, 3 longiora 8—9, 2 breviora 7—8 *mm* longa; antherae juniores breviter rectangulares 1,1—1,2 *mm* longae, 0,7—0,8 *mm* latae, breviores dimidio minores, apice obsolete, basi paullo magis emarginatae, in $^1/_4$—$^1/_3$ alt. affixae. Styli aequilongi, 5—6 *mm* longi, antheras superantes. Fructus 3,5—4,5 *cm* longi, 1,5 *mm* crassi, 4—6 *mm* longe rostrati, 10—20-spermi. Semina flava, postremo nigrescentia, 2,8—3 *mm* longa, 1,2—1,5 *mm* crassa, chalaza prominula concaviuscula, hilo parum prominente.

Habitat in Zanzibar: Boivin (Mus. Paris.).

3. **Wormskioldia tanacetifolia** *Klotzsch*, annua, caule praeter pubem tenuem brevem densam patentem v. subcurvatam setulis creberrimis brevibus subaequilongis luteis, inferne subito bulboso-inflatis et nigrescentibus vestito; foliis 1—3 *mm* longe petiolatis, aequalibus, ambitu ovatis v. triangularibus, longe acuminatis, duplicato-pinnatipartitis, supra praesertim ad nervum medium albo-pubescentibus, subtus setulosis, margine eglandulosis; inflorescentiis folium pluries superantibus, 5—7-floris, pedicellis fructiferis arcuato-deflexis; calyce 11—12 *mm* longo; fructu 2—4 *cm* longo glabro, valvis dorso 1-nervibus.

Wormskioldia tanacetifolia Klotzsch! in Peters Mossamb. I, 147.

Caulis erectus, 50—60 *cm* altus, 2—2,5 *mm* crassus teres striatus. Folia 4—6 *cm* longa, summa sensim decrescentia, 2,5—3,5 *cm* lata, vix duplo longiora quam latiora. Flores an heterostyli?; pedunculus 10—12 *cm* longus, 0,6—1 *mm* crassus, minute setulosus et puberulus; prophylla evoluta, inferiora alterna v. (adnascendo) subopposita, linearia, saepius serrulata, 2—4 *mm* longa, caetera squamiformia membranacea ovata v. rhombea integra, cr. 1 *mm* longa; pedicelli 2—4 *mm* longi, ad apicem densius setulosi. Calyx extrinsecus inferne glaber, ad lobos parce setulifer; tubus = $^1/_2$—$^2/_3$ calycis, intus ad basin 2,5—3 *mm* longe albido-pubescens; lobi lineari-lanceolati obtusi, interiores margine late membranaceo nudi, 5- v. sub-7-nerves. Petala calycem duplo superantia, tubo 2,5—3 *mm* longe adnata, flava, quoad libera 24 *mm* longa, glabra, ligula 1,3 *mm* longa marginibus et apice libera, caeterum adnata, semilanceolata. Filamenta tubo imo vix 0,3 *mm* longe adnata, glabra v. supra basin pilosula, 2 longiora 11 *mm*, intermedium 9,5 *mm*, 2 breviora 8 *mm* longa; antherae juniores lineares fere 3 *mm* longae, 0,7 *mm* latae, in $^1/_4$—$^1/_3$ alt. affixae. Styli aequilongi 2,5 *mm* longi, ab antheris fil. breviorum 2 *mm*, ab iis longiorum 5 *mm* distantes. Fructus 1,3—1,5 *mm* crassi, 2—3 *mm* longe rostrati, 6—14-spermi. Semina obovata, demum brunnescentia, 2—2,5 *mm* longa, 1—1,2 *mm* crassa, hilo depresse conico parum prominulo, chalaza vix prominente.

Habitat in orae Mosambicensis locis arenosis prope Boror et Querimba: Peters.

4. **Wormskioldia brevicaulis** *Urb.*, perennis (?), caule praeter pubem tenuem patentem v. subdeflexam densissimam laevi; foliis sessilibus aequalibus anguste lanceolatis, supra medium latissimis, postice integris subintegrisve, antice obsoletissime v. manifestius serrulatis, utrinque brevissime et dense hirtellis, margine eglandulosis; inflorescentiis folium aequantibus 4- (v. ultra?) floris, pedicellis fructiferis arcuato-deflexis; calyce 15—17 *mm* longo.

Caules 3—4 *cm* alti, 1,5—2 *mm* crassi, ad apicem dense foliosi. Folia apice acuta, inferne usque ad insertionem sensim angustata, 8—12 *cm* longa, 0,7—1,2 *cm* lata,

4*

7—12-plo longiora quam latiora. Pedunculi 7—9 cm longi, 0,6—0,8 cm crassi, pilis longis patentibus albis dense obsiti; prophylla infima alterna, caetera bina diversi ordinis approximata et unilateraliter subopposita, lanceolata v. suprema ovata, 2,5—1 mm longa; pedicelli floriferi 6—9 mm longi, pilosi et breviter setulosi. Calyx extrinsecus patentipilosus et breviter setulosus: tubus = $^1/_3$ calycis, intus in parte $^2/_1 - ^3/_4$ inferiore albido-pubescens, pilis supremis dense aggregatis; lobi lanceolati obtusiusculi, interiores margine late membranaceo ciliati 5-nerves, exteriores sub-7-nerves. Petala calycem plus quam duplo superantia, tubo 5,5 mm longe adnata, flava, quoad libera 25—28 mm longa, cr. 10 mm lata, superne obovata, glabra, ligula vix 2 mm longa angustissime lanceolato-lineari, inferne adnata, superne membrana petalo conjuncta et valde angustata. Filamenta tubo imo vix 1 mm longe adnata, glabra, 3 longiora 16 mm, 2 breviora 14,5 mm longa; antherae juniores rectangulari-lineares, 2,5 mm longae, 1 mm latae, apice truncatae, basi breviter emarginatae, dorso in $^1/_3 - ^1/_4$ alt. affixae. Styli aequilongi, 10 mm longi, basin antherarum fil. breviorum attingentes. Ovarium anguste oblongum praeter pilos setiformes apice obvios glabrum, ovulis 20—26, longe funiculatis.

Habitat in insula Zanzibar: Grandidier n. 28 (Mus. Paris.).

5. **Wormskioldia lobata** *Urb.*, annua, caule praeter pubem brevissimam tenuem sursum curvatam v. crispulam satis densam setis difficile conspicuis brevissimis subaequilongis aureis v. brunnescentibus, ad basin paullatim incrassatis parcis v. praesertim superne crebris vestito; foliis 1—5 mm longe petiolatis v. plerumque subsessilibus aequalibus, ambitu lanceolatis v. oblongo-lanceolatis, ad basin lobulos 2 parvos suboppositos, omnino v. antice tantum glanduloso-incrassatos gerentibus, supra partem $^1/_3$ inferiorem triangularem v. triangulari-cuneatam, raro ad medium, subito contractis in ligulam dimidio v. duplo angustiorem lanceolatam v. lineari-lanceolatam, ad lobos v. quasi aures prominentes (in alt. inaequali abeuntes) glandula rotunda margini antico impressa notatis, remote denticulatis v. obsolete crenulatis v. subintegris, utrinque pilis simplicibus brevibus laxe v. dense conspersis; inflorescentiis folio brevioribus v. postremo sublongioribus 2—4-floris; pedicellis fructiferis arcuato-deflexis v. subhorizontalibus; calyce 11—14 mm longo; fructu 4—6 cm longo glabro, valvis obsolete 1-nervibus.

Cotyledones suboblique elliptico-oblongae, 5—7 mm longae, 1,8—2,2 mm latae, in petiolum 1,5—2 mm longum contractae. Caulis erectus 10—30 cm altus, 1,5—4 mm crassus, inferne teres tenuiter striatus. Folia 6—12 cm longa, 1—2,5 cm lata, 4—7-plo longiora quam latiora. Pedunculus 5—11 cm longus, 0,3—0,7 mm crassus, pilis longioribus patentibus et brevibus pubescens, nunc setulis intermixtis; prophylla bina evoluta, sed adnascendo remota ita, ut flos inferior unicum suffulciens, intermedius duo, supremus tria gerat, ovato-lanceolata v. lanceolata, interdum papilloso-serrata, 0,5—2 mm longa; pedicelli 2—4 mm longi. Calyx extrinsecus breviter patenti-pilosus; tubus =$^2/_4$ calycis, intus quoad petala adnata pilosus: lobi oblongo-lineares obtusiusculi v. obtusi, interiores margine longiuscule fimbriato-ciliati 5-, exteriores sub-7-nerves. Petala calycem parte $^2/_3 - ^1/_2$ ejus longitudinis superantia, tubo 3,5—4 mm longe adnata, flava, anguste obovato-cuneata, quoad libera 15 mm longa, 2,5—3,5 mm lata, glabra, ligula 1,5 mm longa anguste lineari, dorso adnata. Filamenta tubo imo 0,7—0,8 mm longe adnata, glabra v. ad basin pilosula, 3 longiora 11—12 mm, 2 breviora 9—10 mm longa:

antherae juniores oblongae 2,3—2,5 *mm* lougae, 0,8 *mm* latae, apice truucatae, basi paullo emarginatae, in ¹/₄ alt. affixae. Styli 9—10 *mm* longi, antberas fil. long. aequantes. Fructus 1,3—1,5 *mm* crassi, 1—4 *mm* longe rostrati, 15—30-spermi. Semina obovata v. obovato-oblonga recta v. inferne obsolete curvata, flava, demum nigrescentia, 2—2,5 *mm* longa, vix supra 1 *mm* crassa, cbalaza prominente concaviuscula, basi truncata bilo brevissime apiculata.

Habitat in Nili regionis territorio Djur prope ❧Seriba Ghattas m. Sept. flor. et fruct.: Schweinfurth n. 2400; in Africae occidentalis Angola prope Pungo Andongo in 1000 m. alt. in pascuis arenosis ad fl. Koanza m. Mart. flor. et fruct.: Welwitsch n. 2493, 2494; in Loango in campis prope Putumongo m. Dec. flor.: Soyaux n. 187: in Africae orientalis territorio Ukamba prope Kitui m. Maio fl. et fr.: Hildebrandt n. 2774.

6. **Wormskioldia longipedunculata** *Mast.*, perennis, caulibus praeter pubem brevem crispulam raro patentem nunc subdeficientem setis purpureis v. violaceis apice flavidis elongatis crassitiem caulis subaequantibus, basi non bulboso-inflatis nec indurescentibus vestitis; foliis 0—4 *mm* longe petiolatis, aequalibus, lanceolatis v. lanceolato-linearibus, postice v. supra basin pinnatifidis, raro denticulatis, deinde mediocriter vel tenuiter, saepe remote serratis, antice subintegris integrisve, supra glabris v. brevissime scabriusculis, subtus pilosulis et ad nervos interdum setiferis, margine eglandulosis; inflorescentiis folium pluries superantibus, 4—12-floris; pedicellis fructiferis arcuato-deflexis; calyce 13—16 *mm* longo; fructu 4—8 *cm* longo, parce v. crebrius, minute v. obsolete hispidulo.

Wormskioldia longepedunculata Maxw. Mast.! in Oliv. Flor. trop. Afr. II, 502.

Radix lignescens multiceps usque 1 *cm* crassa. Caules erecti v. ascendentes, 5—20 *cm* alti, 1,3—3 *mm* crassi, inferne teretes. Folia 8—15 *cm* longa, 0,6—1,7 *cm* lata, 6—15-plo longiora quam latiora, basi subcuneata. Flores verisimiliter dimorphi; pedunculus 7—15 *cm* longus, glaber et laevis v. plerumque setis brevibus pallidis adspersus, nunc basin versus pilosus; prophylla plerumque florem suffulcientia tantum evoluta, inferiora 2—6 *mm* longa linearia acuta integra v. supra basin parce dentata, superiora decrescentia squamiformia; pedicelli sublaeves v. ad apicem versus dense setulosi, floriferi 3—4 *mm*, fructiferi 5—8 *mm* longi. Calyx extrinsecus breviter et albido-setulosus, caeterum glaber v. praeterea albido-pubescens; tubus = ²/₃ calycis, in parte ¹/₂ inferiore intus albido-pubescens; lobi elliptici v. oblongi, interiores margine late membranaceo fimbriato-ciliati 5—7-nerves, exteriores 7—9-nerves. Petala calycem ejus longitudine superantia, tubo 3,5—4,5 *mm* longe adnata, coccinea, quoad libera 20—24 *mm* longa, 8—9 *mm* lata, obovato-cuneata, glabra, ligula cymbiformi 1,5—2 *mm* longa dorso adnata ad apicem libera. Filamenta tubo imo 0,4—0,6 *mm* longe adnata glabra linearia, 3 longiora 11—12,5 *mm*, 2 breviora 9—11,5 *mm* longa; antherae juniores oblongo-lineares vix 2,5 *mm* longae, 0,7 *mm* latae, apice truncatae, basi brevissime emarginatae, in ¹/₃ alt. affixae. Styli inter sese aequilongi, 8 *mm* longi antheras fil. long. aequantes v. 4 *mm* longi ab antheris 3—4 *mm* distantes. Fructus 1,5—2 *mm* crassi, 4—10 *mm* longe rostrati, longitrorsum nervosi, parce v. crebrius minute v. obsolete hispiduli, 10—30-spermi. Semina obovata 2,5—3,3 *mm* longa, 1,2—1,7 *mm* crassa teretia, bilo conico acutiusculo parum prominente, chalaza parum prominente concava.

Habitat in Africa austro-orientali: in Mosambik ad Manjanya colles: Meller, Waller; ad lacum Njassa: Simons: prope Muttulu colles orientem versus fluvii Maghale-quain; in campis aurum praebentibus: Baines; ad Zoutpansberg: Nelson n. 122, 350; in Transvaal ad Pilgrims' Rest: Greenstock. — Flor. et fruct. m. Oct.—Nov.

Obs. Flores pecori venenosi, sed eorum odor id repellit.

7. **Wormskioldia pilosa** *Schweinf. Msc.!* annua, caule praeter pubem brevissimam tenuissimam crispulam setis purpureis v. nigrescentibus apice plerumque flavidis elongatis, sed inaequilongis, basi non bulboso-inflatis nec indurescentibus, raro subdeficientibus vestito; foliis inferioribus 4—10 *mm* longe petiolatis, infimis ovatis v. oblongis pinnatipartitis, caeteris lanceolatis usque paene linearibus, inferne v. supra basin dentibus 2—4 patulis v. subreflexis pinnatifidis v. pinnatipartitis, ad medium serratis, antice minute v. obsolete crenulatis, supra praeter pubem parcam ad nervum medium obviam glabris, subtus setulosis, margine eglandulosis; inflorescentiis folium aequantibus v. brevioribus 2—4-floris; pedicellis fructiferis arcuato-deflexis; calyce 9—11 *mm* longo; fructu 4—7 *cm* longo plus minus setuloso, sed non pubescente, valvis dorso pluri- v. ramosinervibus.

Var. α. **angustifolia** *Urb.* foliis anguste lanceolato-linearibus v. paene linearibus, in parte integra 0,3—1 *cm* latis, 10—25-plo longioribus quam latioribus.

Raphanus pilosus Willd.! Spec. Plant. III, 562.

Cleome raphanoides DC.! Syst. Veg. II, 662 et Prodr. I, 240.

Wormskioldia heterophylla Thonn.! Msc. in DC. Prodr. I, 240; Thonn. et Schum. Beskr. Guin. 1ª. 165 (scors. impr. ex: Danske Vidensk. Selsk. III, 185); Guill., Perr. et Rich. Tent. Flor. Seneg. I, t. 11; Maxw. Mast.! in Olie. Flor. trop. Afr. II, 502.

Wormskioldia diversifolia A. Rich. in Guill., Perr. et Rich. Tent. Flor. Seneg. I, 36; Walp. Rep. V, 782.

Cleome longifolia Vahl! Msc. in DC. Prodr. I, 240.

Icon: Guill., Perr. et Rich. Tent. Flor. Seneg. I, t. 11!

Var. β. **latifolia** *Urb.* foliis lanceolatis, in parte integra 1—2,5 *cm* latis, 5—10-plo longioribus quam latioribus.

Wormskioldia heterophylla A. Rich. Tent. Flor. Abyss. I, 299; Maxw. Mast.! l. c.

Caulis erectus 20—40 *cm* longus, 1,5—3 *mm* crassus, inferne teres obsolete striatus. Folia 10—18 *cm* longa antice magis angustata, acuta v. acuminata, basi cuneata v. in petiolum angustata. Flores monomorphi; pedunculus 5—8 *cm* longus, 0,5-0,8 *mm* crassus, glaber subglaberve, laevis v. superne breviter aculeolatus; prophylla flores suffulcientia tantum evoluta, inferiora linearia 2—6 *mm* longa, integra v. ad basin serrulata, superiora 2—1 *mm* longa, orbicularia, ovata v. sublanceolata, nunc cucullata; pedicelli 2—4 *mm* longi, sub calyce setis brevibus instructi. Calyx extrinsecus praesertim ad lobos setulosus, caeterum glaber; tubus = $\frac{2}{3}-\frac{3}{4}$, calycis, intus quoad petala adnata pubescens; lobi lanceolato-lineares, 3- v. 5-nerves, omnes (exteriores minus) margine plus minus membranaceo fimbriato-ciliolati. Petala calycem dimidio superantia, tubo 3—3,5 *mm* longe adnata, flava v. aurantiaca, quoad libera 10—13 *mm* longa, spathulato-cuneata, glabra, ligula lineari vix 1,5 *mm* longa dorso adnata, apice saepe libera. Filamenta tubo imo 0,2—0,5 *mm* longe adnata, glabra v. supra basin parce pilosa, 3 longiora 9—10 *mm*, 2 breviora 7 - 7,5 *mm* longa; antherae juniores rectangulari-ellipticae 1,5—1,8 longae, 0,5—0,6 *mm* latae, apice et basi aequaliter emarginatae, in $^1/_4$ alt. affixae. Styli aequilongi 6—7 *mm* longi, antheras fil. long. aequantes. Fructus 1,3—1,5 *mm* crassi, 3—5 *mm* longe rostrati, 12—20-spermi. Semina obovata v. obovato-oblonga subrecta, flava v. demum nigrescentia, 2,5—3 *mm* longa, 1,2 - 1,4 *mm* crassa, chalaza prominente concavinscula, basi truncata hilo obsolete apiculata.

Habitat var. α. ad oram Guineae: Isert; in Senegambia: Thonning; ad fluv. Kowara: Vogel n. 188, prope Nupe: Barter n. 1552. — Var. β. in Nili territorio, in finibus Djur ad majorem Seriba Ghattas: Schweinfurth n. 2004; locis petrosis graminosis prope Matamma in territorio Gallabat: Schweinfurth n. 1700. — Flor. et fruct. m. Maio—Sept.

II. Streptopetalum *Hochst.*

Streptopetalum Hochst. in Flora Ratisb. XXIV. II (a. 1841) p. 665. — Wormskioldia ex parte v. spec. Rich. Tent. Flor. Abyss. I, 299; Benth. et Hook. Gen. Plant. I, 807; Maxw. Mast. in Oliv. Flor. trop. Afr. II, 501. — Turnera ex parte Baill. Hist. Plant. IV, 321.

Sepala usque supra medium in tubum cylindraceum, superne paullo ampliatum, supra insertionem filamentorum callis linearibus 1—2 *mm* longis incrassatum, ad commissuras enervem coalita, nervis loborum vicinorum lateralibus sub fauce non confluentibus, sed in tubum descendentibus. Petala fauci calycis inserta, ad basin cuneata v. unguiculata, basi nuda. Filamenta perigyna, tubo calycis facie tota 2—4 *mm* longe adnata, linearia, aequilata, inter sese aequilonga v. inaequilonga; antherae apice et basi aequaliter subemarginatae. Styli recti, apice brevissime v. obsolete multipartiti v. lacero-lobulati. Fructus ovatus usque oblongus 2—3$^1/_2$-plo longior quam crassior, ab apice ad basin dehiscens, dorso obsolete reticulato-impressus. Semina irregulariter pluriseriata curvata, elevatim reticulato-striata, areolis reticuli biporosis, in hilum subito constricta, arillo unilaterali, longitudine semen aequante v. breviore, margine integro v. sublacero.

Herbae annuae v. perennes, pube brevi tenui et setis initio secernentibus, posterius indurescentibus vestitae. Stipulae nullae. Folia breviter petiolata v. subsessilia, lanceolata v. anguste lanceolata, glandulis basalibus carentia. Inflorescentiae axillares pluriflorae secundo-racemiformes, pedunculis liberis, prophyllis binis evolutis, floribus erectis. Petala lutea v. flava. — Species 2 Africae orientalis incolae.

Obs. „Nomen derivatum a petalis aestivatione contortis" Hochst. l. c.

CLAVIS SPECIERUM.

Annua. Caules breviter flavido-setulosi. Pedunculi inflorescentiis pluries breviores
 1) *St. serratum* Hochst.
Perennis. Caules setis longis aculeiformibus brunnescentibus obtecti. Pedunculi inflores-
centias aequantes v. superantes . . . . 2) *St. Hildebrandtii* Urb.

1. Streptopetalum serratum *Hochst.*, annuum, caule setulas sub-

aequilongas crassitie caulis 2—5-plo breviores flavescentes gerente;
foliis infimis antice pinnatifido- v. inciso-crenatis, caeteris crenulatis v.
serratis; inflorescentiis folium aequantibus v. plerumque duplo et ultra
brevioribus, breviter pedunculatis; prophyllis difficulter conspicuis v. obsoletis; pedicellis 1—2 *mm*, calyce 13—15 *mm*, petalis 7—8 *mm* longis;
fructu oblongo breviter et obtusiuscule rostrato, $2^1/_2$—3-plo longiore
quam crassiore.

*Streptopetalum serratum Hochst.! in Flora Ratisb. XXIV. II (1841)
p. 666.*

*Wormskioldia serrata Hochst.! Msc. l. c.; Walp. Rep. V. 782; Ma.rw.
Mast. in Olic. Flor. trop. Afr. II. 502.*

Wormskioldia Abyssinica A. Rich. Tent. Flor. Abyss. I, 299.

Radix palaris tortuosa fibrillosa. Cotyledones oblongae obtusae 8—9 *mm* longae,
2 *mm* latae, in petiolum 2 *mm* longum angustatae. Caulis erectus 10—30 *cm* altus,
1—3 *mm* crassus, praeter setulas patentes creberrimas pube tenuissima brevissima
patente albida conspersus, simplex v. inferne ramosus. Folia 2 · 5 *mm* longe petiolata
v. superiora subsessilia, infima rhombeo-cuneata, caetera lanceolata v. anguste lanceolata, ad basin cuneata, ad apicem magis angustata v. longiuscule acuminata, 5—10 *cm*
longa, 1—3 *cm* lata, 4—7-plo longiora quam latiora, crenulis saepe inaequalibus, nunc
subduplicatis, in acumine subdeficientibus, brevissime piloeula v. supra subglabra,
setulis subtus ad nervum medium saepe intermixtis. Inflorescentiae 3—8-florae,
(ad ramulos seriales interdum 1-florae); pedunculus (usque ad florem infimum) postremo
0,5—1,2 *cm* longus, 0,6—0,8 *mm* crassus, pube caulis; flores monomorphi; prophylla
bina evoluta, altero adnascente unilateraliter subopposita, triangularia v. lanceolato-linearia tenuia submembranacea, 0,5—1 *mm* longa, inferiora fertilia saepe linearia
1,5 *mm* longa, margine manifeste serrata v. incisa; pedicelli fructiferi erecti. Calyx
extrinsecus breviter setiformi-pilosus; tubus = $^1/_4$ - $^4/_5$ calycis, 1—1,5 *mm* crassus,
intus a basi 4—5 *mm* longe dense pubescens; lobi elliptico-oblongi v. oblongo-lineares
obtusi, interiores margine membranaceo glabri. Petala calycem parte ' ₂—⅞ ejus
long. superantia, flava, sub apice 3—4 *mm* lata, obovato-cuneata, glabra. Filamenta
tubo 3—3,5 *mm* longe adnata, quoad libera glabra, omnia aequilonga 11—13 *mm* longa
v. bina 3 *mm* breviora; antherae clausae rectangulari-oblongae 1,8 *mm* longae,
0,6—0,8 *mm* latae, in $^1/_3$—$^1/_4$ alt. affixae. Styli glabri, aequilongi 9 - 10 *mm* longi,
v. unicus 3 *mm* brevior et antheras fil. brev. aequans, apice obsolete lacero-papillosi.
Ovarium oblongum 12—15-ovulatum. Fructus 8—12 *mm* longus, 3—4 *mm* crassus,
0,5—1 *mm* longe rostratus, dorso pilis setiformibus brevibus, nunc basi nigrescentibus
satis dense obsitus. Semina anguste oblonga, inferne attenuata, curvata, 2,8—3 *mm*
longa, 0,8—0,9 *mm* crassa, flava v. postremo nigrescentia, chalaza prominente concava,
hilo manifesto conico, arillo unilaterali, saepe inferne subamplectente, margine crenulato
v. sublacero.

Habitat in Abessinia infra Sellasaquilla in declivibus ad fluvium Takkazie: Schimper (a. 1838) n. 1260, ad Abbaherrouque in 1800 m. alt. in campis sterilibus: idem (1852) n. 470; in montibus 1100 - 1300 m. altis prope Gageros: idem (a. 1854) n. 82; ad pedes montium ad fluvium Takkazie prope Purrsarfa ead. alt.: idem (a. 1854) n. 2230; in stationis Bogos planitiebus sterilibus: Hildebrandt n. 463. — Flor. et fruct. m. Aug. – Sept.

2. **Streptopetalum Hildebrandtii** Urb., perenne, caulibus setas valde inaequilongas, longiores crassitiem caulis subsuperantes, posterius apice tenui flavido excepto aculeiformi - indurescentes et pallide brunnescentes gerentibus; foliis aequalibus, inaequaliter atque minute serrulatis; inflorescentiis folium aequantibus v. multo superantibus, longe pedunculatis; prophyllis manifestis; pedicellis 3—6 mm, calyce 16—20 mm, petalis 18—20 mm longis; fructu ovali obtuso vix 2-plo longiore quam crassiore.

Wormskioldia Hildebrandtii Urb. et Rolfe in Herb. Kew.

Caules erecti v. ascendenti - erecti, 15—30 cm longi, 2—4 mm crassi, praeter setas creberrimas horizontaliter patentes pilis brevissimis patentibus v. deflexis tenuibus albidis dense vestiti. Folia subsessilia v. usque 1,5 mm longe petiolata, lanceolata v. anguste lanceolata, ad apicem magis et saepe valde angustata, 7—11 cm longa, 0,8—2 cm lata, 6—9-plo longiora quam latiora, utrinque breviter hirta, subtus setulis praesertim ad nervos interjectis. Inflorescentiae 3—5-florae; pedunculus 8—13 cm longus, 1—1,5 mm crassus, brevissime pilosus et breviter setulosus; flores dimorphi; prophylla bina evoluta alterna, duo ima a flore deorsum remota, fertilia majora linearia 2—6 mm longa v. infimum foliaceum usque ad 1 cm longum, oblongum, caetera 1—2 mm longa linearia v. lineari-subulata; pedicelli fructiferi erecti. Calyx extrinsecus pubescens et setulosus; tubus = ¹/₇ — ³/₄ calycis, 2 mm crassus, intus 5 - 6 mm longe dense albido-pubescens; lobi lanceolati, obtusiusculi v. obtusi, interiores margine membranaceo nudi. Petala calycem dimidio superantia, lutea, sub apice 7—8 mm lata, superne obovata, inferne sensim cuneato - angustata et latiuscule unguiculata, glabra. Filamenta tubo 2—4 mm longe adnata glabra inter sese aequilonga, longiora 15, breviora 12 mm longa; antherae clausae lineares 3 mm longae, 0,8 mm latae, in ¹/₄ alt. affixae. Styli glabri aequilongi, apice obsolete multipartiti, longiores 12 mm, breviores 7 mm longi, stigmatibus ab antheris 2—2,5 mm longe distantibus. Ovarium oblongum, 20—40-ovulatum. Fructus 8—9 mm longus, 5—5,5 mm crassus, dorso setulis longiusculis albido - flavescentibus et pilis brevibus obsitus, intus subreticulato - impressus. Semina obovato-oblonga, 3 mm longa, fere 1,5 mm crassa, curvata, flava, demum?, basi truncata et hilo breviter conico apiculata, chalaza non prominente concaviuscula, arillo unilaterali margine subintegro v. crenulato.

Habitat in Africa orientali prope Kitui in Ukamba locis apricis sterilibus m. Maio flor. et fruct.: Hildebrandt n. 2728.

III. Piriqueta Aubl.

Piriqueta Aubl. Guian. I, 298; H. B. K. Nov. Gen. et Spec. VI, 127; DC. Prodr. III, 348; Meissn. Gen. 123 (89); Endl. Gen. 915 n. 5057; Griseb. Flor. Brit. West-Ind. Isl. 298; Chapm. Flor. South. Un. States 146. -- Burkardia Scop. Introd. n. 1027; Schreb. Gen. n. 530, non aliorum.

— *Burghartia* Neck. Elem. II, 377. — *Burcarda* J. F. Gmel. Syst. nat. II, 514. — *Erblichia* B. Seem. Bot. Her. 130; Benth. et Hook. Gen. I, 807; Triana et Planch. Prodr. Flor. Novo-Granat. in Ann. d. scienc. nat. V. Sér. XVII, 189. — *Turnerae* sect. Piriqueta Poir. in Lam. Encycl. VIII. 145. — *Turnera* pro parte v. spec. Linn. Spec. Plant. I ed. 271 et Gen. n. 376; Poir. l. c. 141: DC. Prodr. III, 346; Camb. in St. Hil. Flor. Bras. mer. II, 154; Harv. in Harv. et Sond. Flor. Cap. II. 599; Benth. et Hook. Gen. Plant. I, 806; Baill. Hist. Plant. IV, 321.

Sepala sub medio in tubum infundibuliformen v. obconico-campanulatum, ad insertionem filamentorum nudum v. callis semiorbicularibus v. ligulatis notatum 10-nervem coalita, rarius plane libera, sub fauce corona membranacea plerumque difficulter conspicua, ad petalorum basin latere interiore continua et manifesta 0,8—2 *mm* longa, superne v. usque ad medium fimbriata v. dilacerata exornata. Petala calycis fauci inserta, inferne cuneata vix unguiculata, praeter coronam nuda. Filamenta e tubo calycino 0,2—1 *mm* longe supra basin abeuntia, glabra subglabrave, rarissime inferne pubescentia; antherae basi solemniter emarginatae v. profunde excisae, apice truncatae v. leviter emarginatae, raro apiculatae v. mucronatae. Styli glabri subglabrive, apice manifeste multipartiti, rarissime inferne pubescentes et margine stigmatoso obsolete fimbriati. Fructus breviter globosi usque elliptici, breviores v. duplo longiores quam crassiores, a medio paene usque ad basin dehiscentes, dorso tuberculati v. laeves, interdum in medio valvarum sulcati. Semina irregulariter pluriseriata, recta v. curvata, reticulato-striata, areolis reticuli 1- v. non porosis, in hilum subito contracta, arillo unilaterali, longitudine semen aequante v. breviore, margine crenato v. sublacero.

Herbae annuae, perennes, suffruticosae, frutices v. arbores, pube valde varia, saepius pilis stellaribus ferrugineis v. aureis et setulis (secernentibus) patentibus vestita. Stipulae nullae v. evolutae. Folia forma varia, glandulis basalibus et petiolaribus prominentibus carentia, sed interdum juxta marginem inferum subtus glanduloso-impressa v. crenis apice glanduliformibus v. glandulijeris. Inflorescentiae axillares 1-florae. raro more cincinni pluriflorae, pedunculis liberis, prophyllis evolutis v. dejicientibus, floribus erectis. Petala lutea, rosea, purpurea, caerulea v. raro alba venis purpureis. — Species 19, Americam a Mexico et Carolina sept. usque ad Buenos Aires inhabitantes, 1 Africae Capensis, 2 Madagascariae incolae.

Obs. Si prophylla deficiunt, pedicellus est pars peduncnli ab articulatione usque ad calycem.

CLAVIS SPECIERUM.

Sect. I. *Eupiriqueta.* Sepala inferne connata.

a. Inflorescentiae laterales, saltem superiores 2—20-florae, prophyllis evolutis; fructus dorso tuberculati.

α. Flores homostyli. Prophylla inaequalia. Calyx 6—7 *mm* longus. Folia supra paene tantum simpliciter pilosa. Inflorescentiae 4—8-florae. Petala calycem aequantia, violacea . . . . 1) *P. Assuruensis* Urb.

β. Flores heterostyli. Prophylla subaequalia. Calyx 8—15 *mm* longus.

† Prophylla 1—3 *mm* longa. Petala lutea v. subalba

                2) *P. xidifolia* Urb.

†† Prophylla 0,5—1 *mm* longa. Petala violacea . 3) *P. sulfurea* Urb. et Rolfe.

b. Flores ex axillis euphyllorum solitarii v. in racemum terminalem aphyllum collecti, prophyllis raro obviis, minimis.

α. Fructus dorso plus minus manifeste tuberculati. Petala violacea, purpurea, punicea, venis purpureis subalba, rarissime aurantiaca. — Setae v. setulae plerumque obviae.

† Folia inferne subtus juxta marginem glandulifera v. crenis inferioribus glanduloso-impressis.

    Perennis, usque 20 *cm* alta, setulis deficientibus. Folia subsessilia. Petala violacea v. purpurea . . . . 4) *P. Selloi* Urb.

†† Folia eglandulosa.

  × Folia plerumque integra, longitudinaliter plicata, patentia, utrinque tomentosa. — Flores violacei v. rosei.

    * Perennis, setulis tomento intermixtis. Folia 3—6-plo longiora quam latiora. Pedicelli postremo 10—12 *mm* longi 5) *P. rosea* Urb.

    ** Fruticulosa, setulis deficientibus. Folia cr. 15-plo longiora quam latiora. Pedicelli 3—5 *mm* longi . . . . . . 6) *P. plicata* Urb.

  ×× Folia paene usque ad basin v. raro antice tantum crenata dentatave (et tum petalis aurantiacis), plana subplanave.

    * Petala violacea, purpurea v. punicea. Folia patentia.

      ⊥ Caules setuliferi. Calyx 5—13, raro—16 *mm* longus. Fructus 4—8 *mm* longus.

        § Perennes. Flores heterostyli. Pedicelli postremo 4 - 11 *mm* longi.

          ⊤ Folia ovata, obovata v. oblonga, 1½—3-plo longiora quam latiora

                  7) *P. Duarteana* Urb.

          ⊤⊤ Folia lanceolata, 3—4-plo longiora quam latiora

                  8) *P. Tamberlikii* Urb.

        §§ Annua. Flores homostyli. Pedicelli postremo 3—5 *mm* longi

                9) *P. viscosa* Griseb.

      ⊥⊥ Caules pilis basi stellaribus hirsutissimi, setulis deficientibus. Calyx 14—28 *mm* longus. Fructus 10—15 *mm* longi.

        Suffrutex v. perennis, petiolis 0—4 *mm* longis

                10) *P. aurea* Urb.

    ** Petala aurantiaca. Folia erecta rigida.

      Perennis, petiolis 0-1 *mm* longis, pilis stellaribus nullis

                11) *P. nitida* Urb.

β. Fructus dorso laeves v. reticulato-impressi. Flores flavi v. aurantiaci. Setae deficientes.

† Semina recta v. parum curvata, reticulato-striata, sed laevia.

× Plerumque perennis. Flores heterostyli. Calyx 6—12 *mm* longus. Petala calycem 2-plo et ultra superantia . . . 12) *P. Caroliniana* Urb.

×× Annua. Flores homostyli. Calyx 4—9 *mm* longus. Petala calycem aequantia v. vix duplo superantia . . . . 13) *P. cistoides* Meyer.

†† Semina arcuato-curvata, nodis reticuli gibberoso-elevatis. — Annuae.

× Folia inferiora 1,5—7 *mm* longe petiolata, 2,5—4 *cm* longa. Flores homostyli, omnes axillares . . . . 14) *P. ovata* Urb.

×× Folia inferiora 10—40 *mm* longe petiolata, 4 10 *cm* longa. Flores heterostyli, in apice caulium in racemum superne aphyllum collecti
15) *P. racemosa* Sweet.

Sect. II. *Erblichia.* Sepala libera subliberave.

a. Suffruticosa, exstipulata, foliis utrinque pubescentibus v. tomentosulis
16) *P. Capensis* Urb.

b. Frutices v. arbores, breviter stipulatae, foliis glabris subglabrisve.

α. Bracteolae parvae, supra basin pedunculorum obviae. Filamenta stylique glabra.

† Frutex. Folia 1,5—3,5 *cm* longa. Calyx 10—12 *mm* longus
17) *P. Berneriana* Urb.

†† Arbor. Folia 5—9 *cm* longa. Calyx 20—27 *mm* longus
18) *P. Madagascariensis* Urb.

β. Bracteolae amplae, subfoliaceae, supra medium pedunculorum obviae. Filamenta stylique inferne dense pubescentia . 19) *P. odorata* Urb.

Sectio I. *Eupiriqueta* Urb.

Sepala inferne connata. — Herbae v. fruticuli, maximopere variabiles, pube varia, foliis exstipulatis, prophyllis raro evolutis.

1. **Piriqueta Assuruensis** *Urb.*, fruticulus, setulis crassitie ramorum 3—5-plo brevioribus densis et pube stellari abbreviata parcissima hinc illinc intermixta; foliis 10—20 *mm* longe petiolatis, ovato-lanceolatis, 4,5—8 *cm* longis, margine eglandulosis; inflorescentiis 4—8-floris, floribus homostylis; prophyllis inaequalibus, fertilibus inferioribus 2,5—6 *mm* longis ovatis v. lanceolatis, sterilibus linearibus 1—2 *mm* longis; calyce 6—7 *mm* longo, in ¹/₄—¹/₃ alt. coalito; petalis calycem non excedentibus, pallide violaceis, supra basin obscurioribus; antheris junioribus ovatis dimidio longioribus quam latioribus, in ²/₅ alt. affixis; fructibus dorso tuberculatis; seminibus obovato-oblongis, parum curvatis, non tuberculatis.

Rami vetustiores brunnei v. badii glabri, hornotini simplices, striati v. angulati. Folia 1,6—2,7 *cm* lata, 2¹/₂—3-plo longiora quam latiora, obtusiuscula v. obtusa, basi rotundata v. subcordata, margine plano usque ad basin dense et inaequaliter v. subduplicato-crenata, nervis supra dense reticulatis impressis, supra pilis fere omnibus simplicibus dense obsita, subtus tomentosa. Pedunculus postremo 1—2 *cm* longus; prophylla alterna, fertilia altius posita, ad basin saepius petioliformi-angustata, ad apicem interdum parce serrata; pedicelli postremo cr. 6 *mm* longi. Calyx extrinsecus pilis stellaribus tomentosulus et longioribus breviter hirsutus, intus sub corona glaber, lobis recurvatis, interioribus anguste obovatis, obtusis, margine supero ciliatis, tenuiter nervosis, exterioribus ovato-lanceolatis 3- v. sub-5-nervibus acutis breviter apiculatis. Petala

obovato-cuneata obtusa, 5 *mm* longa, 2,5 *mm* lata, glaberrima. corona obscure violacea.
Filamenta tubo imo cr. 0,5 *mm* longe adnata, violacea, 3—3,5 *mm* longa; antherae
clausae 1,3 *mm* longae, 0,7 *mm* latae, nunc obsolete apiculatae, defloratae superne
recurvatae v. revolutae. Styli 2—3 *mm* longi, violacei, apice obsolete multifidi.
Ovarium 20—30-ovulatum. Fructus breviter globulosus, 5—6 *mm* longus, 6—7 *mm*
diametro, obsolete apiculatus: valvae dorso breviter hirsutae, viridi-flavescentes, intus
stramineae. Semina inferne valde attenuata, 2.6—3 *mm* longa, 1,2 *mm* crassa, 2½-plo
longiora quam latiora, postremo brunnea v. nigrescentia, basi paullo dilatata in hilum
semiglobosum constricta, chalaza non prominente.

Habitat in prov. Bahia Serra d'Açuruá: Blanchet n. 2822.

2 **Piriqueta sidifolia** *Urb.*, fruticulus usque bimetralis, pube
varia, sed crassitie ramorum 3—6-plo breviore; foliis 2—20 *mm* longe
petiolatis, ovatis usque anguste lanceolatis, 3—8 *cm* longis, margine
eglandulosis v. supra ad crenas glanduloso-impressis; inflorescentiis
2—20-floris; floribus heterostylis; prophyllis subaequalibus 1—3 *mm*
longis; calyce 8—15 *mm* longo, in $^1/_2$—$^1/_5$ alt. coalito; petalis calycem
paullo v. dimidio excedentibus, luteis v. paene albis; antheris junioribus
ovato-oblongis v. oblongo-linearibus 3—3$^1/_2$-plo longioribus quam latioribus, in $^1/_4$—$^2/_5$ alt. affixis; fructibus dorso manifeste v. sub tomento
obsoletius tuberculatis; seminibus obovatis v. obovato-oblongis, non v.
parum curvatis, non tuberculatis.

Species valde variabilis. Formae extremae sunt sequentes:

Var. α. **genuina** *Urb.* caulibus indumento secernente v. stellari
obtectis, petiolis 2—7 *mm* longis, foliis 3—5 *cm* longis, 1,2—2 *cm* latis,
2—3-plo longioribus quam latioribus, ovato-acuminatis, ovato- v. elliptico-
oblongis v. oblongo-lanceolatis, supra dense stellari-pilosis, subtus tomentosis, crenis non glanduloso-impressis, inflorescentiis superioribus cin-
cinnosis, 2—3-, inferioribus saepe tantum 1-floris, calyce 8—10 *mm* longo.

*Turnera sidaefolia Camb.! in St. Hil. Flor. Bras. mer. II, 164 (227);
Walp. Rep. II, 229.*

Icon: St. Hil. Flor. Bras. mer. II, t. 124!

Var. β. **glabrescens** *Urb.* ramis praeter pubem parcam crispulam
albescentem simplicem brevissimam glabris, foliis pilis parcissimis rufis
ad nervos tantum obsitis, caeterum glaberrimis; omnia alia ut in var. α.

Var. γ. **angustifolia** *Urb.* foliis 6-plo longioribus quam latioribus
4—6 *cm* longis, 0,6—1 *cm* latis, e basi latiore anguste lanceolato-acumi-
natis, sessilibus, longitudinaliter plicatis; caetera ut in var. α.

Var. δ. **multiflora** *Urb.* inflorescentiis postremo 4—20-floris,
3—8 *cm* longis, floribus in cincinno dispositis, bifurcatione more cymae
raro intermixta, foliis 7—15, raro—20 *mm* longe petiolatis, 4—7 *cm*
longis, 1,5—4 *cm* latis; caetera ut in var. α.

Icon: Urb. in Mart. Flor. Bras. XIII, III. t. 31.

Var. ε. **Ignatii** *Urb.* calyce 14—15 *mm* longo, — caulibus pilis stellaribus luteis tomentoso-hirsutis, setulis fere plane deficientibus; foliis 1—3 *mm* longe petiolatis, ovatis, cr. 5 *cm* longis, 2,5 *cm* latis, basi obtusissimis, subtus tomentosis, dense et inaequaliter crenatis, crenis in pagina superiore manifeste glanduloso-impressis; pedunculis crassiusculis 2-floris; pedicellis inferioribus 4—5 *mm* longis; filamentis longioribus 7 *mm* longis.

Rami vetustiores brunnei v. nigrescentes, glabri v. glabrescentes, hornotini tomentosi v. dense pilosi v. paene glabri. Folia apice obtusa v. acuta, basi rarius acuta, plerumque obtusa, rotundata v. cordata, margine plano, crispulo v. recurvato toto dense crenata, raro serrata v. subintegra, crenis plerumque inaequalibus v. subduplicatis. Pedunculi postremo 0,5—2,5, plerumque 1—2 cm longi; prophylla opposita, subopposita v. alterna, filiformia, subulata v. linearia; pedicelli inferiores postremo 7—10 mm, raro 4—5 mm longi. Calyx extrinsecus semper tomentosus, nunc pilis secernentibus intermixtis, intus sub corona glaber, lobis lanceolatis v. oblongo-lanceolatis, acutis v. acuminatis, exterioribus 5-nervibus, interioribus 1—3-nervibus. Petala 9—15 mm v. ultra longa, obovata v. obovato-oblonga, glabra, corona cr. 1 mm longa, superne fimbriato-lacera. Filamenta tubo imo 0,3—1 mm longe adnata, longiora 4,5—5,5, raro ad 7 mm longa, breviora 3—3,5, raro — 4,5 mm longa; antherae clausae 1,8—3,5 mm longae, 0,6—1 mm latae, obtusissimae v. submarginatae, raro obsolete apiculatae, defloratae revolutae. Styli nunc apice tantum 0,5—0,8 mm longi, nunc breviores supra medium iterum dividendo multifidi, longiores 3,5—4,5 mm, raro 6 mm longi, antheras 1—2,5 mm longe superantes, breviores 1,5—2,5 mm longi, basin antherarum paene attingentes v. usque 1,5 mm longe distantes. Ovarium 25—10-ovulatum. Fructus trigonoglobulosus, saepius obtusiuscule apiculatus, v. trigono-subconicus, 6—8 mm diametro; valvae dorso pilosae v. tomentosae, viridi-flavescentes, intus stramineae glabrae. Semina inferne valde attenuata 3 mm longa, 1,2—1,5 mm crassa, 2—2½-plo longiora quam crassiora, postremo brunnea v. nigrescentia, elevato- v. subfoveolato-reticulata, basi paullo dilatata in bilum conicum v. breviter conicum valde contracta, chalaza non prominente.

Habitat in Brasilia, var. α. in prov. Minas Geraes: St. Hilaire n. 932, Riedel n. 2610, Martius n. 1613, Pohl n. 641, 3160, Sello n. 1568, 2030: (cult. Glaziou n. 9853). — Var. β. in eadem prov: Martius n. 1895. — Var. γ. in prov. Bahia: Martius. — Var. δ. in prov. Rio de Janeiro, Minas Geraës, Piauhy, Goyaz: Glaziou n. 10884, Riedel n. 942, Gardner n. 2173, 3198, Burchell n. 7508, 8153. — Var. ε. ad Fazenda do S. Ignacio Brasiliae austro-orientalis: Sello n. 1567 pro parte. — Flor. April.—Nov.

3. **Piriqueta sulfurea** *Urb. et Rolfe* [1]), fruticulus metralis, pilis stellaribus, quorum radius intermedius saepius elongatus, sed crassitie ramorum brevior est, dense obsitus, superne rufo-tomentosus, setulis deficientibus; foliis 7—15 *mm* longe petiolatis, elliptico-oblongis, 7—10 *cm* longis, eglandulosis; inflorescentiis 1—2-floris; floribus heterostylis; prophyllis subaequalibus 0,5—1 *mm* longis; calyce 10—12 *mm* longo, in ¼ alt. coalito; petalis violaceis; antheris clausis oblongo-linearibus, 5-plo longioribus quam latioribus, in ⅓—¼ alt. affixis; fructibus dorso sub

---

pube dense tuberculatis; seminibus oblongis, obsolete curvatis, non tuberculatis.

Caules vetustiores brunnei v. nigrescentes, glabri, hornotini teretes, plus minus manifeste striati. Folia 2—3,5 cm lata, 3-plo longiora quam latiora, obtusa v. obtusiuscula v. subacuta, basi cuneata, margine plano paene usque ad basin crenata, utrinque stellari-tomentosa. Pedunculi postremo 1—2,5 cm longi tomentosi; prophylla semilanceolata, tomentosa; pedicelli fructiferi 7 mm longi. Calyx extrinsecus rufo-tomentosus, intus sub corona pilosulus, lobis ovatis acutis. Petala ad basin cuneatam obscuriora, corona 0,7 mm longa superne fimbriata. Filamenta tubo imo vix 0,5 mm longe adnata, longiora 5 mm longa; antherae clausae 3,5 mm longae, 0,7 mm latae, superne angustatae, obtusissimae, defloratae superne revolutae, inferne bicrures. Styli breviores 1,5 mm longi, eadem longitudine ab antheris distantes, divergentes, apice 0,5 mm longe multipartiti. Ovarium cr. 75-ovulatum. Fructus breviter globoso-pyramidalis, 6—7 mm diametro; valvae dorso dense stellari-hirsutae, intus stramineae. Semina inferne vix attenuata, 2,8—3 mm longa, 1 mm crassa, reticulato-striata, hilo breviter conico prominente, chalaza non prominula.

Habitat in Brasiliae prov. Piauhy in collibus prope Oeiras m. April. flor. et fruct.: Gardner n. 2174.

4. **Piriqueta Selloi** *Urb.*, perennis, caulibus 6—20 cm longis, pube valde varia, nunc subdeficiente, nunquam setulosa; foliis sessilibus v. usque 4 mm longe petiolatis, intermediis obovatis v. ovatis, 2,5—9 cm longis, antice crenatis, inferne subtus juxta marginem glanduliferis v. crenis inferioribus glanduloso-impressis; floribus solitariis heterostylis; prophyllis evolutis 0,5—2 mm longis; calyce 13—20 mm longo, in $^1/_4$—$^1/_5$ alt. coalito; petalis violaceis v. purpureis; fructibus globulosis cr. 6 mm diametro, dorso dense tuberculatis; seminibus obovatis rectis subrectisve, non tuberculatis.

Var. α. caulibus 1,5—2,5 mm crassis, nunc inferne glabris nunc a basi pilis brevissimis tenuissimis simplicibus rectis v. crispulis vestitis, interdum pilis stellaribus pallide flavis abbreviatis parcis intermixtis; foliis intermediis obovatis, 2,5—4 cm longis, 1,5—2,5 cm latis, dimidio v. vix duplo longioribus quam latioribus, superioribus oblongis, 3—5 cm longis, 1—1,5 cm latis, 3—4-plo longioribus quam latioribus, omnibus apice obtusis v. rotundatis, basi cuneatis margine infero subtus glanduloso-impressis; calyce 13—16 mm longo.

Icon: Urb. in Mart. Flor. Bras. XIII, III. t. 33. f. 11.

Var. β. **hirsuta** *Urb.* caulibus praeter pubem simplicem brevissimam albidam pilis stellaribus elongatis, sed crassitiem caulis non aequantibus, flavis v. rufis tomentoso-hirsutis; foliis forma magnitudineque sicut in var. α, margine infero ipso glandulas minores, minus conspicuas in crenis abbreviatis v. loco earum gerentibus.

Var. γ. **Taubatensis** *Urb.* caulibus 2—4 mm crassis; foliis majoribus ovoideis v. ovatis 5—9 cm longis, 2,5—4 cm latis, duplo longioribus quam latioribus, saepius superne magis angustatis et basi obtusioribus; calyce usque 20 mm longo; caetera ut in var. β.

Caules hornotini simplices teretes v. manifeste angulato-striati. Folia utrinque pilis stellaribus abbreviatis, nunc ad radium unicum reductis, nunc intermedio elongato dense obsita v. subtus tomentosa, v. (in eodem specimine) praesertim inferiora plane glabra. Pedunculi postremo 0,7—2,5 *cm* longi, plus minus pubescentes; prophylla opposita v. subopposita lineari-subulata; pedicelli fructiferi 7—10, raro—15 *mm* longi, superne incrassati v. dilatati. Calyx extrinsecus tomentosulus v. breviter tomentoso-hirsutus, intus sub corona pilosulus, lobis exterioribus latiuscule v. ovato-lanceolatis acuminatis v. acutis, 3- v. 5-nervibus, interioribus ellipticis v. elliptico-lanceolatis, latissime membranaceo-marginatis, obtusis, nervo medio obsolete v. longe apiculatis. Petala calycem dimidio v. duplo et ultra superantia, nunc ad basin obscuriora, 18—30 *mm* longa, late obovato-cuneata, glabra, corona vix 1 *mm* longa usque ad v. supra medium fimbriato-lacera. Filamenta tubo vix v. usque 0,5 *mm* longe adnata, glabra, longiora er. 8 *mm*, breviora 3,5—4 *mm* longa; antherae clausae ovato-oblongae v. subrectangulares 3—4,5 *mm* longae, 1,3—1,6 *mm* latae, 2¹/₂—3-plo longiores quam latiores, apice obtusissimae v. truncatae, in ¹/₄—¹/₃ alt. affixae, basi in ¹/₈—¹/₁₀ alt. emarginatae, defloratae superne recurvatae v. revolutae. Styli glabri colorati, apice 0,5—2 *mm* longe iterum dividendo multifidi, ab antheris 2—4 *mm* distantes, longiores 5,5—6 *mm* longi, breviores divergentes vix 3 *mm* longi. Ovarium 60—140-ovulatum. Fructuum valvae dorso dense tuberculatae et breviter simpliciterque pilosae, viridi-flavescentes, intus lacunoso-impressae. Semina 2,3—2,5 *mm* longa, 1,2—1,3 *mm* crassa, elevatim reticulato-striata, hilo et chalaza vix prominulis, arillo amplo profunde lacero-fisso, ad apicem v. ultra ascendente, semen inferne circumcirca cingente.

Habitat var. α. in Brasiliae prov. Rio Grande do Sul: Gaudichaud n. 1304; loco non adnotato: Sello n. 3025, 3026. — Var. β. in Brasilia austro-orientali loco non addicto: Sello n. 2244; prope Buenos Aires: Tweedie n. 365. — Var. γ. in prov. S. Paulo inter Taubaté et Mugi in campis, m. Nov. flor.: Riedel s. n., Lund n. 1018; in Brasilia austro-orientali prope Fazenda do S. Ignacio: Sello n. 1567.

5. **Piriqueta rosea** *Urb.*, perennis, caulibus 15—30 *cm* longis, setulis secernentibus et pube stellari abbreviata dense vestitis; foliis 3—6 *mm* longe petiolatis, elliptico-oblongis v. oblongo-linearibus, 3—6 *cm* longis, 3—6-plo longioribus quam latioribus, tomentosis, plerumque integris subintegrisve et longitudinaliter plicatis, basi eglandulosis; floribus solitariis heterostylis; prophyllis nullis v. minutis; pedicellis postremo 10—12 *mm* longis; calyce 8—15 *mm* longo, in ¹/₃—¹/₅ alt. coalito; petalis roseis; fructibus ovatis, cr. 5,5 *mm* diametro, sub pube tuberculatis; seminibus rectis v. paullo curvatis, non tuberculatis.

Var. α. calyce 11—15 *mm* longo, in ¹/₃—¹/₄ alt. coalito; petalis 13—16 *mm* longis. — Pili secernentes crassitiem caulis subaequantes v. dimidio breviores; pedunculi postremo 1—2 *cm* longi; styli glabri, apice pauciramulosi.

Turnera rosea Camb.! in St. Hil. Flor. Bras. mer. II, 163 (225); Walp. Rep. II, 229.

Icon: St. Hil. Flor. Bras. mer. II, t. 123!

Var. β. **occidentalis** *Urb.* calyce 8—9 *mm* longo, in ¹/₃ alt. coalito; petalis 8 *mm* longis. — Pili secernentes crassitie caulis 4—6-plo breviores;

pedunculi postremo 0,5 *cm* longi; styli parce pilosi, brevius sed pluri-partiti.

Caules hornotini 1—pauci simplices 1,5—2,5 *mm* crassi, teretes v. angulato-striati. Folia 0,5—2 *cm* lata, apice obtusa, nunc superiora acutiuscula, basi acuta v. cuneata, margine plano integra v. antice obsoletissime et remotiuscule denticulata, raro inferiora manifeste serrato-dentata. Prophylla nulla v. usque ad 0,4 *mm* longa, subulata, sed inter pubem vix conspicua. Calyx extrinsecus flavido- v. rufo-tomentosus, intus sub corona glaber v. pilosulus, lobis lanceolatis v. lanceolato-linearibus, 3- v. 5-nervibus, acuminatis. Petala calycem paullo superantia, obovato-cuneata, glabra, corona 1—1,5 *mm* longa fimbriata v. dilacerata. Filamenta tubo 0,4—1 *mm* longe adnata, glabra, longiora 7—8 *mm*, breviora 4—4,5 *mm* longa; antherae clausae ovato-oblongae, 2,5 *mm* longae, 1—1,3 *mm* latae, 2—2$^{1}/_{2}$-plo longiores quam latiores, obtusissimae, dorso in $^{1}/_{4}$ alt. affixae et emarginatae, defloratae superne recurvatae v. revolutae. Styli non colorati, apice 1—1,5 *mm* longe flagellati, ab antheris 2—4 *mm* distantes, longiores 6—7 *mm* longi, breviores 2—3 *mm* longi. Ovarium 30—50-ovulatum. Fructus acutiusculus, cr. 8 *mm* longus; valvae dorso pilis stellaribus rufis v. pallide flavis, brevibus et longioribus tomentoso-hirsutae, nunc nonnullis secernentibus adjectis, intus stramineae glabrae. Semina oblonga, 3 *mm* longa, 1 *mm* crassa, fere 3-plo longiora quam latiora, inferne parum attenuata, postremo cinereo-brunnea, eleganter reticulato-striata, hilo conico parum v. manifeste progrediente, chalaza non prominente, arillo angusto usque ad medium ascendente.

Habitat in Brasiliae prov. S. Paulo prope Franca: St. Hilaire n. 1011; in campis prov. Minas Geraës: Riedel s. n.; in Brasilia australi prope S. Ignacio: Sello n. 1565. — Var. β. in Brasilia occidentali: Tamberlik. — Flor. et fruct. m. Oct.

6. **Piriqueta plicata** *Urb.*, fruticulosa, caulibus pube stellari brevissima flavo-velutinis, setulis deficientibus; foliis 2—4 *mm* longe petiolatis, angustissime lanceolato-linearibus, 4—5 *cm* longis, cr. 15-plo longioribus quam latioribus, longitrorsum plicatis, integris, stellari-velutinis, eglandulosis; floribus solitariis heterostylis; prophyllis nullis; pedicellis 3—5 *mm* longis; calyce 8 *mm* longo, in $^{2}/_{7}$—$^{1}/_{3}$ alt. coalito; petalis roseis v. violaceis; fructu globuloso, tuberculis sub tomento absconditis.

Icon: Urb. in Mart. Flor. Bras. XIII, III, t. 33 f. III.

Semimetralis. Rami virgato-elongati, in parte vetustiore glabri, griseo-nigrescentes, teretes, obsolete plicato-striati. Folia 2—3,5 *mm* lata, acuminata apice ipso obtusiusculo, inferne magis et valde paullatim in petiolum angustata. Pedunculi floriferi cr. 5 *mm* longi. Calyx extrinsecus tomentosus, intus sub corona parce pilosus, lobis anguste lanceolatis, 3- v. 5-nervibus, interioribus late membranaceo-marginatis, mucronatis. Petala calycem dimidia ejus longitudine superantia, obovato-cuneata, 10—11 *mm* longa, 6 *mm* lata, glabra, corona obscurius colorata usque supra medium fimbriato-lacera. Filamenta tubo imo cr. 1 *mm* longe adnata, glabra, breviora 3 *mm* longa; antherae clausae anguste ovatae, 1,5 *mm* longae, 0,7 *mm* latae, duplo longiores quam latiores, obtusae, in $^{1}/_{3}$ alt. affixae et emarginatae, effloratae superne recurvatae. Styli glabri, crassiusculi, inferne colorati, apice 0,5 *mm* longe multilobi, longiores 5 *mm* longi, antheras 2 *mm* superantes. Ovarium cr. 35-ovulatum. Fructus globulosus; valvae dorso densissime sericeo-tomentosae, intus flavescentes ad margines pilosulae.

Habitat in Brasiliae prov. Bahia, in sylvis Catingas dictis ad S. Antonio das Queimadas: Martius. — Flor. m. Aprili.

7. Piriqueta Duarteana *Urb.*, perennis, caulibus 15—60 *cm* longis, setulis secernentibus brevibus vestitis, nunc pube simplice brevissima et pilis stellaribus adjectis; foliis 2—10 *mm* longe petiolatis, ovatis, obovatis, subrhombeis v. oblongis, 2—6 *cm* longis, dimidio usque 3-plo longioribus quam latioribus, paene usque ad basin eglandulosam crenatis; floribus solitariis heterostylis; pedunculis subnullis usque 4 *cm* longis; prophyllis nullis v. brevissimis; pedicellis 4—11 *mm* longis; calyce 7—16 *mm* longo, in $^1/_4$—$^1/_5$ alt. coalito; petalis violaceis v. roseis v. albis cum venis purpurascentibus v. nigrescentibus, v. purpureis; fructu 5—7 *mm* diametro, dorso sub pube tuberculato; seminibus parum v. vix curvatis non tuberculatis.

Turnera Duarteana Camb.! in St. Hil. Flor. Bras. mer. II, 162 (223); *Walp. Repert. II, 229.*

Icon: Urb. in Mart. Flor. Bras. XIII, III, t. 32.

Caules 15—60 *cm* longi, 1,5—3 *mm* crassi, teretes v. superne angulato-striati, simplices v. ramosi, setulis crassitie caulis 2—6-plo brevioribus inaequilongis dense obsiti v. hispidi, pube alia brevissima tenui plerumque intermixta. Folia petiolis 5—10 *mm* longis, ovata, ovoidea v. subrhombea, rarius obovata, 2—4 *cm* longa, 1,2—2,5 *cm* lata, vix duplo longiora quam latiora, apice acuta v. obtusiuscula v. rotundata, basi obtusissima, rotundata, rarius subacuta, nunc lutescentia, nunc nigrescentia, supra pilis stellaribus tenuibus dense obsita, raro tomentosa, subtus eadem pubescentia v. flavido- v. albido-tomentosa, setulis saepe utrinque, subtus ad nervos, intermixtis. Pedunculi fructiferi subnulli v. usque ad 5 *mm*, raro —10 *mm* longi, plerumque patentes v. deflexi; prophylla nulla v. callo notata; pedicelli 4—8 *mm* longi. Calyx 11—13 *mm* longus, extrinsecus dense pubescens v. tomentosus et praeterea plerumque breviter hirsutus, intus sub corona breviter pilosus v. glaber, in $^1/_4$ alt. coalitus, lobis exterioribus lanceolatis acuminatis, interioribus oblongis, latiuscule membranaceis obtusiusculis, manifeste v. obsolete apiculatis, 3- v. 5-nervibus. Petala calycem parte $^1/_3$ v. fere duplo superantia, 12—18 *mm* longa, 8—9 *mm* lata, triangulari-obovata, inferne subcuneata, glabra, corona er. 1 *mm* longa, nunc obscurius colorata v. nigrescente. Filamenta tubo 0,5—1 *mm* longe adnata, glabra, longiora 6—8 *mm*, breviora 4—5 *mm* longa; antherae clausae oblongae v. ovato-ellipticae obtusissimae, 2—3 *mm* longae, 0,7—1,2 *mm* latae, 2—3-plo longiores quam latiores, in $^1/_3$—$^2/_5$ alt. affixae et emarginatae, effloratae superne recurvatae v. revolutae. Styli glabri, apice 0,5—1 *mm* longe flagellatim multipartiti, ab antheris 2—3 *mm* longe distantes, longiores 5—6 *mm*, breviores 2—2,5 *mm* longi et valde divergentes. Ovarium 40—60-ovulatum. Fructus 5—7 *mm* diametro, v. breviter ovatus et 8—10 *mm* longus, nunc acutus; valvae extrinsecus flavo-virides v. nigrescentes, setulis et plerumque etiam pilis tenuibus breviter hirsutae, intus stramineae v. ferrugineae, nunc ad placentam atropurpureae, glabrae. Semina obovata v. oblongo-cylindracea, 2—3 *mm* longa, 0,7—1 *mm* crassa, postremo badia, reticulato-striata, hilo breviter conico, nunc vix prominente, chalaza parum v. vix prominula, arillo plerumque amplo.

Habitat in Brasiliae prov. Minas Geraës, Goyaz, Bahia, Piauhy et Ceará: Blanchet n. 3750, Gardner n. 1665, 2417, 2615, 2878, 3749, 3750, Burchell n. 8049, Pohl n. 1888, 1929. — Flor. fere totum per annum.

Var. *β*. **chrysotricha** *Urb.*, praeter pubem brevem secernentem et aliam tenuissimam pilis aureis crassitiem caulis aequantibus v. superantibus et coronula stellari pallidiore circumdatis hirsuta.

Planta 15—30 *cm* alta. Folia 2—4 *mm* longe petiolata, ovalia v. obovata, 2—3 *cm* longa, 1,5—2 *cm* lata. Pedunculi fructiferi 1—1,5 *cm*, pedicelli 8—11 *mm* longi. Calyx 7—9 *mm* longus. Petala 10—13 *mm* longa, lobos calycinos duplo superantia. Semina obovata, 2—2,3 *mm* longa, 1—1,2 *mm* crassa.

Habitat in Brasiliae prov. Minas Geraës in graminosis Serra da Lapa m. Dec. fl. et fr.: Riedel n. 1121; in Serra do Vento: Sello n. 1564.

·Var. γ. **elongata** *Urb. et Rolfe*, foliis anguste ovatis v. oblongis, $2^1/_2$—3-plo longioribus quam latioribus, superioribus sensim decrescentibus, summis bracteiformibus vix 0,5 *cm* longis.

Caules usque 50 *cm* longi, pilis aureis crassitie caulis duplo brevioribus v. brevissimis obtecti, praeterea setulas secernentes gerentes. Folia 2—4 *mm* longe petiolata. Pedunculi 1,5—2 *cm*, pedicelli 6—8 *mm* longi. Calyx 11—15 *mm* longus in $^1/_3$ alt. coalitus. Petala 18—20 *mm* longa, lobos calycis v. calycem duplo superantia. Ovarium 70—100-ovulatum. Capsula 7—8 *mm* diametro. Semina vix 2 *mm* longa, 0,7 *mm* crassa, arillo angusto.

Habitat in prov. Pernambuco ad fl. S. Francisco in campis inter Bom Jardim et Cruz de Valerio: Martius n. 2420; in Piauhy prope Boa Esperanza: Gardner n. 2177, in collibus arenosis prope Aracaty: Gardner n. 1666. — Flor. Mart.-Jul.

Var. δ. **grandifolia** *Urb.* foliis ovatis v. ellipticis, 4—6 *cm* longis, 1,5—3 *cm* latis.

Praeter pilos secernentes et pubem tenuissimam breviter stellari-pubescens. Folia 5—7 *mm* longe petiolata, basi acuta v. breviter cuneata, apice obtusa v. rotundata. Pedunculi 3—4 *cm* longi; prophylla alterna 0,5—1 *mm* longa; pedicelli 5—7 *mm* longi. Calyx 14—16 *mm* longus, in $^1/_3$ alt. coalitus. Petala calycem dimidio superantia, 18—20 *mm* longa, rosea. Antherae juniores oblongo-lineares, dorso in $^1/_3$—$^1/_4$ alt. affixae. Stylorum flagellum 1—1,5 *mm* longum. Ovarium cr. 70-ovulatum.

Habitat in Boliviae prov. Chiquitos locis humidis m. Oct. et Nov. flor. et prope S. Ana et S. Rafael: Orbigny n. 1013, 1047, 1053.

Obs. Cl. Cambessèdes l. c. var. *rotundifoliam* „foliis minoribus, ovato-rotundatis, floribus luteis" ex prov. Minas Geraës descripsit; ad quam speciem haccce pertineat, in dubio haeret. (N. v.)

8. **Piriqueta Tamberlikii** *Urb.*, perennis, caulibus 24—45 *cm* altis, pilis stellaribus et secernentibus dense obtectis; foliis 3—5 *mm* longe petiolatis, lanceolatis, 4—8 *cm* longis, 1—2 *cm* latis, 3—4-plo longioribus quam latioribus, inaequaliter v. subduplicato-crenatis, eglandulosis; floribus solitariis heterostylis; pedunculis fructiferis 1,5—2,5 *cm* longis; prophyllis nullis, pedicellis postremo 8—10 *mm* longis; calyce 8—10 *mm* longo, in $^2/_7$—$^1/_4$ alt. coalito; petalis caeruleis; fructibus breviter trigono-globulosis, 7—8 *mm* crassis, dorso dense granulato-tuberculatis; seminibus parum curvatis, non tuberculatis.

Caules hornotini 1,5—3 *mm* crassi, inferne teretes striati, superne plus minus angulati, simplices, pilis stellaribus rufescentibus, quorum radius intermedius saepius elongatus est, sed crassitiem caulis non aequat, dense obtecti v. superne tomentosi, setulis in parte caulis superiore intermixtis. Folia apice acuta v. obtusiuscula, basi

5*

cuneata, margine plana, supra pilis stellaribus multi- et subaequaliradiis densissime obsita, subtus breviter tomentosula, superiora et inferiora sensim decrescentia. Pedunculi fructiferi erecto-patentes. Calyx extrinsecus pilis stellaribus et setulis dense tomentosus, intus glaber v. inferne pilis parcis obsitus, lobis oblongis v. lanceolatis, exterioribus sub-5-nervibus acutis, interioribus obtusis, omnibus nervo medio dorso sub apice corniculatis. Petala calycem v. lobos calycinos duplo superantia, 13—15 mm longa, 8—9 mm lata obovato-obtriangularia, ad basin sensim cuneato-angustata glaberrima, corona cr. 1 mm longa fimbriata. Filamenta tubo cr. 0,6 mm longe adnata, glabra, longiora 6—7 mm longa; antherae clausae 2—2,5 mm longae, inferne 0,8—1 mm latae, 2¹/₂-plo longiores quam latiores, rectangulari-ellipticae inferne paullo latiores, apice truncatae nunc obtuse obsoleteque apiculatae, in ¹/₄—¹/₃ alt. affixae, basi in ¹/₆ long. emarginatae, defloratae superne recurvatae, basi bicrures. Styli breviores 2,5 mm longi glaberrimi, superne 1—1,5 mm longe iterum dividendo multifidi, ab antheris 1—2 mm distantes. Ovarium 60—75-ovulatum. Fructus 6—7 mm longus; valvae dorso medio sulcatae, extrinsecus setulis et pilis stellaribus aequaliter atque breviter hirsutae, intus stramineae glabrae. Semina anguste obovata, 2,3—2,5 mm longa, 1—1,2 mm lata, duplo longiora quam latiora, postremo cinereo-nigrescentia, elevatim reticulato-striata, basi in hilum brevissimum depresso-semiglobosum contracta, chalaza non prominente, arillo amplo usque ad apicem ascendente.

Habitat in Brasilia occidentali: Tamberlik; inter Goyas et Cuynbá: Weddell n. 3039.

9. **Piriqueta viscosa** *Grisb.*, annua, caule 15—60 cm alto, setis secernentibus hirsuto et saepius pube tenuissima simplice vestito, pilis nonnullis rufescentibus multo longioribus adjectis; foliis 4—10 mm longe petiolatis, ovatis, oblongis v. lanceolatis, 2,5—5 cm longis, 0,7—2,2 cm latis, fere usque ad basin aequaliter crenatis, rarius serratis, eglandulosis; floribus solitariis homostylis; pedunculis 1,5—4 cm longis, prophyllis nullis; pedicellis prostremo 3—5 mm longis; calyce 5—10 mm longo, in ¹/₄—¹/₃ alt. coalito; petalis purpureis, caeruleis v. puniceis; fructibus 5—8 mm crassis longisque, obsolete v. manifeste tuberculatis; seminibus obsolete v. parum curvatis, non tuberculatis.

Piriqueta viscosa Grisb.! Cat. Cub. 114.
Turnera viscosa Saw.! Flor. Cub. (a. 1873) p. 55.

Caulis 15—40 cm altus, simplex v. inferne ramosus, ramis patentibus obsolete v. manifeste arcuatis, inferne 1—5 mm crassus, teres subteresve manifeste v. obsolete striatus, superne angulatus, pilis rufescentibus ad insertionem petioli obviis. Folia oblonga v. lanceolata, 0,7—1,5 cm lata, 2¹/₂-3-plo longiora quam latiora, apice acuta, rarius obtusiuscula, basi cuneato-angustata, plana, pilis brevibus stellaribus, nunc utrinque aequalibus pauciradiatis, nunc supra multis uniradiatis (simplicibus), plerumque laxiuscule obsita, pilis setiformibus nonnullis ad nervos medios subtus saepius adjectis. Pedunculi tenues, patentes v. erecto-patentes. Calyx 5—7 mm longus, intus glaber v. ad faucem parce pubescens, lobis lanceolatis v. oblongis, acuminato-mucronatis, 3- v. sub-5-nervibus. Petala calycem paullo v. dimidio superantia, pallide caerulea v. purpurea v. rubro-violacea, 5—8 mm longa, 3—4 mm lata, obovata, ad basin angustata, glabra, corona 0,5-1 mm longa, margine fimbriata. Filamenta tubo 0,5—0,8 mm longe adnata, 3—4 mm longa, glaberrima; antherae clausae breviter ovatae usque subquadratae, 0,7—1 mm longae, 0,6—0,8 mm latae, parum longiores quam latiores v. aequilongae, apice truncatae, in ²/₃ alt. v. paullo sub medio affixae et usque ad insertionem bicrures, defloratae superne recurvatae. Styli 2—3 mm longi glabri, apice 0,5—1 mm longo flagellatim multipartiti, antheras plane aequantes. Ovarium 35—55-ovulatum. Fructus globulosus, apice paene truncatus, 5—6 *mm* crassus, 4—5 *mm* longus; valvae dorso medio sulcatae, extrinsecus obsolete v. manifestius depresso-tuberculatae et breviter hirsutae, pallide flavescentes v. viridi-flavescentes, intus stramineae glabrae. Semina oblonga, 1,8—2 *mm* longa, 0,6—0,7 *mm* crassa, 3-plo longiora quam latiora, inferne parum attenuata, flavida v. postremo brunnescentia, eleganter reticulato-striata, basi in hilum brevissimum semiglobosum valde contracta, chalaza non v. vix prominente.

Habitat in Brasiliae prov. Rio de Janeiro, Bahia et Piauhy: Glaziou n. 6854, Riedel n. 145, 1177, 1488, Sello n. 203, Claussen n. 1970, Gardner n. 2416; in Guiana Gallica: Sagot n. 1232 et alii, Anglica: Jenman n. 292; in Venezuela: Moritz; in ins. S. Thomas: Eggers n. 749; in ins. Cuba: Wright n. 367, 2608. — Floret totum annum.

Subspec. b. **Piriqueta australis** *Urb.* partibus floralibus multo majoribus; antheris $2^1/_2$-plo longioribus quam latioribus, ovato-ellipticis.

Folia pilis multiradiatis crebrioribus v. creberrimis obsita. Calyx 9—10 *mm* longus. Petala calycem fere duplo superantia, 10—14 *mm* longa, 7—10 *mm* lata, punicea obtriangulari-cuneata, apice obtusissimo crenulata. Filamenta 4—5 *mm* longa; antherae juniores 2,5 *mm* longae, 1—1,3 *mm* latae, in $^1/_4$—$^1/_3$ alt. affixae. Styli 3—3,5 *mm* longi. Fructus 6—9 *mm* longi, dorso manifeste tuberculati. Semina elliptico-oblonga, 2—2,5 *mm* longa, 0,8—1 *mm* crassa, $2^1/_2$-plo longiora quam latiora, striis magis prominentibus, hilo obtusissimo vix prominulo.

Habitat in Paraguay m. Apr. et Maio flor. et fruct.: Weddell n. 3253, in collibus incultis prope S. Salvador: Balansa n. 2339, in regione lapidosa in dorso montis Cerro de Yaguaron porrecta m. Jan. fruct.: Balansa n. 2339ª.

Subspec. (?) c. **Piriqueta Tovarensis** *Urb.* foliis inferioribus ovatis v. ovato-oblongis; seminibus breviter ovatis, vix dimidio longioribus quam latioribus.

Caulis verisimiliter supra 60 *cm* altus, pilis paucis elongatis rufescentibus aequaliter ad internodia intermixtis. Folia inferiora 1,5—2,2 *cm* lata, 2-plo longiora quam latiora, pilis paginae superioris fere omnibus simplicibus. Semina non v. obsolete curvata 1,5 *mm* longa, 1 *mm* crassa, striis magis prominentibus, areolis majoribus, hilo obtusissimo vix prominente, arillo latiore. (Flores non observati.)

Habitat in Venezuela prope coloniam Tovar: Fendler n. 115.

10. **Piriqueta aurea** *Urb.*, suffruticosa v. perennis, caulibus 10—20, raro—35 *cm* longis, pilis basi stellaribus, raro simplicibus, aureis hirsutissima, nunc pube brevissima simplice pallida adjecta, setis secernentibus nullis; foliis subsessilibus v. 4—1 *mm* longe petiolatis, ovatis usque oblongis, 2,5—7 *cm* longis, 1,5—3 *cm* latis, crenatis v. crenato-serratis, eglandulosis; floribus solitariis heterostylis; pedunculis 2—3 *cm* longis, prophyllis nullis; pedicellis 6—10 *mm* v. fructiferis—15 *mm* longis; calyce 14—28 *mm* longo, in $^1/_4$—$^1/_5$ alt. coalito; petalis carneis roseisve; fructibus 10—15 *mm* longis, 6—9 *mm* crassis, dorso tuberculatis; seminibus rectis subrectisve, non tuberculatis.

Turnera aurea Camb.! in St. Hil. Flor. Bras. merid. II, 164 (226), Walp. Repert. II, 229.

Quiabinho do campo *incolis Lagoënsibus.*

Icon: Urb. in Mart. Flor. Bras. XIII, III, t. 34.

Caules e caudice usque 1 cm et ultra crasso lignoso plures simplices, 1,5—3 mm crassi, teretes et striati v. compressiusculi v. angulati, pilis plerumque pluribus e tuberculis prodeuntibus et aut omnibus subaequilongis diametrum caulis aequantibus v superantibus patentibus, aut intermediis tantum, caeteris autem pluries brevioribus pallidioribus stellatim expansis. Folia superiora saepius oblongo-lanceolata v. lanceolata, inferiora valde decrescentia, intermedia 2-3¹/₂-plo longiora quam latiora apice et basi acuta v. rotundata, crenis plus minus manifestis v. evidenter subduplicatis, hirsuta, pilis saepius, praesertim inter nervos secundarios, simplicibus. Calyx extrinsecus hirsutissimus, intus praeter pilos breves nunc ad petala adnata obvios glaber, lobis lanceolato-linearibus, 3- v. sub-5-nervibus. Petala calycem parte ejus ¹/₂ superantia usque duplo longiora, venis et basi atropurpureis, obovato-cuneata, apice obtusissima, quoad libera 20—40 mm longa, 12—20 mm lata, glaberrima, corona atropurpurea 1—1,5 mm longa. Filamenta tubo 0,5—1 mm longe adnata, glaberrima, longiora 8—11, breviora 5—8 mm longa; antherae clausae oblongae usque lineares, 3—5 mm longae, 1,2—1,5 mm latae, 3—5-plo longiores quam latiores, apice truncatae, nunc obsoletissime apiculatae, basi emarginatae, dorso in ¹/₁—¹/₃ alt. affixae, defloratae inferne bicrures, superne ligulatae, recurvatae v. revolutae. Styli glaberrimi, apice cr. 1 mm longe fasciculatim multipartiti, stigmatibus ab antheris 2—4 mm longe distantibus, longiores 6—9, breviores 3—5 mm longi. Ovarium cr. 100-ovulatum. Fructus ellipticus usque ovato-globosus; valvae intus viridi-flavescentes et superne praesertim ad marginem pilosulae. Semina obovata v. subanguste obovata, 2—2,3 mm longa, 1—1,3 mm crassa reticulato-lacunosa, postremo brunnea, hilo brevissimo, chalaza non v. obsolete prominente.

Habitat in Brasilia in pascuis et campis prov. Minas Geraës: Riedel n. 668, 794, 2538, Sello n. 1569, Pohl n. 433, Claussen n. 117, Reynell I n. 17, St. Hilaire et alii — Flor. mox post camporum cremationem Jul.—Nov.

11. **Piriqueta nitida** *Urb.*, perennis, caulibus 15—25 cm longis, setulis secernentibus crassitiem caulis vix aequantibus v. brevioribus patentibus et pube brevissima falcato-incurva obsoleta vestitis, pilis stellaribus deficientibus; foliis sessilibus v. vix 1 mm longe petiolatis, erectis rigidis, utrinque nitidis ovalibus v. ovali-orbicularibus, intermediis 1,5—1,8 cm longis, antice v. apice plus minus manifeste serratis, subglabris, eglandulosis; floribus axillaribus solitariis heterostylis; pedunculis 6—15 mm longis, prophyllis subobsoletis, pedicellis 4—6 mm longis; calyce 7—8 mm longo, in ¹/₃ alt. coalito; petalis aurantiacis; fructibus dorso verrucosis; seminibus parum v. obsolete curvatis, non tuberculatis.

Icon: Urb. in Mart. Flor. Bras. XIII, III, t. 33, f. 1.

Caules hornotini 1—pauci, supra basin 0,7—1,2 mm crassi, simplices, inferne subteretes, superne subcompresso-angulati. Folia apice acuta v. obtusiuscula, basi obtusa v. rotundata, intermedia 0,9—1,4 cm lata, parte ¹/₃—¹/₂ longiora quam latiora, ad basin caulium et apicem parum et sensim decrescentia, valde nervosa. Calyx extrinsecus breviter hirsutus, intus puberulus, lobis lanceolatis v. lineari-lanceolatis, obtusiuscule acuminatis, 3- v. sub-5-nervibus. Petala 10 mm longa inferne cuneata, glaberrima, corona 0.5—1 mm longa margine fimbriato-lacera. Filamenta tubo 0,5—0,8 mm longe adnata glaberrima, breviora 4 mm, longiora 6,5 mm longa; antherae postremo superne revolutae. Ovarium 10—18-ovulatum. Fructus globulosus, 5—6 mm diametro;

valvae dorso flavido-virides hirsutae, intus stramineae glabrae. Semina parca obovato-oblonga, inferne fere duplo attennata, 2,3 *mm* longa, 1 *mm* crassa, eleganter reticulato-lacunosa.

Habitat in prov. Minas Geraës Serra da Chapada m. Sept. fructif.: Riedel n. 1141.

Obs. Species *Turnerae Hilaireanae* var. *minorem* caeterum omnino diversam habitu, praesertim foliis aemulat.

12. **Piriqueta Caroliniana** *Urb.*, plerumque perennis, pube stellari et simplice, nunc deficiente vestita, foliis inferioribus 1—10 *mm* longe petiolatis, obovatis, oblongis usque linearibus, 2—8 *cm* longis, eglandulosis; floribus axillaribus solitariis heterostylis; prophyllis nunc evolutis, sed minutis; pedicellis 4—9 *mm* longis; calyce 6—12 *mm* longo, in $^2/_7$—$^1/_3$ alt. coalito; petalis calycem duplo et ultra superantibus flavis; fructibus dorso laevibus; seminibus parum curvatis, non tuberculatis.

Walteria Caroliniana Walter Flor. Carol. 175.
Turnera cistoides Pursh Flor. Amer. sept. I, 206; Torr. et Gray!
Flor. of North-Am. I, 537 — non Linn.
Piriqueta fulva Chapman Flora of the South. Un. States 146.
Turnera Caroliniana Wats. North Amer. Botany I, 391.
Turnera xanthotricha sive zanthotricha Shuttleworth Msc.!

Perennis. Caules hornotini 15—60 *cm* alti, 1—3 *mm* crassi, simplices, raro inferne ramosi, obsolete v. manifestius striati, pilis aureis v. rufis patentibus, in parte caulis inferiore v. in intermedia quoque crassitiem caulis aequantibus v. duplo superantibus creberrimis, simplicibus v. hinc illinc basi coronula pilorum tenuium pallidiorum auctis, in superiore brevioribus parcioribus v. plerisque ad coronulam stellarem reductis hirsuti, pube minutissima crispula albida simplice intermixta, gemmis serialibus nullis. Folia petiolis inferioribus usque ad 3 *mm* longis, superioribus decrescentibus, subnullis nullisve praedita, anguste obovata, elliptico-oblonga usque oblongo-lanceolata, majora 2,5—5 *cm*, raro—7 *cm* longa, 0,6—2 *cm*, raro—2,5 *cm* lata, 2$^1/_3$—4-plo longiora quam latiora, apice obtusa v. acuta, basi plerumque cuneata, raro rotundata, margine plano v. subrecurvato integra v. apice v. usque supra medium crenata, rarius serrata, crenis simplicibus, anticis confertioribus et saepius acutis, utrinque pilis stellaribus pluriradiatis tenuibus dense obsita v. subtus tomentosa, aliis elongatis et crassioribus, nunc simplicibus, nunc basi radiatis, subtus praesertim ad nervos, intermixtis, superiora sensim v. subito minora et ad bracteas conferte v. laxe disposita saepius acuminata 1—0,3 *cm* longas reducta. Pedunculi fructiferi 0,5—1,5 *cm* (raro—3 *cm*) longi; prophylla nulla, callis notata v. evoluta usque ad 1 *mm* longa, lineari-subulata, opposita v. alterna; pedicelli postremo 4—6, raro usque 9 *mm* longi. Calyx 7—12 *mm* longus, extrinsecus tomentosus, pilis longioribus plus minus crebris plerumque adjectis, intus sub corona pilosus v. plane glaber, in $^2/_7$—$^1/_3$ alt. coalitus, lobis exterioribus lanceolatis v. ovato-lanceolatis acutis v. acuminatis, interioribus ovatis v. ellipticis late membranaceis, obtusis, nervo medio nunc obsolete producto apiculatis, 3- v. sub-5-nervibus. Petala 12—18 *mm* longa obovato- v. obtriangulari-cuneata glabra. Filamenta tubo 0,4—1 *mm* longe adnata, glabra, longiora 7—8 *mm*, breviora 4—5 *mm* longa; antherae clausae ovatae v. oblongae, 2—3 *mm* longae, cr. 1 *mm* latae, 2—3-plo longiores quam latiores, obtusae v. truncatae, in $^1/_4$—$^2/_5$ alt. affixae et emarginatae, effloratae superne recurvatae v. revolutae. Styli glabri, longiores 5—7 *mm* longi, antheras 2—3 *mm* superantes, supra partem $^1/_3$—$^2/_4$ inferiorem bifidi, apice 0,5—1 *mm* longe fasciculato-multipartiti, breviores

2—3 *mm* longi, ab antheris 2—3 *mm* distantes, supra partem $^1/_4$—$^2/_3$ bifidi. Ovarium 25—50-ovulatum. Fructus globulosus usque ellipticus, 4—8 *mm* diametro, 5—7 *mm* longus; valvae dorso pilis parcis v. crebris, erectis v. adpressis, brevibus v. longioribus, simplicibus vestitae, viridi-flavescentes, intus glabrae stramineae. Semina obovata v. anguste obovata, 2—2,3 *mm* longa, 1 *mm* crassa, duplo longiora quam latiora, inferne attenuata, postremo brunnea, reticulato-striata, striis suberoso-incrassatis punctula postremo cuticula cinerascente obtecta relinquentibus, basi valde in hilum semiglobosum breve v. vix prominulum contracta, chalaza vix v. parum prominula solida.

Habitat in Americae septentrionalis civitatibus unitis a Carolina septentrionali usque ad Florida; vidi e Carolina australi, e Georgia in arenosis graminosis prope Savannah: Beyrich, e Florida in campis siccis prope S. Marks et Talhahassee: Rugel, prope Spring Garden in pinetis: Rugel n. 253, locis siccis arenosis prope Jacksonville: Curtiss n. 960; flor. et fruct. m. Maio-Julio; praeterea in Brasiliae prov. Goyaz locis umbrosis Serra de Natividad, m. Dec. flor. et fruct.: Gardner n. 3195.

Var. β. **tomentosa** *Urb.* caulibus foliisque pilis stellaribus tantum exasperatis, foliis rigidioribus.

Piriqueta tomentosa Chapman Flora of the South. Un. States 147 — non H. B. K.

Turnera tomentosa Wood Bot. et Fl. 129 — non H. B. K. nec Willd.

Habitat in Florida australi prope Miami: Blodgett.

Var. γ. **integrifolia** *Urb.*, annua v. perennis, caulibus pilis stellaribus aureis, quorum radius intermedius saepius elongatus est et crassitiem caulis plerumque adaequat, aequaliter obsitis v. hirsutis, foliis lineari-bus integris v. imis antice obsolete crenulatis.

Turnera integrifolia Willd.! Msc. in Schult. Syst. Veg. VI, 679 et Herb. n. 6089!; DC. Prodr. III, 348.

Turnera cistoides (?) Trian. et Planch.! Prodr. Flor. Novo-Granat. in Ann. des sc. nat. XVII, 189, — non aliorum.

Folia inferiora et intermedia 2—5 *cm* longa, 0,2—4 *cm* lata, 8—16-plo longiora quam latiora, margine recurvata, obtusa v. obtusiuscula, supra pilis stellaribus obsita, subtus tomentosa, rigida, nervo medio supra impresso, caeteris supra non conspicuis, suprema angustissime linearia v. lineari-subulata, acuta, margine revoluta. Calyx 7—8 *mm* longus. Petala 10 *mm* longa.

Habitat in Brasiliae prov. Piauhy ad fines Ceará m. Febr. flor.: Gardner n. 2178; in prov. Mato Grosso m. Jun. flor.: Riedel n. 1470; in Venezuela prov. Carabobo prope Montalban m. Jun. flor.: Spruce n. 3645; in Novae Granatae Llanos prope S. Juan m. Dec. flor.: Goudot n. 2.

Var. δ. **glabra** *Urb.* caulibus foliisque glabris, foliis inferioribus oblongo-linearibus antice crenulatis.

Turnera glabra DC.! Prodr. III, 347.

Piriqueta glabra Griseb.! Cat. Cub. 285; Chapman Flora of the South. Un. States 147.

Folia inferiora 3—5,5 *cm* longa 0,1—0,5 *cm* lata, 7—20-plo longiora quam latiora, apice obtusiuscula, basi sensim cuneato-angustata, margine plana v. subrecurvata, intermedia anguste lanceolato-linearia, 5—6 *cm* longa, 12—20-plo longiora quam latiora, acuta, saepius integra, superiora sensim v. celeriter decrescentia, linearia v. lineari-subulata, summa 0,3—0 2 *cm* longa. Calyx 6—9 *mm* longus, extrinsecus tomentosus. Petala 15 *mm* longa. Styli supra partem $^1/_2$—$^4/_5$ inf. bifidi. Semina 1,5 - 1,7 *mm* longa, 0,7—0,8 *mm* crassa.

Habitat in Hayti: Bertero; in Cuba: Wright n. 2609 pr. parte; in Florida australi prope Miami: Blodgett.

Var. ε. **exasperata** *Urb.* caulibus foliisque pilis stellaribus abbreviatis exasperatis; caetera ut in var. δ.

Habitat cum var. δ. in Hayti: Bertero; in Cuba: Wright n. 2609 pr. parte, 1198.

Var. ζ. **Jacobinae** *Urb.* caulibus usque ad apicem pilos parcos flavido-albescentes elongatos simplices v. basi coronula minutissima radiante circumdatos gerentibus, foliis inferioribus oblongo-lanceolatis v. lanceolatis, antice inaequaliter v. subduplicato-crenatis.

Caules inferne ramosi, gemmis serialibus inter caules et ramos conspicuis, sed minutis, inter caules et pedunculos jam sub anthesi valde manifestis. Folia inferiora longiuscule (usque 1 *cm* longe) petiolata, 7—8 *cm* longa, 2—2,5 *cm* lata, 3—4-plo longiora quam latiora, margine plana, nervis utrinque prominentibus, supra pilis pauciradiatis scabrida, subtus pilis multi- et aequiradiis densius obsita v. albido-tomentosula, superiora sensim minora, praesertim angustiora lineari-lanceolata subintegra. Pedunculi fructiferi 1,5—2 *cm* longi. Calyx 8—9 *mm* longus. Petala cr. 16 *mm* longa. Styli inferne plus minus pilosi supra partem $^1/_4$—$^1/_3$ inferiorem bifidi. Semina 1,5—1,7 *mm* longa, 0,8 *mm* crassa.

Habitat in Brasiliae prov. Bahia in Serra Jacobina: Blanchet n. 2708.

13. **Piriqueta cistoides** *Meyer*, annua, pube stellari et alia simplice tenuissima nunc deficiente, nunquam secernente vestita; foliis inferioribus 1—10 *mm* longe petiolatis, ovatis usque lineari-lanceolatis, 3—8 *cm* longis, eglandulosis; floribus axillaribus solitariis homostylis; prophyllis rarissime evolutis et tum minutis; pedicellis 3—6 *mm* longis; calyce 4—9 *mm* longo, in $^1/_2$—$^1/_3$ alt. coalito; petalis calycem vix aequantibus v. fere duplo superantibus flavis; fructibus dorso laevibus; seminibus parum curvatis, non tuberculatis.

Var. α. **genuina** *Urb.* caule 15—40 *cm* alto rufo- v. aureo-pubescente, foliis inferioribus 1—5 *mm* longe petiolatis, oblongis, lanceolatis v. lineari-lanceolatis, 0,3—1,5 *cm* latis, 3$^1/_2$—10-plo longioribus quam latioribus, prophyllis non evolutis, calyce 5—7 *mm* longo, petalis 6—9 *mm* longis, calycem parum v. dimidio superantibus, filamentis 3—5 *mm* longis, stylis 1,5—3,5 *mm* longis antheras aequantibus.

Piriqueta cistoides Meyer ex Steud. Nomencl. II ed. II, 724; Griseb.! Flor. Brit. West-Ind. Isl. 298.

Turnera cistoides Linn.! Spec. 387; Willd. Spec. Plant. I, 1505 et Herb. n. 6085!; Poir.! in Lam. Encycl. VIII, 144; DC. Prodr. III, 347.

Turnera hirta Willd. Msc. in Schult. Syst. Veg. VI, 678 et Herb. n. 6079!; DC. Prodr. III, 348.

Piriqueta lanceolata Benth.! *in Hook. Journ. of Bot. IV, 117; Walp. Rep. II, 230.*

Piriqueta ionidioides A. Rich. *in Sagra Flor. Cub. II, 605.*

? Turnera (Piriqueta??) nov. spec.?? Schlecht. in Linnaea XIII, 405; Walp. Rep. II, 230.

Turnera hirsuta Bertero *Msc. ex DC. l. c.*

Chamaecistus caule hirsuto, folio oblongo angusto sinuato, flore luteo pediculo insidente Sloan. *Cat. 87 et Jam. Hist. I, 202 t. 127 f. 7! et Herb. vol. IV, fol. 6!*

Turnera hispida, pedunculo axillari, geniculato Plum. *Plant. Amer. ed. Burm. p. 141.*

Icones: Sloane Jam. Hist. I, t. 127, f. 7!; Plum. l. c. t. 150, f. 1!; Urb. in Mart. Flor. Bras. XIII, III, t. 35 f. I.

Variat foliis superioribus (florigeris) sensim et parum v. subito et magis decrescentibus, pilis patentibus crassitiem caulis superantibus, aequantibus v. brevioribus, basi simplicibus v. plerumque coronula pilorum stellarium brevissimorum tenuium pallidiorum auctis, nunc valde abbreviatis et ad pubem stellarem reductis, praeterea:

Var. β. **ramosissima** *Urb.* caule ter et pluries ramoso, 40—60 cm alto, inferne glabrescente.

Var. γ. **glabrescens** *Urb.* caule foliisque glaberrimis, capsula glabra subglabrave.

Var. δ. **bracteolata** *Urb.* prophyllis evolutis 0,5—1,5 mm longis, lineari-subulatis v. lanceolatis.

Piriqueta longifolia Bello y Espinosa *in Anal. de la Soc. Esp. de Hist. Nat. X (1880) p. 275 ex ic. in Msc. (nomen solum).*

Var. ε. **micrantha** *Urb.* petalis calycem 4 mm longum usque ad medium gamophyllum vix aequantibus 2 mm longis, filamentis 2 mm, stylis 1 mm longis.

Turnera helianthemoides Camb.! *in St. Hil. Flor. Bras. mer. II, 162 (224); Walp. Rep. II, 229.*

Var. ζ. **macrantha** *Urb.* petalis calycem 6—9 mm longum fere duplo superantibus 9—12 mm longis, stylis 3,5—4 mm longis, antheras 1,5—2 mm longe superantibus.

Var. η. **foliosa** *Urb.* caule 60—100 cm alto, foliis anguste ovato-oblongis v. oblongo-lanceolatis, majoribus 0,7—1,5 cm latis, creberrimis et fere omnibus subaequalibus imbricatisque.

Piriqueta foliosa Garcke! *in Linnaea XXII, 63; Walp. Ann. II, 658.*

Var. ϑ. **latifolia** *Urb.* caule robustiore, postremo 35—60 cm alto, foliis inferioribus 4—10 mm longe petiolatis, ovato-acuminatis v. elliptico-oblongis v. ovato-lanceolatis, raro lanceolatis, 1,5—3 cm latis, $2^1/_2$—$3^1/_2$-

plo longioribus quam latioribus, fere semper profundius et plerumque irregulariter v. duplicato-crenatis v. eroso-dentatis.

Piriqueta villosa Aubl.! Guian. I, 298; DC. Prodr. III, 348.

Turnera villosa Raeusch. Nomencl. bot. III ed. p. 86.

Turnera rugosa Willd.! Spec. I, 1504; Poir. in Lam. Encycl.VIII, 145.

? Turnera aspera Poir. in Lam. Encycl. VIII, 144 (caule pilis stellaribus abbreviatis aspero); DC. Prodr. III, 348.

Burcardia villosa Gmel. Syst. Nat. II, 514.

Turnera tomentosa Willd. Msc. in Schult. Syst. Veg. VI, 678 et Herb. n. 6086! — non Il. B. K.

Piriqueta tomentosa H. B. K.! Nov. Gen. VI, 128; DC. Prodr. III, 348.

Turnera Aturensis D. Dietr. Syn. Plant. II, 1008.

Piriqueta stenophylla Klotzsch! Msc. in Rich. Schomb. Faun. u. Flor. Brit. Guian. 1166.

Icones: *Aubl. l. c. t. 117!; Urb in Mart. Flor. Bras. XIII, III, t. 35 f. 11.*

Caulis inferne 1,5—4, raro—7 *mm* crassus, simplex v. usque supra medium ramosus, ramis suberectis, patentibus v. horizontaliter divaricatis et apice arcuatim sursum curvatis, teres, inferne obsolete, superne manifestius striatus v. subangulatus. Folia apice acuta v. obtusiuscula, basi longe v. breviter cuneata, rarius obtusa v. rotundata, margine plano subplanove subintegra, remote et obsolete v. undulato-crenulata, manifeste crenata, raro serrata, crenis nunc inaequalibus v. subduplicatis, utrinque pilis stellaribus pauci- vel multiradiatis tenuibus, quorum radius intermedius interdum hinc illinc crassior et elongatus est (subtus praesertim ad nervos), laxe v. dense obsita v. subtus tomentosa. Pedunculi tenues, fructiferi 0,5—3 *cm* longi erecto-patentes. Calyx extrinsecus tomentosus, intus sub corona pilis parcis obsitus v. glaber, lobis ovatis, oblongis v. lanceolatis, raro subrotundatis, exterioribus acuminatis, interioribus obtusiusculis v. obtusis, nervo medio brevissime v. obsolete producto apiculatis, 3- v. sub-5-nervibus. Petala obovata v. triangulari - obovata, inferne cuneata, glabra, corona vix 0,5 *mm* longa. Filamenta tubo imo 0,3—0,5 *mm* longe adnata, glabra; antherae clausae subquadrato-ovatae usque oblongae, 0,5—1,8 *mm* longae, 0,4—0,8 *mm* latae, paullo usque fere 3-plo, plerumque 2-plo longiores quam latiores, apice truncatae v. subemarginatae, in ¹/₃—²/₃ alt.affixae et emarginatae v. bicrures, effloratae superne recurvatae. Styli glabri v. rarius inferne parce pilosi, paullo supra basin v. raro a medio dichotomi, superne v.ad apicem iterum dividendo multipartiti. Ovarium 30—50-ovulatum. Fructus trigono-ovatus v. -ellipticus, raro subglobosus, 4—7, raro — 9 *mm* longus, 3—5, raro —7 *mm* crassus; valvae medio dorso manifeste v. obsolete sulcatae, extrinsecus breviter et simpliciter pilosae, flavescentes v. viridi-flavescentes, intus glabrae stramineae, nunc impresso-reticulatae. Semina obovata v. rarius obovato-oblonga, 1,4—1,8 *mm* longa, 0,6—0,9 *mm* crassa, dimidio v. duplo longiora quam latiora, inferne plus minus attenuata, flavida v. postremo brunnea v. nigrescentia, reticulato-striata, striis suberoso-incrassatis, punctula inter sese relinquentibus, hilo semigloboso-prominente, nunc vix prominula, chalaza non v. obsolete v. raro manifeste tuberculato-prominente solida, arillo valde angusto.

Habitat var. α. in Cuba: Wright n. 365, 2609 ex parte, in Jamaica: Wullschlaegel n. 1368, in Hayti: Bertero et alii, in Portorico: Eggers n. 650, in Antigua: Wullschlaegel n. 243, in Guadeloupe: Duchassaing, in Dominica: Eggers n. 949, in Martinique: Hahn n. 648, 1554, in S. Lucia: Anderson; in Mexico: Galeotti n. 7038,

Berlandier n. 62: in Panama: Duchassaing; in ins. Trinidad: Sieber n. 138; in Guiana: Rich. Schomburgk n. 830, Rob. Schomburgk: n. 127, Wullschlaegel n. 221, Kappler n. 1875; in Brasiliae prov. Pará, Alto Amazonas, Minas Geraës, S. Paulo et Rio de Janeiro: Trail n. 350, Pohl n. 2408, Weddell n. 135, 2411, 2485, Martius n. 561 et alii. — Var. β. in Brasiliae prov. Goyaz: Burchell n. 8905, 9082. — Var. ;. in Jamaica: Wullschlaegel n. 844. — Var. δ. in Surinam: Hostmann n. 265, in Portorico ex Bello. — Var. ε. in Brasiliae prov. Goyaz: St. Hilaire. — Var. ζ. in Brasiliae prov. Bahia: Martius. — Var. η. in Surinam: Kegel n. 110, Wullschlaegel n. 221. — Var. ϑ. in insula Trinidad: de Rohr, in Venezuela: Bonpland n. 886, in Guiana: Rob. Schomburgk n. 189, Rich. Schomburgk n. 370, Kappler n. 1452, Wullschlaegel n. 219, 220, 1477, Hostmann n. 169, 943; in Brasiliae prov. Pará, Alto Amazonas et Goyaz: Poeppig n. 2829, 2856, Pohl n. 2351, Trail n. 352, Burchell n. 7570. — Flor. totum per annum.

14. **Piriqueta ovata** Urb.

, annua, caule 10—35 cm alto, pilis aureis v. rufescentibus, crassitiem caulis aequantibus v. dimidio superantibus basi plerumque coronula pilorum stellarium pluries minorum circumdatis hispido, pube simplice tenuissima albida intermixta, setulis deficientibus; foliis 1,5—7 mm longe petiolatis, ovatis, raro ovato-oblongis, vix duplo longioribus quam latioribus eglandulosis; floribus homostylis, ex axillis euphyllorum solitariis; prophyllis nullis; pedicellis fruct. 3—4 mm longis; calyce 6—7 mm longo, in ²/₃—¹/₃ alt. coalito; petalis luteis; fructibus dorso laevibus; seminibus obovato-oblongis, sed arcuato-curvatis, nodis reticuli gibberoso-elevatis.

Turnera ovata Bello y Espinosa! in Anal. de la Soc. Esp. de Hist. Nat. X (1881), 275.

Caulis inferne 1,5—3 mm crassus, teres, obsolete striatus. Folia basi obtusissima v. rotundata, apice acuta v. obtusa, majora 2,5—4 cm longa, 1,3—2,4 cm lata, paene usque ad basin irregulariter v. subduplicato-crenata, margine non recurvata, nervis supra manifeste impressis et pilis stellaribus aequaliter inspersa v. velutina, subtus plerumque dense tomentosa, superiora sensim decrescentia. Pedunculi fructiferi 1,5—3,5 cm longi v. supremi breviores, pube caulium, sed plerumque parciore; pedicelli densius hirsuti. Calyx extrinsecus stellari-tomentosus, intus in tubo brevissime pilosulus v. subglaber, lobis lanceolatis obtusiusculis v. obtusis, saepius mucronatis, 3- v. sub-5-nervibus. Petala calycem dimidio v. ultra superantia, inferne latiuscule cuneata, usque ad 10 mm longa, glaberrima, corona 0,5—0,8 mm longa fimbriato-lacera. Filamenta tubo imo cr. 0,8 mm longe adnata, 4—4,5 mm longa, glaberrima; antherae clausae elliptico-oblongae superne parum angustiores, 2 mm longae, 0,7—0,8 mm latae, 2¹/₂-plo longiores quam latiores, obtusissimae, in ¹/₄ alt. affixae, defloratae superne recurvatae, cruribus patentibus. Styli 1,5—2 mm longi glabri v. parce pilosuli, apice cr. 0,5 mm longe fasciculatim multipartiti, antheras attingentes v. longitudine adaequantes. Ovarium cr. 50-ovulatum. Fructus elliptico-globosus v. globulosus, 6—9 mm longus; valvae dorso pallide v. flavescenti-virides, pilis erectis simplicibus nitidis satis crebris obsitae, intus flavido-virides v. flavescentes. Semina 2 mm longa, superne 0,8—0,9 mm crassa, inferne paullo attenuata, nigrescentia, striis incrassatis, postremo inter sese punctula impressa relinquentibus, in hilum brevissimum conicum subinflexum valde contracta, chalaza non v. vix prominente.

Habitat in insula S. Domingo: Bertero, C. Ehrenberg n. 42; in Portorico: Krug.

15. **Piriqueta racemos**a *Sweet*, annua, caule 30—60 *cm* alto, pilis aureis .v. rufescentibus, crassitiem caulis aequantibus v. duplo superantibus, basi plerumque coronula pilorum stellarium pluries minorum circumdatis hispido, pube simplice tenuissima albida plus minus densa intermixta, setulis deficientibus; foliis inferioribus 10—20, raro—40 *mm* longe petiolatis, ovatis usque lanceolatis, 2—3-plo longioribus quam latioribus eglandulosis; floribus heterostylis, in racemum terminalem superne aphyllum collectis; prophyllis nullis; pedicellis fruct. 3 -5 *mm* longis; calyce 4,5—8 *mm* longo, in $^2/_5$—$^1/_3$ alt. coalito; petalis luteis v. aurantiacis; fructibus dorso laevibus, nunc obsolete reticulato-impressis; seminibus obovato-oblongis, sed arcuato-curvatis, nodis reticuli gibberosis.

Piriqueta racemosa Sweet ex Steud. Nomencl. II ed. II, 724.

Turnera racemosa Jacq. Hort. Vindob. III, 49; Willd. Spec. Plant. I, 1505 et Herb. n. 6090!; DC. Prodr. III, 348 (excl. patria); Camb.! in St. Hil. Flor. Bras. merid. II, 163.

Icon: *Jacq. l. c. III t. 94!*

Cotyledones ovato-oblongae, 2—2$^1/_2$-plo longiores quam latiores, in petiolum duplo breviorem pilosulum angustatae. Caulis supra basin 2—4,5 *mm* crassus, teres obsolete striatus. Folia acuta, raro obtusiuscula, basi plerumque rotundata, rarius paullo in petiolum protracta v. emarginato-subcordata, inferiora 4—10 *cm* longa, 1,5—5 *cm* lata, margine plano fere usque ad basin inaequaliter crenata v. crenato-dentata, nervis supra paullo v. obsolete impressis et pilis stellaribus aequaliter inspersa, subtus plus minus tomentosa v. ad nervos hirsuta, suprema decrescentia, celeriter minora et subito ad bracteas vix 1 *mm* longas subulatas, dein ad callos fasciculosque pilorum reducta. Racemus postremo laxus, usque 40 *cm* longus, axe post delapsum pedunculorum inferiorum longe denudato; pedunculi postremo 1—4 *cm* longi, parce hispidi et obsolete pilosuli. Calyx extrinsecus aureo-tomentosus hispidusve, intus post filamenta parce v. parcissime pilosus, lobis lanceolatis obtusiusculis v. obtusis, saepe mucronatis 3- v. sub-5-nervibus. Petala calycem dimidio v. fere duplo superantia, 7—10 *mm* longa, ovata, inferne subcuneata glaberrima, corona 0,5—0,8 *mm* longa usque ad medium fimbriato-lacera. Filamenta tubo 0,7—1 *mm* longe adnata, glaberrima, longiora 4,5—5,5 *mm*, breviora 3—3,5 *mm* longa; antherae clausae elliptico-oblongae, 1,5—2 *mm* longae, 0,6 ad 0,8 *mm* latae, vix 2$^1/_2$-plo longiores quam latiores, apice obsolete emarginatae, in $^1/_3$—$^2/_5$ alt. affixae, defloratae superne revolutae, cruribus patentibus. Styli glabri v. pilis parcis tenuibus rectis obsiti, apice cr. 0,5 *mm* longe fasciculatim multipartiti, stigmatibus ab antheris 1—1,5 *mm* distantibus, longiores 3,5—4 *mm*, breviores 1—2 *mm* longi. Ovarium 36—44-ovulatum. Fructus obovoideus v. globulosus 4,5—9 *mm* longus; valvae dorso flavidae v. flavo-virides, pilis simplicibus adpressis parcis v. crebrioribus obsitae, intus glabrae flavescentes v. flavido-virescentes. Semina 1,7—2 *mm* longa, superne 0,6—1 *mm* crassa, nigrescentia, striis incrassatis postremo inter sese punctula impressa relinquentibus, basi in hilum conicum constricta, chalaza non v. parum prominente.

Habitat in Brasiliae prov. Rio de Janeiro, Minas Geraës, Bahia, Pernambuco et Ceará: Glaziou n. 10885, Pohl n. 3228, 5146, Blanchet n. 111, Luschnath n. 143, Martius n. 2197, 2456, Gardner n. 929, 1668 et alii. — Flor. Febr.—Oct.

Obs. Non Cambessèdes, ut p. 9 indicavi, sed Jacquin coronam in floribus *P. racemosae* primus detexit: „Infra et inter singulas has (lacinias perianthii) tubus calycinus munitur squamula subrotunda, ciliato-divisa et tantisper connivente, qua caret *Turnera ulnifolia*. Petala inserta limbo calycino supra squamularum exortum" l. c.

Sectio II. *Erblichia* Urb.

Sepala libera subliberave. — Suffrutices, frutices v. arbores, pube simplice, foliis plerumque stipulatis, prophyllis evolutis, floribus solitariis verisimiliter flavis.

16. **Piriqueta Capensis** *Urb.*, suffruticosa, caulibus 5—10 *cm* altis dense breviterque hirsutis; foliis exstipulatis, 2—3 *cm* longis, utrinque pubescentibus v. tomentosulis, postice subtus juxta marginem utrumque glandulas 1—2 praebentibus; bracteolis minimis supra medium totius pedunculi obviis; calyce 6—8 *mm* longo; filamentis stylisque glabris; ovario densissime hirtello, 15—25-ovulato.

Turnera Capensis Harv.! in Harv. et Sond. Flor. Cap. II, 599 et Thes. Cap. II, 25.

Icon: *Harv. Thes. Cap. t. 140!*

Radix lignosa. Caules e caudice plures, vetustiores saepe purpurascentes, longitrorsum et profunde dehiscentes, hornotini erecti v. arcuato-erecti, 1—2 *mm* crassi, striati v. angulati, pilis tenuibus albidis patentibus, crassitie caulium 2—4-plo brevioribus. Folia 2—4 *mm* longe petiolata, obovato-oblonga v. oblongo-lanceolata, apice obtusa, basi cuneatim angustata, 0,6—0,9 *cm* lata, 3—4-plo longiora quam latiora, antice serrata v. crenata, postice integra, glandulis inter sese remotis brunneis. Flores verisimiliter monomorphi, remoti; pedunculi 3—5 *mm* longi; prophylla 0,5—1 *mm* longa linearia hirsuta 0,2—0,3 *mm* lata, saepe supra basin inciso-stipulata; pedicelli 1—3 *mm* longi. Calyx extrinsecus pubescens, intus glaber, sepalis ima basi brevissime (vix 0,5—0,8 *mm* longe) coalescentibus lanceolatis usque ad 1 *mm* longe acuminatis, 3-nervibus. Petala calycem superantia, ovato-oblonga, apiculata, basi cuneata, cr. 8 *mm* longa, glabra, corona tenui cr. 0,8 *mm* longa usque ad medium fimbriato-lacera. Filamenta 3,5 *mm* longa; antherae juniores oblongae, obtusae v. obsolete apiculatae, vix supra 1 *mm* longae, cr. 0,5 *mm* latae, in ¹/₃ alt. affixae, basi in ¹/₃ alt. emarginatae, defloratae recurvatae. Styli 3,5 *mm* longi, apice 0,4 *mm* longe multipartiti, ramulis linearibus, apicem antherarum paullo superantibus. Fructus breviter ovato-conicus, 5—6 *mm* longus; valvae ovatae obtusiusculae, intus pallide flavescentes, extrinsecus pilis albidis erectis obsitae sublaeves viridi-brunnescentes.

Habitat in Africa australi ad Aapjes Rivier: Burke et Zeyher.

17. **Piriqueta Berneriana** *Urb.*, frutex 60—100 *cm* altus, ramis glabris; foliis breviter stipulatis, 1,5—3,5 *cm* longis, 1—1,8 *cm* latis, glabris, basin versus loco crenarum glandulas marginales remotas gerentibus; bracteolis parvis supra basin pedunculi obviis; calyce 10—12 *mm* longo; filamentis stylisque glabris; ovario glaberrimo, ovulis numerosis.

Turnera Berneriana L. R. Tul.! in Ann. d. Sc. nat. Sér. V. vol. IX, 322.

Rami dimorphi, alii elongati laxe foliosi glabri teretes striati brunnescentes v. cinerascentes, alii abbreviati, cicatricibus petiolorum delapsorum densissime obtecti v. quasi suberosi fasciculoque foliorum terminati. Stipulae e basi petiolorum solitariae 1—1,5 *mm* longae, e basi triangulari lanceolato-subulatae, brunneae integrae. Folia petiolis 2—4 *mm* longis intus ad basin intra stipulas lanam ferrugineam articulatam gerentibus praedita, obovata, obovato-rotunda v. oblongo-lanceolata, apice rotundata v.

obtusa, interdum retusa, raro acutiuscula, basi cuneato-angustata, dimidio usque 3-plo longiora quam latiora, margine parum recurvato subintegra v. plus minus manifeste serrata v. crenata, crenis apice glanduloso-impressis, inferioribus obsoletioribus v. ad glandulas reductis. Flores monomorphi; pedunculi 1—2 *mm* longi; prophylla opposita v. subopposita, 0,8—1,5 *mm* longa, lanceolata v. triangulari-lanceolata, 0,3—0,5 *mm* lata, intus lanato-pubescentia, margine denticulis 1—paucis serrata v. incisa; pedicelli 2—3 *cm* longi supra basin v. raro ad medium articulati. Calyx extrinsecus pilis parcis brevibus curvato-erectis obsitus, intus glaber, sepalis ima basi brevissime coalescentibus, oblongis v. lanceolato-linearibus acutiusculis v. apiculatis. Petala calycem parte ejus tertia superantia, ovato-oblonga, basi cuneata, cr. 15 *mm* longa, glaberrima, corona tenui cr. 1,5 *mm* longa, margine supero fimbriato-lacera. Filamenta ex imo calyce nascentia, 6,5—7 *mm* longa; antherae anguste lineari-subulatae, in mucronem 6-plo breviorem excurrentes, 5,5 *mm* longae 0,4—0,5 *mm* latae, in ¹/₇ alt. affixae, basi emarginatae, defloratae subrectae. Styli 10—11 *mm* longi, apice 1,3 *mm* longe multipartiti, ramulis numerosis filiformibus apicem antberarum aequantibus. Ovarium ovatum.

Crescit in litoribus arenosis Madagascariae borealis, circa Lingvaton, necnon in insulis adjacentibus: Bernier II n. 268, Boivin n. 2560b.

18. **Piriqueta Madagascariensis** *Urb.*, arbor ramis glabris; foliis breviter stipulatis, 5—9 *cm* longis, 2,5—5 *cm* latis, subglabris, basin versus loco crenarum glandulas marginales gerentibus; bracteolis parvis supra basin pedunculi obviis; calyce 20—27 *mm* longo; filamentis stylisque glabris; ovario glaberrimo, ovulis numerosis.

Erblichia Madagascariensis O. Hoffm.! Sert. Plant. Madag. (Berolini 1881) p. 19.

Rami inferne plerumque aphylli, ad apicem dense foliigeri, vetustiores brunnescentes irregulariter plicato-striati, superne cicatricibus foliorum delapsorum asperati, hornotini subteretes striati. Stipulae juxta ipsam petioli basin triangulari-subulatae 0,5—1 *mm* longae. Folia 3—10 *mm* longe petiolata, obovata, rarius elliptica, apice obtusa v. brevissime acuminata, basi cuneato-angustata, cr. duplo longiora quam latiora, margine crenata, crenis truncatis vix prominentibus, saepius remotiusculis v. remotis, nunc obsoletis, apice (antice) glanduloso-incrassatis, glandulis basi affinibus majoribus interdum rotundatis, supra glabra nitida, subtus ad nervum medium parce pilosa v. plane glabrescentia. Flores ad apicem ramorum pauci; pedunculi 1,5—5 *mm* longi; prophylla opposita suboppositave, 0,5—1 *mm* longa e basi lata fere semiamplexicauli triangularia, dorso pilosula, margine saepius parce serrata, pedicelli 14—23 *mm* longi, basi v. paullo supra basin articulati. Calyx extrinsecus parcissime et brevissime pilosulus v. glabrescens, intus glaber, sepalis lineari-lanceolatis apiculatis v. corniculatis, 3-nervibus. Petala calycem parte ¹/₄—¹/₅ ejus long. superantia, sepalis supra commissuram 1,5—2 *mm* longe adnata, 22—28 *mm* longa, 13—17 *mm* lata, rhombeo-obovata, obtusa, acuta v. apiculata, ad basin cuneata, plane glabra, corona 2 *mm* longa margine supero obsolete fimbriata. Filamenta sepalis 1,5 *mm* longe adnata, 11—14 *mm* longa; antherae juniores 7 *mm* longae, 0,8—1 *mm* latae, lineari-subulatae 0,5 *mm* longe apiculatae, basi breviter emarginatae, dorso 0,8 *mm* supra basin in concavitate affixae, effloratae plus minus arcuato-recurvatae. Styli 15—20 *mm* longi divergentes apice 1—1,5 *mm* longe multipartiti, antheras paullum superantes. Ovarium ellipticum.

Habitat in Madagascariae septentrionalis montibus Amber (Ambohitsi) m. Mart. florif.: Hildebrandt n. 3376.

Obs. Species praecedenti valde affinis.

19. **Piriqueta odorata** *Urb.*, arbor ramis junioribus densissime pulverulento-velutinis; foliis breviter stipulatis, 8—10 *cm* longis, 3—4 *cm* latis, glabris, basin versus loco crenarum callos glandulosos gerentibus; bracteolis subfoliaceis, supra medium pedunculi obviis; calyce 44—50 *mm* longo; filamentis stylisque inferne dense pubescentibus; ovario brevissime velutino-tomentoso, ovulis plurimis.

Erblichia odorata B. Seem.! Bot. Her. 130.

Icon: B. Seem. l. c. t. 27!

Arbor 7—10 *mm* alta „ligno albido": rami vetustiores glabrescentes v. glabri, teretes, tenuiter et irregulariter striati, brunnei v. nigrescentes, hornotini angulati. Stipulae juxta petioli basin prodeuntes, 1,5—2 *mm* longae, lanceolato-subulatae. Folia 8—10 *mm* longe petiolata, elliptica v. ovato-lanceolata, basi plus minus cuneata, apice acuminata, $2^1/_2$—3-plo longiora quam latiora, fere usque ad basin crenato-dentata, crenis postice sensim minoribus, sed evidentius apice glanduloso-incrassatis v. -emarginatis, infimis ad callos glandulosos in paginam intrantes reductis, glabra v. ad nervum medium obsolete pilosula, supra nitida. Flores verisimiliter monomorphi, remotiusculi; pedunculi 2—3 *cm* longi, 2—3 *mm* crassi, indumento ramorum; prophylla subopposita v. alterna, 4—6 *mm* longe petiolata, lanceolata, cum petiolo 2—3 *cm* longa, 3—5 *mm* lata, basi stipulata, margine obsolete glanduloso-dentata, pilis brevibus et simplicibus plus minus dense obsita; pedicelli 0,8—1,2 *cm* longi. Calyx extrinsecus pilis brevissimis parce et obsolete puberulus, „coloratus", sepalis 5—8 *mm* latis lanceolato-linearibus, acuminatis et breviter (cr. 1 *mm* longe) mucronatis. Petala calycem fere duplo superantia „flava odorata obovato-oblonga", 70 *mm* et ultra longa. Antherae (ex icone) ovato-oblongae apiculatae. Stigmata apice dilatata, oblique desecta et fimbriata. Ovarium ovale. Semina „ovato-oblonga, recta".

Habitat in America centrali, in silvulis insularum Paredez ad oram Veraguas australis: B. Seemann.

IV. Mathurina *Balf. fil.*

Mathurina Balf. fil. in Linn. Soc. Journ. XV (1876) 159 et in Phil. Trans. of the Roy. Soc. Lond. vol. 168 (1879) p. 342 (seors. imp. p. 41) t. 21; Bak. Flor. Maur. and Seych. 104.

Sepala libera, supra insertionem filamentorum glandula subovali apice truncata v. subemarginata crassa 5 *mm* longa exornata. Petala commissuris sepalorum paullo supra eorum basin adnata, subhypogyna, longitudine calycem aequantia, acuminata, basi vix unguiculata, nuda. Filamenta subhypogyna, sepalis imis 1—1,5 *mm* longe adnata, superne subulato-attenuata; antherae exsertae, basi emarginatae, apice acutiusculae. Styli supra basin arcuato-divergentes, superne iterum subincurvati, antheras longe superantes, apice dilatato obsolete lacero-fimbriati. Fructus obovato-oblongus triqueter, $2^1/_2$-plo longior quam crassior, ab apice ad basin dehiscens, dorso laevis enervis. Semina numerosissima, multiseriata, recta subrectave, tenuiter reticulato-striata, areolis reticuli eporosis, in hilum breviter conicum abeuntia, non abrupte contracta, sed

supra hilum subconstricta, arillo ex apice integro in pilos semen circumcirca laxe circumdantes eoque 4—5-plo longiores dissoluto.
Arbor parva heterophylla, pube parva simplice brevissima. Stipulae
*parvae. Folia longiuscule petiolata linearia usque obovata, petiolis bi-
glandulosis. Inflorescentiae axillares, 1-florae e. nonnunquam cymose
3-florae, pedunculis liberis, prophyllis evolutis euphylloideis, floribus pen-
dulis. Petala alba.* — *Species 1 insulam Mascarenarum Rodriguez in-
habitans.*

Mathurina penduliflora *Balf. fil.! l. c.; Bak.! l. c.*
Nom. vulg. Bois gaudine.

Icon: Balf. in Phil. Trans. of the Roy. Soc. Lond. vol. 168 t. 21!

Arbor usque ad 6 m alta ramis erectis; ramuli vetustiores cicatricibus foliorum
magnis densissime aggregatis obtecti, plicato-striati, sub epidermide grisea brunnescentes,
hornotini tenuiter multistriati, glabrati v. ad apicem brevissime seu pulverulento-
pilosuli, supra florum delapsorum insertionem gemmulis minutis in cortice paene occultis
serialibus hinc illinc observatis, sed non evolutis. Stipulae ad petiolorum basin ipsam
prodeuntes lineari-subulatae 0,8—1,5 mm longae, brunneae, ad apicem pallidiores v.
flavidae, deciduae. Folia speciminum (v. ramorum?) juniorum linearia usque 1,5 mm
angusta, remote crenulato-serrata, ad petiolos non v. obsolete glandulosa, gradatim in
formam adultam transeuntia, haecce petiolos 15—20 mm longos, superne glandulis sub-
oppositis v. alternis vix prominentibus instructos gerentia, lanceolata v. obovata v.
obcuneata, 7—14 cm longa, 1,5—3 cm lata, 3—10-plo longiora quam latiora, acuta v.
breviter acuminata, mucronata, mucrone 2—3 mm longo saepius recurvato, ad basin
sensim angustata et integra, caeterum plus minus manifeste crenata, penninervia, nervis
lateralibus juxta marginem eglandulosum longitudinaliter conjunctis, utrinque glabra.
Flores verisimiliter homostyli; pedunculi 20—35 mm longi; prophylla primaria anguste
v. angustissime lanceolata, mucronato-acuminata, 20—35 mm longa, 2—4 mm lata,
margine integra v. remote glanduloso-crenulata, basi stipulata, opposita v. subopposita;
pedicelli 20—40 mm longi, basi v. paullo supra basin articulati. Sepala ovato-lanceolata
v. elliptico-oblonga mucronato-acuminata, 20—28 mm longa, 6—7 mm lata, glandulis
dorso adnatis, 2 mm latis, intus puberulis et longitrorsum sulcatis. Petala anguste
obovata v. late elliptico-lanceolata acuminata, 7—9 mm lata. Filamenta basi glandulae
calycinae hoc loco acute excisae adnata, glabra 25—30 mm longa; antherae juniores
oblongo-lineares v. paene lineares, superne angustiores, 6—8 mm longae 1,5 mm latae,
in ¹/₃—¹/₇ alt. affixae, defloratae subrectae. Styli 40—45 mm longi, antheras longe
superantes. Ovarium elliptico-oblongum glabrum multiovulatum. Fructus 20—25 mm
longus, 8—10 mm crassus flavidus. Semina anguste obovata, vix 2 mm longa, 0,7 mm
crassa, brunnea, striis reticuli longitudinalibus magis elevatis, chalaza parva vix prominente, raphe filiformi-prominula.

Habitat in insula Rodriguez: Balfour fil.

V. Turnera *Linn. emend.*

*Turnera Plum. Gen. Am. 15; (ex p.) Linn. Gen. n. 376; Juss. Gen. 313;
Poir. in Lam. Encycl. VIII, 141; H. B. K. Nov. Gen. VI, 123; DC. Prodr.
III, 346; Camb. in St. Hil. Flor. Bras. mer. II, 154; Meissn. Gen. 123*

(89); *Endl. Gen. p. 915 n. 5056; Griseb. Flor. Brit. West-Ind. Isl. 296; Benth. et Hook. Gen. I, 806; Baill. Hist. Plant. IV, 321.* — *Bohadschia Presl Rel. Haenk. II, 98.* — *Triacis Griseb. Flor. Brit. West-Ind. Isl. 297.* — *Tribolacis Griseb. l. c. 298.*

Sepala in $^1/_5$—$^2/_3$ alt. in tubum hemisphaericum. infundibuliformem, v. plerumque campanulatum v. subcylindraceum ad insertionem filamentorum nudum v. callis semiorbicularibus notatum 10-nervem coalita, sub fauce non coronata. Petala calycis fauci inserta, inferne cuneata, vix unguiculata, nuda, interdum intus supra basin carinata. Filamenta cum tubo calycino basi v. usque 3 mm longe tota facie coalita, nunc altius v. paene ad faucem, sed marginibus tantum ad nervos calycis commissurales adnata: antherae forma variae. Styli apice manifeste flagellatim fissi v. iterum dividendo multipartiti, rarissime obsolete trilobi. Fructus breviter globosus usque ovatus, brevior v. dimidio longior quam crassior, ab apice paene usque ad basin dehiscens, dorso laevis, impresso-reticulatus v. tuberculatus. Semina globuloso-obovata usque oblonga, pluriseriata, recta v. curvata, manifeste v. obsolete reticulato-striata, areolis uni- v. non porosis, in hilum subito contracta, arillo unilaterali, longitudine semen vix superante v. dimidio breviore, margine crenato v. lacero.

Herbae annuae, perennes, fruticuli, frutices v. arbores, pube simplice, raro stellari. radiis pilorum subaequalibus brevibus griseis, nunquam secernente. Stipulae nullae v. evolutae. Folia sessilia c. petiolata, forma varia, rarissime pinnatifida v.—partita, glandulis in crenis inferioribus v. dorso juxta incisuras v. plerumque ad basin v. ad petiolos manifestis, nunc plane deficientibus. Flores axillares solitarii, saepius apice ramorum, nunc abbreviatorum, conferti v. capituliformi-aggregati, rarissime ex axillis plures in cymis v. in capitulis lateralibus dispositi; pedunculi liberi v. cum petiolis coaliti; prophylla semper evoluta; pedicelli plerumque nulli. Petala lutea, raro coccinea, violacea v. alba, nunc supra basin atropurpurea. — *Species 54, Americam a Mexico et ab Antillis usque ad rempublicam Argentinam inhabitantes, unica in 2 varietatibus in Africae insulis et Asia australi inquilina.*

Obs. „Guillelmus Turnerus Anglus, medicinae doctor, vir solidae eruditionis et judicii, emisit plantarum historiam Angliae, anno 1551, in qua figuras Fuchsii plerumque adhibuit, nomina exposuit latine, graece, anglice, germanice et gallice, ordinem alphabeticum secutus." Plum. l. c.

CLAVIS SERIERUM.

— Caules papillis globulosis brevissime stipitatis obtecti
Ser. VII. *Papilliferae.*

+ + Caules epapillosi v. (in ser. IV, V, VI) papillis sessilibus flavidis adspersi.

    × Semina breviter v. globoso-obovata, parum longiora quam crassiora. Stamina basi inter sese plus minus annuliformi-conjuncta . . . . Ser. V. *Annulares.*

  ×× Semina obovata usque oblonga, 2—4-plo longiora quam crassiora. Stamina basi disjuncta.

     * Pedunculi etiam superiores plane liberi.

       ⊥ Folia parva obtusa eglandulosa, vix 3 *cm* longa. Stipulae e petiolis supra basin prodeuntes

              Ser. VI. *Microphyllae.*

      _⊥ Folia ampla, 3—20 *cm* longa. Stipulae juxta petioli basin prodeuntes.

        § Pedunculi evoluti, pedicelli nulli.

          — Pubes simplex. Filamenta sublibera v. basi tota tubo calycis adnata

                Ser. II. *Stenodictyae.*

          ⇒ Pubes stellaris. Filamenta inferne margini-bus tantum tubo adnata

                Ser. III. *Anomalae.*

        §§ Pedunculi et pedicelli evoluti

              Ser. I. *Salicifoliae.*

    ** Flores in axillis foliorum sessiles, nunc capituliformes.

       ⊥ Folia parva obtusa eglandulosa, vix 3 *cm* longa. Stipulae e petiolis supra basin prodeuntes

              Ser. VI. *Microphyllae.*

      ⊥ ⊥ Folia ampla acuta v. acuminata, 3—20 *cm* longa aut si parva (n. 49), tum exstipulata et inflores-centiis capitatis.

        § Fructus dorso dense tuberculati v. cylindraceo-verrucosi. Folia basi eglandulosa v. ad petioli medium v. sub medio glandulifera

              Ser. I. *Salicifoliae.*

        §§ Fructus dorso impresso-reticulati, laeves v. si tuberculati, tum capitulis terminalibus

              Ser. VIII. *Capitatae.*

   *** Pedunculi saltem superiores cum petiolis plus minus coaliti.

      ⊥ Flores in capitula terminalia v. lateralia collecti.

        § Styli dense pubescentes v. villoso-hirsuti. Flores capitati . . . . Ser. VIII. *Capitatae.*

        §§ Styli glabri v. parce pilosi. Flores infer. postre-mo remotiusculi . Ser. IV. *Leiocarpae.*

     ⊥ ⊥ Flores postremo remoti.

                        6*

§ Filamenta tubo vix 1 *mm* longe cum tota facie adnata. Fructus dorso laeves v. si tuberculati, tum foliis basi eglandulosis

Ser. IV. *Leiocarpae.*

§§ Filamenta tubo 1,5—7 *mm* longe marginibus tantum adnata. Fructus dorso tuberculati. Folia basi biglandulosa . Ser. IX. *Canaligerae.*

CLAVIS SPECIERUM.

Series I. **Salicifoliae.**

a. Petioli eglandulosi. Semina elevatim reticulato-nervosa.

  α. Flores in axillis foliorum solitarii, sessiles. — Calyx 4—5 *mm* longus. Ovarium 3—6-ovulatum . . . . 1) *T. rupestris* Aubl.

  β. Flores pedunculati.

    + Flores in axillis foliorum solitarii, (ramulis serialibus abbreviatis et dense floriferis postremo saepe inter pedunculum et ramum obviis). Antherae apiculatae v. acuminatae.

      × Folia 3¹/₂ - 6-plo longiora quam latiora. Pedicelli 1 *mm* longi. Ovarium 6—9-ovulatum. Capsula dorso obsolete tuberculata

                        2) *T. Clausseniana* Urb.

      ×× Folia 2—4-plo longiora quam latiora. Pedicelli 2,5—8 *mm* longi. Ovarium 20—40-ovulatum.

        * Stipulae minutae 0,3—1 *mm* longae. Calyx 6—12 *mm* longus.

          ‥ Fruticulus. Folia 3—4-plo longiora quam latiora. Filamenta inferne pilosa. Capsula dorso impresso-reticulata

                        3) *T. Weddelliana* U. et R.

          ⸗ Arbor v. frutex altus. Folia 2—3-plo longiora quam latiora. Filamenta glabra. Capsula dorso elevatim verrucosa

                        4) *T. Hindsiana* Benth.

        ** Stipulae manifestae 2—4 *mm* longae. Calyx 16—23 *mm* longus

                        5) *T. Panamensis* Urb.

    ++ Flores in cymas axillares 2—7-floras dispositi, (ramulis serialibus floriferi- plerumque obviis). — Calyx 7—11 *mm* longus. Antherae apice obtusae barbatae. Ovarium 27—30-ovulatum . . . . 6) *T. serrata* Vell.

b. Petioli margine utroque glandulis 2—4 amplis prominentibus instructi. Semina obsoletissime striatella et punctulata.

  α. Folia 4¹/₂—10-plo longiora quam latiora. Flores in axillis euphyllorum solitarii et in apice ramorum in capitulum bracteosum collecti. Calyx 12—16 *mm* longus

                        7) *T. Glaziovii* Urb.

  β. Folia 2¹/₂—4-plo longiora quam latiora. Flores in capitula axillaria et pseudo- terminalia 5—12-flora cymosa collecti. Calyx 6—8 *mm* longus

                        8) *T. Brasiliensis* Willd.

Series II. **Stenodictyae.**

a. Folia ad petiolos v. sub lamina ipsa glandulifera. Filamenta plus minus pubescentia.

  α. Flores monomorphi. Calyx 8—10 *mm* longus. — Pedunculi 1—5 *mm* longi; prophylla linearia v. lanceolata, 0,5—1,5 *mm* lata . 9) *T. macrophylla* Urb.

  β. Flores dimorphi. Calyx 12—32 *mm* longus.

    + Folia basi cuneata, subtus glabrescentia v. brevissime pilosula. Pedunculi 3—10 *mm* longi; prophylla oblonga usque ovata. Calyx 12—18 *mm* longus

                        10) *T. acuta* Willd.

++ Folia basi rotundata v. cuneata, subtus glabrescentia v. praesertim ad
 nervos breviter strigoso-pilosa. Pedunculi 15—25 *mm* longi; prophylla
 linearia usque elliptica. Calyx 18—32 *mm* longus 11) *T. aurantiaca* Benth.

+++ Folia basi leviter cordata, subtus sericeo-tomentosa. Pedunculi 8—12 *mm*
 longi; prophylla lanceolato- v. lineari-subulata. Calyx 20 *mm* longus
               12) *T. velutina* Benth.

b. Folia non ad petiolos, sed supra basin subtus ad marginem biglandulosa. Filamenta glabra. — Pedunculi 20—45 *mm* longi; prophylla lineari-subulata
               13) *T. longipes* Triana.

Series III. **Anomalae** . . . . 14) *T. Cearensis* Urb.

Series IV. **Leiocarpae.**

aa. Perennes, stipulis et ramulis serialibus non evolutis, foliis obovatis usque oblongo-
 lanceolatis, floribus magnis, calyce 8—20 *mm* longo.
 a. Pedunculi inferiores superne saltem liberi. Calyx in ¹/₄—²/₅ alt. coalitus.
   α. Folia basi eglandulosa. — Folia saepius pinnatifida v. pinnatipartita. Calyx
     8—13 *mm* longus . . . . 15) *T. sidoides* Linn.
   β. Folia basi biglandulosa.
     + Pedunculi 10—2 *mm* longi. Prophylla omnia linearia 0,4–0,8 *mm* lata
     eglandulosa. Calyx 10—17 *mm* longus . . 16) *T. nana* Camb.
     ++ Pedunculi 25—10 *mm* longi. Prophylla inferiora oblonga v. oblongo-
     lanceolata 2—4 *mm* lata, ad v. infra medium subtus ad marginem
     glandulis amplis ornata. Calyx 15—18 *mm* longus
               17) *T. Pohliana* Urb.
 b. Pedunculi omnes usque v. paene usque ad calycem cum petiolis coaliti. Calyx
 in ²/₃—¹/₂ alt. coalitus.
   α. Calyx 18—20 *mm* longus, in ²/₃—³/₄ alt. coalitus. Petala calycem dimidio
     superantia. — Mexico . . . . 18) *T. callosa* Urb.
   β. Calyx 13–16 *mm* longus, in ¹/₂ alt. coalitus. Petala calycem parte ¹/₄–¹/₃
     superantia.
     + Caules 10—20 *cm* longi. Folia basi 2—4-glandulosa. Flore˜ ' :erostyli.
     — Brasilia . . . . 19) *T. dolichostigma* Urb.
     ++ Caules subnulli v. usque 1,5 *cm* longi. Folia eglandulosa. Flores
     homostyli. — Cuba . . . . 20) *T. acaulis* Griseb.

bb. Perennes, plerumque nitidae, stipulis et ramulis serialibus non evolutis, foliis
 rotundatis usque linearibus, basi biglandulosis, floribus plerumque parvis, saepe
 apice caulium confertis, calyce 5—12 *mm* longo.
 a. Planta tota velutino-tomentosa. — Folia exacte elliptica, basi et apice rotundata
               21) *T. elliptica* Urb.
 b. Plantae glabrae, strigosae v. hirsutae.
   α. Calyx 12 *mm* longus. Petala alba, calycem fere duplo superantia. — Folia
     oblongo-lanceolata v. lanceolata, utrinque glabra 22) *T. nervosa* Urb.
   β. Calyx 5—10 *mm* longus. Petala flava, calycem parte ¹/₃—²/₃ejus longitud.
     superantia.
     + Caules varie pubescentes.
       × Folia margine plana, utrinque pubescentia, nunc supra glabra
               23) *T. Hilaireana* Urb.
       ×× Folia margine recurvata v. subrevoluta, utrinque glabra v. subtus
       ad nervos pilosa. — Caules 5—10 *cm* longi, foliis linearibus v. an-
       guste lanceolato-linearibus . . . . . 24) *T. Riedeliana* Urb.
     ++ Caules glabri v. ad apicem parcissime pilosuli. Folia linearia v. an-
     gustissime lanceolato-linearia.
       × Caules trigono- v. subtrialato-angulati 25) *T. trigona* Urb.

×× Caules teretes v. angulato-striati.

* Caules virides. Folia linearia v. angustissime lanceolato-linearia 1—3 *mm* lata, utrinque aequaliter v. ad basin magis angustata, superiora valde decrescentia 1—0,2 *cm* longa
26) *T. Guianensis* Aubl.

** Caules brunnei. Folia anguste linearia, 0,6—1 *mm* lata, ad basin parum v. vix angustata, superiora internodiis pluries longiora, 1,5—0,8 *cm* longa . . . 27) *T. piniifolia* Camb.

cc. Fruticulus ramosissimus, 7—20 *cm* altus, stipulis et gemmis serialibus nullis, foliis linearibus, basi eglandulosis . . . . . 28) *T. genistoides* Camb.

dd. Annuae, perennes, suffrutices v. frutices, stipulis plerumque obviis (usque 3 *mm* longis), gemmis serialibus evolutis, foliis ovatis v. obovatis usque sublinearibus, basi glanduliferis (cf. formas n. 29), floribus saepius capituliformi-confertis.

a. Calyx in ¹/₂—¹/₂ alt. coalitus. Filamenta glabra. — (Species difficillimae.)
   α. Petala lutea v. flava.
      + Folia 0,3—3 *cm* lata.
         × Caules plerumque pube tenuissima crispula et longiore curvato-erecta v. patente vestiti. Stipulae nullae. Calyx 4—9 *mm* longus. Fructus 3—5 *mm* diametro.
            * Annua. Semina tuberculata 29) *T. Pumilea* Linn.
            ** Perennis v. fruticulus. Semina non tuberculata
               30) *T. melochioides* Camb.
         ×× Caules densissime flavido-strigilosi v. ad apicem tomentosi. Stipulae 0,2—0,5 *mm* longae. Calyx 9—11 *mm* longus. Fructus 5—8 *mm* diametro . . . . 31) *T. opifera* Mart.
         ××× Caules superne lanato-tomentosi. Stipulae 1—2 *mm* longae. Calyx 9—11 *mm* longus. Fructus 3,5—5 *mm* diametro
               32) *T. Curassavica* Urb.
      ++ Folia 3—6 *cm* lata. — Caules villoso-hirsuti. Stipulae 1—3 *mm* longae. Calyx 10—12 *mm* longus. Fructus 5—6 *mm* diametro
               33) *T. lamiifolia* Camb.
   β. Petala pallide purpurea, rubra v. coccinea.
      + Calyx 7—10 *mm* longus. Folia subtus incano-tomentosa
               34) *T. incana* Camb.
      ++ Calyx 13—18 *mm* longus. Folia subtus griseo- v. flavido-tomentosa
               35) *T. longiflora* Camb.
b. Calyx in ¹/₂—³/₃ alt. coalitus. Filamenta pilosula. — Folia euphylloidea basi eglandulosa, florifera biglandulosa, utrinque velutino-tomentosa
               36) *T. stachydifolia* Urb. et Rolfe.

Series V. **Annulares.**
a. Calyx 8—11 *mm* longus. Petala flava v. aurea. Stipulae 0,4—1 *mm* longae
               37) *T. odorata* Rich.
b. Calyx 5—8 *mm* longus. Petala alba. Stipulae 2—3,5 *mm* longae
               38) *T. annularis* Urb.

Series VI. **Microphyllae.**
a. Calyx in ¹/₂—³/₃ alt. coalitus. Petala glabra v. supra basin intus parce pilosa. Semina arcuato-curvata . . . . 39) *T. diffusa* Willd.
b. Calyx in ¹/₃ alt. coalitus. Petala intus usque ad medium dense pubescentia. Semina parum curvata.
   α. Stipulae 0,5—1,5 *mm* longae. Folia oblongo-lanceolata 0,6—1,5 *cm* longa, antice parce crenata . . . . 40) *T. hebepetala* Urb.

β. Stipulae 3 *mm* longae. Folia obovata v. obovato-oblonga 1,5—2,5 *cm* longa, basi excepta profundiuscule serrato-crenata 41) *T. calyptrocarpa* Urb.
Series VII. **Papilliferae** . . . . 42) *T. chamaedryfolia* Camb.
Series VIII. **Capitatae.**

a. Folia 4—14 *cm* longa, basi cuneata, acuta v. obtusissima, margine crenato v. serrato plana v. subrecurvata. Stipulae evolutae.

α. Pubes stellaris minuta. Folia grosse dentata crenatave. Fructus dorso evidenter tuberculati v. granulati. — Filamenta in $^1/_2$—$^3/_3$ alt. cum marginibus tubo calycino adnata . . . . 43) *T. Blanchetiana* Urb.

β. Pubes simplex. Folia mediocriter v. obsolete crenata v. serrata. Fructus dorso impresso-reticulati v. obsolete verrucosi.

+ Stipulae 4—6 *mm* longae. Filamenta in $^2/_3$ alt. cum marginibus tubo calycino adnata. — Capitula lateralia breviter pedunculata v. subsessilia
44) *T. stipularis* Urb.

++ Stipulae 0,5—4 *mm* longae. Filamenta ad basin imam tantum cum tota facie tubo calycino adnata.

× Capitula lateralia, subsessilia v. breviter pedunculata. — Folia exacte et latiuscule lanceolata. Seminum striae transversales valde approximatae, parum conspicuae . . . 45) *T. Schomburgkiana* Urb.

×× Capitula exacte terminalia.

° Folia utrinque hirtella v. subtus tomentosa. Pedunculi (partiales) 1—3 *mm* longi; prophylla lanceolato-linearia v. linearia. Styli longiores ad medium arcuato-curvati.

⊥ Folia subsessilia v. usque 1,5 *mm* longe petiolata, obsolete serrulata, supra parce pilosa 46) *T. Pernambucensis* Urb.

⊥ ⊥ Folia 3—7 *mm* longe petiolata, manifeste serrata v. crenato-serrata, supra densissime hirtella
47) *T. capitata* Camb.

°° Folia supra praeter pilos parcos ad nervum medium obvios glabra nitida, subtus minutissime pilosa. Pedunculi nulli; prophylla orbiculari- v. obovato-spathulata. Styli longiores recti
48) *T. albicans* Urb.

b. Folia 0,5—0,7 *cm* longa, e basi cordata subamplexicauli triangulari-acuminata, margine integerrimo arcte revoluta. Stipulae nullae. — Caules tomentoso-villosi
49) *T. dichotoma* Gardn.

Series IX. **Canaligerae.**

a. Semina elevatim reticulato-striata, striis transversalibus paullo magis approximatis quam longitudinalibus; chalaza basalis.

α. Pubes ramorum subunilateralis, sub foliorum insertione deficiens. Calyx 9—11 *mm* longus. Styli apice 5—7-fidi 50) *T. lucida* Urb.

β. Pubes ramorum circumcirca aequalis, raro subnulla. Calyx 11—25 *mm* longus. Styli apice 10—30-fidi . . . . 51) *T. ulmifolia* Linn.

b. Semina tenuissime reticulato-striata, striis transversalibus valde approximatis; chalaza ad raphen spectans.

α. Pubes simplex. Folia 2—3-plo longiora quam latiora. Styli apice obsolete lobulati v. subintegri . . . . 52) *T. coriacea* Urb.

β. Pubes stellaris. Folia dimidio v. usque 4-plo longiora quam latiora. Stylorum ramuli filiformes numerosi . . . . . 53) *T. hermannioides* Camb.

γ. Pubes simplex. Folia 6—9-plo longiora quam latiora. Stylorum ramuli filiformes cr. 10
54) *T. arcuata* Urb.

Adnotationes ad nonnullas species, quo facilius determinentur:

Papillae brevissime stipitatae ad ramos in 42.

Papillae luteae sessiles in ramis, folii pagina inferiore etc. plerumque bene conspicuae in 36—41, obsoletae in 30—31, 34—36.

Pubes stellaris in 14, 33, 43, 53.

Caules trigoni v. trialati in 25.

Stipulae deficientes in 15—30, 42, 49.

Folia pinnatifida v. pinnatipartita in 15.

Petioli ad v. paullo supra medium glanduliferi in 7 12, 14, 37, 45, 48.

Petioli et folia eglandulosa in 1—4. 15, 20, 29, 36, 38—42, 49.

Pedunculi liberi et pedicelli evoluti in 2—6, 15—16.

Pedunculi plane liberi, pedicelli nulli in 7, 9—14, 37—42, 47.

Pedunculi et pedicelli nulli, floribus in axillis foliorum v. bractearum sessilibus in 1, 7—8, 28, 37—41, 43—49.

Flores cymosi in 6 et (sub forma capituli) in 8.

Calyx in $^1/_7-^1/_4$ alt. tantum coalitus in 5, 15—17, 42.

Filamenta basi inter sese annuliformi-counata in 37, 38. — marginibus tantum tubo calycis inferiori v. paene ad faucem adnata in 14, 43—44, 50—54.

Styli circumcirca dense birsuti v. villoso-hirsuti in 1, 3—10, 14, 28, 37—39, 43—49, — ad stigmata tantum hirtelli in 19, 30—32.

Ovarium glaberrimum in 1, 3—8, 26, 51.

Fructus (non vidi in 12—14, 16—17, 44) dorso manifeste tuberculatus v. verrucosus in 1, 4 8, 9—11, 15, 39, 43, 51—52, 54, — apice corniculatus in 47.

Semina (non vidi in 1—2, 5, 7, 12—14, 16—17, 21, 44) breviter ovata v. ovato-globosa in 37—38, 42, — tuberculata in 15, 22—26, 29, — pilosula in 3, 4, 6, 8, 46, 48.

Series 1. **Salicifoliae.**

Fruticuli, frutices v. arbores, pube simplice plerumque parca. Stipulae juxta petiolos v. ad eorum basin orientes. Folia plerumque ampla, ad basin glandulis prominentibus carentia, petiolis interdum glanduliferis. Flores ex axillis foliorum solitarii remoti v. remotiusculi v. in cymas, nunc capituliformes, laterales disposita; pedunculi liberi v. nulli; prophylla linearia v. brevissime squamiformia; pedicelli evoluti v. nulli. Filamenta tubo imo obsolete v. usque 1 *mm* longe tota facie adnata. Fructus tuberculati v. verrucosi (cf. n. 2—3). Semina puberula.

1. **Turnera rupestris** *Aubl.* stipulis 0,2 - 0,4 *mm* longis; petiolis 1—1,5 *mm* longis eglandulosis; foliis anguste lineari-lanceolatis usque lanceolatis glabris; floribus in axillis foliorum summorum confertorum solitariis sessilibus v. subsessilibus, pedicellis nullis; calyce 4—5 *mm* longo; filamentis tenuissime pubescentibus, antheris breviter apiculatis glabris; ovario glabro 3-, raro 6-ovulato; valvis dorso verrucosis. —

Var. *α.* fruticulus metralis, foliis anguste lineari-lanceolatis, 3—7 *cm* longis, 0,2—0,6 *cm* latis, 8—12-plo longioribus quam latioribus.

Turnera rupestris Aubl.! Guian. I, 289: Poir. in Lam. Encycl. VIII, 143: Smith! in Rees Cycl. ed. 36 n. 10; DC. Prodr. III, 347.

Icon: Aublet l. c. t. 113 f. 1!

Var. *β.* **frutescens** *Urb.,* frutex $1^1/_2$—$2^1/_2$ *m* altus, foliis lanceolatis v. lineari-lanceolatis, 5 – 10 *cm* longis, 0,8—1,5 *cm* latis, 5—8-plo longioribus quam latioribus.

Turnera frutescens Aubl.! Guian. I, 290; Poir. in Lam. Encycl. VIII. 142; Smith! in Rees Cycl. vol. 36 n. 11; DC. Prodr. III, 347.

Nopotogomoti *audit Galibis Guianam Gallicam inhabitantibus.*

Icon: Aublet *l. c. t. 113. f. 2!*

Rami vetustiores brunnei, nunc hinc illinc cinerascentes, teretes obsolete striati glabri, hornotini ad apicem dense foliosi et pube brevissima simplice flavida v. albicante obtecti, gemmis serialibus non observatis. Stipulae triangulares v. triangulari-lanceolatae badiae pilosulae, juxta petioli basin orientes. Folia utrinque aequaliter v. plerumque ad apicem magis angustata, basi angusta subabrupte in petiolum contracta, nervis utrinque aequaliter prominentibus, lateralibus ante marginem longitudinaliter confluentibus, nitida, praeter pilos parcissimos interdum subtus ad nervum medium obvios glaberrima, margine subrecurvato breviter et remotiuscule denticulata, dentibus antice rotundatis, superioribus saepius acutiusculis, inferioribus glanduloso-incrassatis, ad basin decrescentibus v. in glandulas e margine non prodeuntes parum conspicuas obsoletasve desinentibus. Flores verisimiliter dimorphi; pedunculi subnulli usque 0,5 *mm* longi, plane liberi; prophylla opposita v. subalterna 2—3 *mm* longa, 0,5—0,8 *mm* lata linearia superne angustata, utrinque, praesertim extrinsecus, dense pilosula, margine denticulis 2—4 breviter linearibus ornata. Calyx extrinsecus inferne glaber, ad lobos parce pilosus, intus in tubo supero et ad petala adnata pubescentia, in parte $^2/_3$—$^3/_4$, inferiore in tubum campanulatum v. globoso-campanulatum coalitus, lobis lanceolatis, 3-nervibus, nervo medio supra apicem obtusiusculum vix v. usque 0,4 *mm* longe producto. Petala calycem dimidio superantia, oblonga v. obovato-oblonga flava, 4—4,5 *mm* longa, intus inferne breviter pubescentia, extrinsecus glabra. Filamenta longiora 3,5 *mm*, breviora 2,5 *mm* longa: antherae jun. 0,7—0,8 *mm* longae, 0,4 - 0,5 *mm* latae, ovato- v. subquadrato-rectangulares dimidio v. vix duplo longiores quam latiores, breviter apiculatae, basi obsolete v. usque in $^1/_4$ alt. emarginatae, paullo sub medio affixae, defloratae superne subrecurvatae. Styli pubescentes, breviores 2 *mm* longi, in parte $^2/_3$ superiore 4—6-partiti, antheras vix attingentes, longiores 3 *mm* longi, in parte $^1/_3$ divisi, antheras 1,5 *mm* longe superantes. Ovarium glaberrimum ovato-globulosum. Fructus globulosi, cr. 2,5 *mm* diametro; valvae ovatae apice acuto recurvatae, dorso glabrae v. apice parce pilosulae, brunneae, intus albido-flavidae, reticulato-impressae.

Habitat var. α. in Guiana Gallica: Leblond, in fissuris humidis rupium ad fluv. Sinemari: Aublet: in Guiana Anglica ad Potaro River: Jenman n. 1249. — Var. β. in Guiana Gallica: Leprieur, in fissuris rupium ad Sinemari: Aublet; in Guiana Anglica ad Potaro River: Jenman n. 917. — Flor. et fruct. m. Sept.—Dec.

2. **Turnera Clausseniana** *Urb.,* fruticulus parvus, stipulis vix 0,5 *mm* longis; petiolis 3—5 *mm* longis eglandulosis; foliis lineari-lanceolatis v. lanceolatis, $3^1/_2$—6-plo longioribus quam latioribus, supra glabrescentibus; floribus in axillis foliorum solitariis, remotis et in ramulis abbreviatis subglomeratis; pedunculis 2—3 *mm*, pedicellis 1 *mm* longis; calyce 7—8 *mm* longo; filamentis tenuissime pilosulis, antheris obtusiuscule apiculatis glabris; ovario piloso 6—9-ovulato; valvis dorso obsolete tuberculatis.

Icon: Urb. in Mart. Flor. Bras. XIII, III, t. 48, f. 1.

Planta 10—35 cm alta. Rami vetustiores brunnei glabrescentes, hornotini teretes v. superne angulati, tenuiter v. obsolete striati, pilis brevissimis sursum curvatis praesertim ad apicem puberuli, in axillis foliorum florem et posterius plerumque ramulum serialem brevem dense (raro 1-) floriferum, raro binos gerentes. Stipulae ad petiolorum basin lineari-subulatae, indumento plerumque occultae. Folia utrinque sensim, sed ad apicem plerumque magis angustata, tenuia, 4—8 cm longa, 0,8—1,7 cm lata, margine toto serrata v. crenato-serrata, crenis satis amplis saepius iterum obsolete serrulatis, nervis utrinque prominentibus, subtus paullum, praesertim ad nervos pilosula; suprema valde approximata celeriter decrescentia bracteiformia vix centimetralia; folia in ramulis abbreviatis 2—0,5 cm longa v. breviora, anguste lanceolato-linearia, saepius squamiformia. Flores dimorphi in axillis foliorum re vera solitarii, sed posterius, si ramuli seriales evoluti sunt, specie subglomerati; prophylla filiformia 2—4 mm longa, vix 0,3 mm lata pilosa, supra basin, nunc medio quoque, dentibus nonnullis linearibus apice glandulosis aucta; pedunculi, prophylla, pedicelli in ramulis serialibus multo breviora. Calyx extrinsecus hirsutus, in ¹/₂—²/₃ alt. coalitus, tubo campanulato-cylindraceo, intus superne breviter piloso, lobis lanceolatis, exterioribus 3-nervibus acuminatis, interioribus usque 1 mm longe mucronatis, nervis lateralibus obsoletis. Petala verisim. lutea, intus inferne parce v. parcissime et tenuissime pilosula. Filamenta longiora 4,5 mm, breviora 2,5—3 mm longa: antherae juniores ovatae v. ellipticae 1,5—1,7 mm longae, 0,6—0,8 mm latae, basi vix in ¹/₄ alt. emarginatae, dorso in concavitate in ³/₄ alt. affixae, defloratae ovatae v. ovato-orbiculares superne parum v. vix recurvatae. Styli parcissime et tenuissime pilosi, longiores 3—3,5 mm longi, antheras 1,5 mm longe superantes, in parte ²/₃ superiore flagellatim 12—15-fissi, breviores 1,8 mm longi in parte ¹/₂ superiore flagellatim divisi, ab antheris 1 mm distantes. Fructus verisimiliter breviter ovatus; valvae 5 mm longae, 2,5 mm latae, intus albido-flavescentes, extrinsecus pilis erectis brevibus hirtellae, purpureo-punctatae.

Habitat in Brasiliae prov. Minas Geraës: Claussen.

3. **Turnera Weddelliana** *Urb.* et *Rolfe*, fruticulus, stipulis 0,3 ad 0,5 mm longis; petiolis 2—4 mm longis eglandulosis, foliis lineari-lanceolatis usque ellipticis, 3—4-plo longioribus quam latioribus, glabris v. brevissime pilosulis; floribus in axillis foliorum solitariis remotis, pedunculis 2—15 mm, pedicellis 3—8 mm longis; calyce 6—12 mm longo; filamentis inferne pilosis, antheris apiculatis v. acuminatis glabris; ovario glabro 21—27-ovulato; valvis dorso impresso-reticulatis; seminibus inferne arcuato-curvatis et valde attenuatis, lacunoso-reticulatis, brevissime pilosulis.

Fruticulus 75—120 cm altus sempervirens, forma foliorum, longitudine partium inflorescentiae, indumento androecei et gynaecei valde variabilis. Rami vetustiores badii v. postremo brunneo-cinerascentes glabri plicato-striati, hornotini pilis brevibus adpressis v. curvato-adpressis puberuli, teretes obsolete striati, inter pedunculos ramosque gemmis serialibus obviis. Stipulae sub pube occultae breviter lineares v. subulatae, e margine petiolorum imo prodeuntes aut obsoletae. Folia acuta, adulta 4—9 cm longa, 1—3 cm lata, margine obsolete crenata v. manifeste serrata ad basin integra, nervis utrinque prominentibus. Flores dimorphi; prophylla opposita v. rarius alterna lineari-subulata 1—4,5 mm longa, 0,3—0,5 mm lata pilosula. Calyx adpresse pilosulus, in ¹/₃—²/₃ alt. coalitus, tubo intus superne pubescente infundibuliformi, lobis lanceolatis 3-nervibus acuminatis v. interioribus obtusis et 0,5 mm longe mucronatis. Petala lobis calycinis duplo longiora, lutea obovato-cuneata apiculata, 7—15 *mm* longa, 4,5—5,5 *mm* lata, glaberrima. Filamenta longiora 6—7 *mm* longa, breviora 3 *mm* longa: antherae juniores 2 *mm* longae, 0,8-1 *mm* latae, rectangulari-ellipticae v. ovato-oblongae, basi in $^1/_5$—$^1/_4$ alt. acute emarginatae, in $^1/_3$ alt. in concavitate affixae. Styli longiores antheras 1—2 *mm* superantes, 3,5—4 *mm* longi, inferne villoso-pubescentos v. usque ad stigmata aequaliter pilosi recti, in parte 8—10-ma superiore obsolete fasciculato-multipartiti, breviores ab antheris 2—2,5 *mm* remoti, 1,5—2,5 *mm* longi, praesertim inferne dense hirsuti v. glaberrimi, extrinsecus curvati, apice manifeste flagellato-multipartiti, flagello stylis 2$^1/_2$—3-plo breviore. Fructus globulosus 5—6 *mm* diametro, rarius ovatus —8 *mm* longus; valvae extrinsecus flavido-brunnescentes, intus stramineae. Semina obovato-oblonga, 2,5 *mm* longa, vix supra 1 *mm* crassa, chalaza majuscula brevi concava, hilo brevi, brunnea v. nigrescentia, arillo albido-flavescente supra medium v. usque ad apicem ascendente.

Habitat in Paraguay locis lapidosis prope Paraguari: Balansa n. 2338; in Bolivia prope S. Ana: Pearce, in prov. Chiquitos: Weddell n. 3435, 3497, inter Paquicha et Buturo: Pearce; in Peru: Lobb n. 292. — Flor. et fruct. m. Jul.—Nov.

4. Turnera Hindsiana *Benth.*, arbor v. frutex altus, stipulis 0,5—1 *mm* longis; petiolis 2—6 *mm* longis eglandulosis; foliis elliptico-oblongis usque ovalibus, 2—3-plo longioribus quam latioribus glabris; floribus in axillis foliorum solitariis, remotis v. in ramulis abbreviatis conglomeratis, pedunculis 1,5—3 *mm*, pedicellis 2,5—5 *mm* longis; calyce 6—8 *mm* longo; filamentis glabris, antheris ligulato-acuminatis glabris; ovario glabro; valvis dorso verrucis cylindraceo-elongatis densissime tuberculatis; seminibus parum curvatis, reticulato-striatis, plus minus pilosulis.

Turnera Hindsiana Benth.! in Bot. of Beech. Voy. of the Sulphur 101; Walp. Rep. V, 782.

Rami vetustiores teretes grisei v. brunnei, tenuiter v. obsolete striati glabri, hornotini pilis brevissimis flavescentibus pilosuli, striati v. subangulato-striati, in axillis foliorum ramulos abbreviatos bracteis obsitos et dense floriferos v. flores solitarios gerentes, gemmis serialibus inter hos et ramos conspicuis. Stipulae e petioli basi prodeuntes triangulares v. triangulari-subulatae. Folia acuta v. acuminata, basi sensim angustata, 5—9 *cm* longa, 2,5—3,5 *cm* lata, margine minute serrata, serraturis apice glanduloso-incrassatis, ad basin cuneatam integra, supra nitida, nervis supra parum, subtus valde prominentibus; folia in ramulis abbreviatis squamiformia. Flores verisim. imperfecte dimorphi; prophylla 0,5—1 *mm* longa triangularia v. triangulari-lanceolata, basi 0,5—0,8 *mm* lata, opposita. Calyx extrinsecus brevissime et adpresse flavido-pilosulus, in $^1/_3$ alt. coalitus, tubo semigloboso-campanulato intus ad faucem pubescente, lobis lanceolatis 3-nervibus, breviter acuminatis. Petala calycem dimidio superantia, lutea, obovato-elliptica, 6—9 *mm* longa, glabra. Filamenta longiora 6 *mm*, breviora 4,5 *mm* longa: antherae juniores ovato-oblongae 1,5 *mm* longae, 0,6 *mm* latae, in $^1/_3$ alt. affixae, basi breviter emarginatae, defloratae superne recurvatae v. revolutae. Styli inferne v. usque ad apicem pilosuli, pilis erectis v. patentibus, nunc parcis et obsoletis, longiores 4,5—5 *mm* longi, antheras parum v. usque 0,5 *mm* superantes, breviores 2,5 *mm* longi, ab antheris 2 *mm* distantes, apice 0,5—0,8 *mm* longe multipartiti. Fructus globosus, 4—5 *mm* diametro; valvae dorso glabrae, brunneae v. nigrescentes, intus flavidae areolato-reticulatae. Semina obovato-oblonga, 3—3,3 *mm* longa, 1,2—1,5 *mm* crassa, hilo conico, chalaza obsolete prominente concaviuscula, arillo fero usque ad apicem ascendente satis amplo flavido.

Habitat in Ecuador prope Guayaquil: Hinds, Dobbiner: prope Las Bodigas: Hall n. 3; in savannis prope pagum Babo: Jameson n. 567.

5. Turnera Panamensis *Urb.*, frutex, stipulis 2—4 *mm* longis; petiolis 2—6 *mm* longis eglandulosis; foliis latiuscule lanceolatis v. oblongis, 3-plo longioribus quam latioribus, supra glabrescentibus: floribus in axillis foliorum solitariis, remotis et in ramulis abbreviatis approximatis; pedunculis 3—5 *mm*, pedicellis 4—7 *mm* longis: calyce 16—23 *mm* longo; filamentis glabris, antheris obtuse apiculatis glabris v. vertice parce setulosis; ovario glabro v. ad apicem obsolete et tenuissime pilosulo, 25—40-ovulato; valvis dorso densissime elevato-verrucosis.

Turnera salicifolia B. Seem.! in Bot. of Herald p. 130 (excl. synon.), — non Camb.

Turnera Hindsiana Hemsl.! in Godm. and Salv. Biol. centrali-amer. VI, 474, — non Benth.

Frutex 2—4-metralis: rami vetustiores obsolete pilosuli v. glabrescentes, grisei v. brunnei v. nigrescentes teretes tenuiter multi-striati, hornotini pilis brevissimis pilosuli, juniores velutini et saepius subangulati, gemmis serialibus saepius obviis. Stipulae juxta basin petiolorum manifestae filiformes, basi saepius excrescentiis 1—2 minoribus auctae. Folia utrinque sensim angustata, sed apice longe acuminata, adulta cr. 10 *cm* longa, 3—3,5 *cm* lata, margine toto dentata, dentibus ad v. juxta verticem glanduloso-incrassatis et manifeste emarginatis, nervis ramosis supra parum, subtus valde prominentibus, juniora subtus flavescenti-velutina, supra ad nervos pilosula, adulta subtus brevissime puberula, supra glabrescentia, praeter glandulas in dentibus imis obvias basi eglandulosa: folia in ramulis abbreviatis minora, sed forma caeterorum. Flores dimorphi; propbylla lineari-filiformia 4—5 *mm* longa, 0,3—0,5 *mm* lata, basi stipulis minutis 0,5—1 *mm* longis filiformibus aucta, integra. Calyx extrinsecus adpresse et brevissime pilosulus, in ¹/₃—¹/₂ alt. coalitus, tubo infundibuliformi-campanulato intus glabro, lobis lanceolato-linearibus, longissime acuminatis, nervo medio supra acumen praeterea 1,5—3 *mm* longe producto, 3-nervibus. Petala calycem parte 3—4-ta ejus long. superantia, lutea obovato-cuneata apiculata, ad basin unguiculari-angustata, 25 *mm* longa, cr. 12 *mm* lata glaberrima. Filamenta basi extrinsecus glanduloso-incrassata, breviora 8 *mm* longa; antherae juniores 2 *mm* longae ovatae v. ovato-oblongae, in ¹/₃—²/₃ alt. emarginatae v. bicrures, supra crura in concavitate affixae, defloratae superne recurvatae. Styli longiores 9 *mm* longi, antheras 3 *mm* superantes, in parte inferiore breviter pilosuli, in superiore duplo crassiore glabri, apice (vix 1,5 *mm* longe) fasciculato-8—12-partiti. Fructuum valvae 10 *mm* longae dorso subglabrae, brunneo-nigrescentes, obtuse apiculatae.

Habitat in Panama m. Mart. florif.: Seemann (a. 1847) n. 549: ibidem in silvis m. Mojo florif.: Hayes n. 114.

6. Turnera serrata *Vell.*, frutex, stipulis vix 0,8 *mm* longis: petiolis 3—12 *mm* longis eglandulosis; foliis lanceolatis usque elliptico-oblongis, 2¹/₂—4-plo longioribus quam latioribus glabrescentibus; floribus in cymas axillares 2—7-floras in latere interiore ramulis abbreviatis floriferis saepe auctas collectis; pedunculis primariis usque 10 *mm*, pedicellis 3—5 *mm* longis; calyce 7—11 *mm* longo; filamentis pubescentibus, antheris obtusis apice barbatis; ovario glabro 27—30-ovulato; valvis dorso dense verrucosis; seminibus subcurvatis elevatim reticulato-striatis, plus minus pilosis.

Turnera serrata Vell. *Flor. Flum.* (1825) *p. 127.*
Turnera salicifolia Camb.! *in St. Hil. Flor. Bras. merid. II, 165 (229);*
Walp. *Rep. II, 229, — non Seem. Bot. Her. 130.*
Corchorus grandiflorus Spring in Mart. Herb. Flor. Bras. n. 121 et in Flora XX. *Beibl. II, 102;* Walp. *Rep. I, 355.*

Icones: *Vell. Flor. Flum. III. t. 108!; Urb. in Mart. Flor. Bras. XIII, III, t. 36.*

Frutex 1—3-metralis; rami vetustiores brunnei v. postremo cinerascentes glabrescentes, hornotini teretes v. subteretes, obsolete v. manifestius striati, pilis sursum curvatis brevissimis tenuissimis praesertim ad apicem puberuli, inter cymas (saepe jaundudum delapsas) et caulem ramulis serialibus 1 v. pluribus brevibus cymigeris, rarius elongatis et folia ampliora producentibus, instructi. Stipulae e caule juxta petiolorum insertionem prodeuntes, utrinque 1—3, lineares, lanceolato-subulatae v. ovato-triangulares v. semiorbiculares. Folia acuminata, basi cuneata, 4—5 cm longa. 2—5 cm lata, serrata v. crenato-serrata, serraturis saepius inaequalibus v. interdum duplicatis apice glanduloso-incrassatis, nervis subtus prominentibus, medio supra postice plerumque impresso, caeteris prominulis, juniora utrinque praesertim ad nervos pilosula; folia in ramulis abbreviatis floriferis ima bracteiformia 1—0,5 cm longa v. breviora lanceolata v. lanceolato-linearia pubescentia. Flores dimorphi; prophylla anguste lineari-subulata, inferiora 2—6 mm longa, superiora gradatim minora, integra v. denticulo unico obsita, basi prominentiis stipuliformibus minutis interjectis. Calyx extrinsecus minute et brevissime pilosulus, in ¹/₂—²/₃ alt. coalitus, tubo subcampannulato-cylindraceo intus superne v. ad faucem villoso, lobis lanceolatis v. ovato-lanceolatis, exterioribus 3-nervibus longe acuminatis, interioribus 0,3—1,5 mm longe mucronatis. Petala calycem parte ¹/₃—³/₅ ejus long. superantia, lutea, obovato-cuneata, 8—11 mm longa, 5-7 mm lata, intus juxta nervum medium carinato-elevatum plerumque paullum v. densiuscule pilosula. Filamenta longiora 7—7,5 mm, breviora 4—5 mm longa; antherae juniores ovatae v. ovato-ellipticae 1,5—2 mm longae, 0,8—1 mm latae, paullo sub medio v. in ²/₅ alt. affixae, basi in parte 4—6-ta emarginatae, defloratae non v. apice parum recurvatae. Styli longiores 6,5—7 mm longi, apice excepto pubescentes, antheras 2,5—3 mm superantes, apice flagellatim pauci-v. multipartiti, flagello cr. 1 mm longo, breviores 2—2,5 mm longi usque ad stigmata pubescentes v. superne glabri, ab antheris 2,5-3 mm remoti, in parte tertia superiore flagellatim fissi. Fructus ovatus v. ovato-globosus 8 - 10, raro—13 mm longus, 6,5—8 mm crassus; valvae extrinsecus glabrae, intus flavescentes v. viridi-flavescentes reticulato nervosae. Semina obovato-oblonga 3—3,3 mm longa, 1,2—1,3 mm crassa, demum brunnea, hilo conico, chalaza prominente, arillo amplo intus supra medium ascendente, flavido-brunnescente.

Habitat solummodo in Brasiliae prov. Rio de Janeiro, sed valde communis et ab omnibus paene peregrinatoribus collecta. — Flor. et fruct. Oct.- Mart.

7. **Turnera Glaziovii** Urb., veris. fruticosa; stipulis 0,5--1 mm longis; petiolis 5—12 mm longis, margine utroque ad et supra medium glandulas 1 + 1 v. 2 + 2 satis amplas gerentibus; foliis lineari-lanceolatis usque oblongo-lanceolatis, 4¹/₂—10-plo longioribus quam latioribus glabris, supremis hypsophylloideis; floribus in axillis euphyllorum solitariis et in apice ramorum in capitulum bracteosum collectis; pedunculis 0—2 mm longis, pedicellis nullis; calyce 12—16 mm longo; filamentis

breviter et tenuissime pilosulis v. subglabris, antheris ligulatis glabris; ovario glabro 30—40-ovulato; valvis dorso tuberculatis; seminibus tenuissime v. obsolete striatulis.

Rami hornotini brunnei v. nigrescentes, elevato-striati v. subangulati, superne pilis brevissimis pallide flavidis erectis dense obsiti v. ad apicem subvelutini, gemmis serialibus inter ramos et flores minutis raro conspicuis. Stipulae ad petiolorum basin triangulares v. triangulari-lanceolatae. Folia 10—20 cm longa, 1—4 cm lata, utrinque aequaliter angustata v. apice acuminata, ad basin longius in petiolum angustata, margine subrecurvato integra v. undulato-crenata, eglandulosa v. supra basin margine ipso glanduloso-emarginata, nervis utrinque subaequaliter prominentibus, pleraque reflexa, suprema subito ad bracteas dense aggregatas lineares 3—1 cm longas et 3—1 mm latas erectas v. subincurvas, margine infero glanduliferas, supero saepius minute serratas, utrinque dense pilosulas reducta. Flores dimorphi; prophylla lineari-subulata 4—7 mm longa, 0,7—1 mm lata, coriacea, margine infero denticulis parcis serrata. Calyx extrinsecus densissime et brevissime striguloso-pilosus, in ¹/₃ alt. coalitus, tubo campanulato intus glabro, lobis lanceolatis, 0,5—0,8 mm longe e dorso sub apice corniculatis, 3-nervibus. Petala calycem dimidio superantia, verisimiliter pallide flava, 15—18 mm longa, intus inferne secus nervum medium puberula. Filamenta tubo imo 1 mm longe adnata et hoc loco dilatata et sese attingentia, longiora 6—8 mm longa: antherae juniores oblongo-lineares, 3—3,5 mm longae, 0,7—0,8 mm latae, in ¹/₄ alt. affixae, basi in ¹/₆—¹/₃ alt. emarginatae, defloratae superne subrecurvatae. Styli breviores 2,5 mm longi crassiusculi, pilis erectis dense hirtelli, ab antheris 1,3—1,5 mm distantes, in parte ? ₃ superiore flagellatim multipartiti.

Habitat verisimiliter in Brasilia septentrionali, culta in Rio de Janeiro: Glaziou n. 9852 et 9857 (Herb. Kew.).

8. **Turnera Brasiliensis** *Willd.*, fruticulus, stipulis 0,3—0.5 mm longis; petiolis 2—15 mm longis, margine glandulas 2 + 2 ad 4 + 4 amplas praebentibus; foliis oblongis, elliptico-lanceolatis v. lanceolatis, 2¹/₂—4-plo longioribus quam latioribus, supra brevissime hirtellis, omnibus aequalibus; floribus in capitula axillaria et pseudoterminalia 5—12-flora cymosa collectis; pedunculis et pedicellis nullis: calyce 6—8 mm longo; filamentis densiuscule pilosulis; antheris obtuse apiculatis glabris; ovario glabro 7—12-ovulato: valvis dorso verrucis cylindraceo-elongatis dense obsitis; seminibus subcurvatis obsolete et tenuissime impresso-punctulatis, striis reticuli vix conspicuis, tenuiter puberulis.

Var. α. foliis 5—15 mm longe petiolatis, 8—15 cm longis, 3—4,5 cm latis, 3—4-plo longioribus quam latioribus.

Turnera Brasiliensis Willd. Msc. in Roem. et Schult. Syst. V, 678 et Herb. n. 6084!; DC. Prodr. III, 348.

Icon: Urb. in Mart. Flor. Bras. XIII, III, t. 37, f. I.

Var. β. **brevifolia** *Urb.* foliis 2—5 mm longe petiolatis, 4,5—7 cm longis, 2—2,5 cm latis, 2¹/₂—3-plo longioribus quam latioribus.

Icon: Urb. l. c. t. 37, f. II.

Fruticulus 0,4—1 m altus multicaulis; rami vetustiores brunnescentes v. nigrescentes, postremo tandem subglabrescentes, hornotini pilis brevissimis sursum curvatis

v. patentibus subfulvis denso tomentelli, teretes et plus minus manifeste striati v. angulati, gemmis serialibus minutis, raro nonnullis (sub anthesi) in ramos excrescentibus. Stipulae lineari- v. triangulari-subulatae e caule juxta petiolos prodeuntes. Folia basi acuta in petiolum contracta v. sensim cuneato-angustata, apice acuta v. acuminata, margine integerrima v. superne undulato-crenata, raro crenato-serrata, nervis ramosis supra parum prominentibus v. subimpressis, subtus valde manifestis, subtus dense pilosula v. brevissime tomentella, superiora non v. parum decrescentia, summa ipsa subito minuta gemmam foliosam formantia. Flores dimorphi; prophylla sub flore ipso prodeuntia 2—1,3 mm longa, primaria semiorbicularia v. ovato-triangularia, caetera ovata v. ovato-lanceolata v. breviter lanceolata, margine saepius denticellata, crassiuscula v. carnosa subincurva. Calyx extrinsecus breviter tomentosus, intus ad faucem pilosohirsutus, in $^2/_3$ alt. tubulosus, tubo breviter infundibuliformi-campanulato v. breviter cylindraceo ad faucem piloso-hirsuto, lobis lanceolatis, exterioribus 3-, interioribus 1-v. sub-3-nervibus, apice subcucullatis, nervo medio sub apice obtuso in dorso perpaullum producto. Petala calycem dimidio superantia, lutea v. citrina, obovato-cuneata 7—8 mm longa, 3 mm lata, intus inferne juxta v. ad nervum medium pilosa, caeterum glabra, extrinsecus saepe basi parce puberula. Filamenta longiora 5—6 mm longa, breviora 2—2,5 mm longa; antherae juniores oblongae v. elliptico-oblongae 2 mm longae, $2^1/_2$—3-plo longiores quam latiores, basi emarginatae, in $^1/_3$—$^1/_4$ alt. in concavitate affixae, defloratae superne non revolutae. Styli apice breviter multipartiti, longiores 4—5 mm longi, in parte $^2/_3$ inferiore hirtelli, breviores 2 mm longi, inferne adpresse pilosi, ab antheris 2 mm distantes. Fructus globulosus 4,5—5 mm diametro; valvae extrinsecus brunneae glabrae, intus flavido-brunneae, reticulato-impressae. Semina obovata et subcurvata, inferne valde attenuata, 3,4—4 mm longa, 1,7—2 mm lata, sub apice paullo in chalazam amplam concaviusculam contracta, hilo brevi obtuse conico.

Habitat in Brasiliae prov. Pará et Goyaz: Sieber, Burchell n. 9640, Riedel n. 1142, 1580, Spruce n. 328. — Var. β. in prov. Pará: Burchell n. 9971, Spruce n. 294, 479, Trail n. 348. — Flor. et fruct. m. Sept.— Dec.

Series II. **Stenodictyae**.

Fruticuli v. frutices, pube simplice brevissima adspersi v. pulverulenti v. ad apicem tomentosi. Stipulae juxta petioli basin abeuntes. Folia ampla supra basin v. ad petiolos glandulifera. Flores magni (cf. n. 9), ex axillis foliorum solitarii, remoti v. remotiusculi, nunc in ramulis serialibus conferti; pedunculi liberi 3—45 mm longi; prophylla saepius involucrantia, basi appendiculata; pedicelli nulli. Calyx 8—32 mm longus. Filamenta tubo 0,2—3 mm longe cum tota facie adnata. Fructus dorso dense tuberculati. Semina obovata v. obovato-oblonga, longitrorsum elevatim, transversim obsolete densissimeque striata.

9. **Turnera macrophylla** *Urb.*, petiolis superne glandulas 2 ÷ 2, raro 3 + 3 impressas gerentibus; foliis ovatis usque oblongo-lanceolatis, ad apicem magis angustatis acutis v. breviter acuminatis, basi acutis v. obtusiusculis et paullo in petiolum protractis, 6—16 cm longis, $2^1/_2$—$3^1/_2$-plo longioribus quam latioribus, subtus ad incisuras eximie glandulis orbicularibus subconcavis ornatis, caeterum basi eglandulosis, utrinque brevissime, subtus dense v. densissime pilosis; floribus monomorphis; pedunculis fructiferis 4—5 (in ramulis abbreviatis 1—3) mm

longis; prophyllis linearibus v. lanceolatis 3—6 *mm* longis, 0,5—1,5 *mm* latis; calyce 8—10 *mm* longo, in $^2/_5$—$^1/_2$ alt. coalito; filamentis tubo imo 0,2—0,5 *mm* longe adnatis, medio parce et tenuissime puberulis.

Rami vetustiores glabrescentes, purpurascentes, tenuiter striati, teretes, hornotini pilis sursum curvatis v. crispulis brevissimis flavescentibus densissime adspersi v. superne subtomentosi, inter pedunculos et ramos gemmis serialibus saepius bene evolutis. Stipulae setaceae v. subulato-setaceae 0,8—1,5 *mm* longae. Folia 0,8—1,5 *cm* longe petiolata, 2—6 *cm* lata, margine plano basi excepta simpliciter v. duplicato-crenata, nervis supra parum, subtus valde prominentibus; folia ramulorum serialium pluriès minora v. bracteiformia, serrata, magis approximata. Pedunculi compressiusculi, superne dilatati; prophylla margine dentibus nonnullis subulatis serrata, basi utrinque appendice fere usque ad basin 2—5-fida 1—2 *mm* longa stipulata. Calyx extrinsecus dense et adpresse tomentoso-hirtellus, tubo subcylindrico v. inferne paullo ampliato intus glabro, lobis linearibus v. lanceolatis 3- v. sub-5-nervibus, circa 0,5 *mm* longe apiculatis. Petala calycem paullo superantia, obovata v. obovato-oblonga, cuneata, apice obtusissima, 6—7 *mm* longa, 2,5—3 *mm* lata, supra basin puberula. Filamenta basi extrinsecus vix incrassata, 8—9 *mm* longa; antherae juniores ovato-oblongae obtusissimae, obsolete vel manifeste apiculatae, 1,5—2 *mm* longae, 0,5—0,8 *mm* latae, dorso in $^2/_5$—$^1/_2$ alt. in concavitate ampla affixae et usque ad hunc locum emarginatae, defloratae superne subrecurvae. Styli 6 *mm* longi, usque ad stigmata pilis erectis villoso-hirsuti, apice tripartiti et iterum dividendo 15—20-fidi, flagello vix 1 *mm* longo. Ovarium breviter ellipticum v. ovato-globosum densissime flavido-hirtellum, 50—70-ovulatum. Fructus globulosus, paullo longior (8—10 *mm*) quam crassior (7—9 *mm*); valvae dorso pilis adpressis brevibus v. brevissimis obsitae et dense tuberculatae, intus plus minus flavescenti- v. ferrugineo-punctatae, glabrae. Semina obovato-piriformia, vix v. parum curvata, inferne valde attenuata, 3—3,5 *mm* longa, 1,5—1,8 *mm* crassa, hilo non v. vix prominulo, chalaza gibboso-protracta concaviuscula, arillo laterali fere longitudine seminis, semen dimidium v. supra cingente, flavescente.

Habitat in Brasiliae prov. Alto Amazonas in fruticetis litoreis lacus Egensis m. Dec. flor. et fruct.: Poeppig n. 2848; in Brasilia septentrionali: Wallis; in andibus Peruvianis: fide herb. Acad. Petropol.

10. **Turnera acuta** *Willd.* petiolis sub lamina glandulas 1+1 v. 2+2, raro 3 + 3 gerentibus; foliis ovatis usque lanceolatis, utrinque aequaliter v. ad apicem magis angustatis, acutis v. breviter acuminatis, basi plus minus cuneatis, majoribus 5—12 *cm* longis, 2—4-plo longioribus quam latioribus, glabrescentibus v. subtus v. utrinque, praesertim ad nervos. brevissime pilosulis, eglandulosis v. ad incisuras obsolete glanduloso-incrassatis v. subtus glandulas bene evolutas gerentibus; floribus dimorphis; pedunculis fructiferis 3—10 *mm* longis; prophyllis ovatis usque oblongis 8—12 *mm* longis, 2,5—8 *mm* latis; calyce 12—18 *mm* longo, in $^2/_5$—$^1/_2$ alt. coalito; filamentis tubo imo 1—1,3 *mm* longe adnatis, usque supra medium v. fere ad apicem tenuissime et dense pubescentibus.

Turnera acuta Willd. Msc. in Schult. Syst. Veg. VI, 678 et Herb. n. 6082! — non Spreng.
Turnera carpinifolia H. B. K.! Nov. Gen. VI, 125; DC. Prodr. III, 347.

Icon: *Urb. in Mart. Flor. Bras. XIII, III, t. 38.*

Frutex 1—2,5 *m* altus: rami elongati debiles parci aliis arboribus accumbentes, ramuli vetustiores glabrescentes v. glabri, brunnei, nunc griseo-maculati, tenuiter striati, hornotini pilis brevissimis pallide flavis, crispulis v. sursum curvatis dense pilosiusculi v. pulverulenti, gemmis serialibus obviis, nonnullis postremo elongatis et floriferis. Stipulae minimae, saepius deciduae, lanceolatae v. lineari-subulatae, 0,2—0,5 *mm* longae. Folia 4—10 *mm* longe petiolata, magnitudine in eodem specimine valde variabilia, generationis prioris 2—4 *cm* lata, margine plano basi excepta serrata v. crenata, dentibus saepe subinaequalibus v. duplicatis, nervis supra prominulis, subtus prominentibus, suprema et generationis posterioris (ramorum serialium) 2—4 *cm* longa, 1—2 *cm* lata. Pedunculi superne dilatati; prophylla acuminata, extrinsecus v. utrinque pilosula, ramosinervia, fructum obtegentia saepius ampliata, margine integra v. plerumque denticulata, basi non connata, utrinque appendicibus plane liberis plerumque solitariis, raro 2—3, linearibus v. lineari-subulatis 1—5 *mm* longis stipulata. Calyx extrinsecus breviter et adpresse hirtellus, tubo subcylindrico intus superne piloso, lobis lanceolato-linearibus, 3- v. sub-5-nervibus, nervo medio supra apicem 1—1,5 *mm* longe setaceo-producto, lateralibus in lobis interioribus membranaceis obsoletioribus. Petala calycem vix v. parte 5—6-ta superantia, „aurantiaca", obovato-cuneata, 13 – 14 *mm* longa, 7 *mm* lata, intus supra basin pubescentia. Filamenta supra basin extrinsecus longitrorsum glanduloso-incrassata, longiora 9—10 *mm*, breviora 6—7 *mm* longa; antherae juniores lanceolato-lineares, a basi sensim angustatae, obtusiusculae v. obsolete apiculatae, 3,5—4,5 *mm* longae, 0,7—0,9 *mm* latae, dorso in ¹/₄—¹/₅ alt. in concavitate ampla affixae, basi cr. in ¹/₁₀ alt. emarginatae. Styli basi remotiusculi, in parte ¹/₂—²/₃ inferiore pilis erectis v. erecto-patulis hirsuti, apice 1 *mm* longe flagellato-multifidi, longiores 9—11 *mm* longi, antheras 2,5—3 *mm* longe superantes, breviores 5—5,5 *mm* longi, a basi antherarum vix 2 *mm* distantes. Ovarium subcylindricum, basi paullo amplius, brevissime v. obsolete hirtellum, 22—38-ovulatum. Fructus globulosi, interdum obsolete et obtuse apiculati, 4—6 *mm* diametro; valvae dorso breviter hirtellae, intus flavescentes, ferrugineo-punctatae, glabrae. Semina obovata v. obovato-oblonga, parum v. manifeste curvata, inferne valde attenuata, 2,5—3,5 *mm* longa, 1,3—1,8 *mm* crassa, hilo non prominente, chalaza paullo protracta concava, arillo laterali amplo fere seminis longitudine flavescente.

Habitat in Brasiliae prov. Pará et Alto Amazonas: Martius, Spruce n. 1074, 1405, Trail n. 347, 354; in Venezuela prope Maypures: Humboldt et Bonpland n. 882, Spruce n. 3004. — Flor. et fruct. m. Nov. Dec. Mai. Jun.

11. **Turnera aurantiaca** *Benth.* petiolis superne v. sub lamina ipsa glandulas majusculas 1 + 1, raro 2 + 2 gerentibus; foliis ovatis usque ovato-oblongis, acutis v. acuminatis, basi rotundatis v. cuneatim in petiolum protractis, 8—13 *cm* longis, 2—3-plo longioribus quam latioribus, supra glabrescentibus, subtus praesertim ad nervos breviter strigoso-pilosis, margine eglandulosis; floribus dimorphis; pedunculis 15—25 *mm* longis; prophyllis linearibus usque ellipticis 8—17 *mm* longis, 1 – 6 *mm* latis; calyce 18—32 *mm* longo, in ¹/₂ alt. coalito; filamentis tubo 2—3 *mm* longe adnatis, usque ad v. supra medium puberulis.

Turnera aurantiaca Benth.! in Hook. Journ. of Bot. IV, 116; Walp. Repert. II, 229.

7

Turnera subglabra Klotzsch! Msc. in Rich. Schomb. Faun. u. Flor. Brit. Guian. 984.

Rami vetustiores glabri v. glabrescentes, epidermide nitida brunneo-cinerascente obtecti, manifeste subirregulariter striati, teretes, hornotini pilis curvato-erectis v. adpressis brevissimis flavescentibus, saltem ad apicem, laxe v. dense adspersi, subangulati, gemmis serialibus inter ramulos floresque ac ramos manifestis, nunc evolutis et floriferis. Stipulae minutae 0,7—1 *mm* longae, anguste subulatae. Folia 5—10 *mm* longe petiolata, 3,5—5 *cm* lata, margine basi excepta subregulariter v. duplicato-crenata, nervis supra obsolete, subtus magis prominentibus, in ramulis serialibus duplo et ultra breviora. Pedunculi compressi, superne paullatim dilatati; prophylla basi appendicibus minimis solitariis setaceis v. longioribus profunde v. fere usque ad basin in lacinias 3—4 subulatas fissis stipulata, acuminata, integra v. papillis nonnullis flavis serrulata v. parce et remote denticellata, raro inferne ad marginem glandulis 2 v. 4 instructa. Calyx extrinsecus dense et 'breviter strigoso-pilosus, tubo sub-cylindrico intus superne densiuscule puberulo, lobis anguste lanceolatis v. lanceolato-linearibus, 3- v. 5-nervibus, nervo medio supra-apicem v. in interioribus e dorso 0,8—1,4 *mm* longe mucronato-producto. Petala calycem paullo v. usque parte 4-ta superantia, aurantiaca, obovato-cuneata, apiculata, 15—22 *mm* longa, 12—15 *mm* lata, glabra. Filamenta supra basin extrinsecus incrassata, e basi latiore angustata, superne filiformia, longiora 16—18 *mm*, breviora 11—12 *mm* longa; antherae juniores oblongo-lineares v. lineari-subulatae, 4—5 *mm* longae, 1—1,3 *mm* latae, obsolete apiculatae, basi non v. vix (usque ad 10-mam partem) emarginatae, dorso in concavitate ampla affixae, defloratae rectae. Styli basi remotiusculi glabri v. inferne parce hirsuti, breviores 8—9 *mm* longi, a basi antherarum 3—5 *mm* distantes, apice flavo cr. 1,5 *mm* longe lobulato-flagellato. Ovarium ovato-trigonum, truncatum, pilis brevibus v. brevissimis sericeo-puberulum v. inferne subglabrum, 50—75-ovulatum. Fructus globulosus v. ovato-globulosus, 7—8 *mm* diametro; valvae dorso brunneae, pilis erectis brevibus obsitae v. subglabrae, intus ferrugineae glabrae. Semina obovata, inferne valde attenuata et parum curvata, 2,5—3 *mm* longa, 1,5—1,8 *mm* lata, brunnea, hilo breviter prominente semigloboso, chalaza paullo protracta concaviuscula, arillo semen dimidium cingente et fere usque ad apicem ascendente.

Habitat in Guiana Anglica in planitiebus arenosis ad Essequibo et Rupunony: Roh Schomburgk n. 291, Rich. Schomburgk n. 306 et 1267, Pollard n. 16, ad Essequibo: Appun n. 330, Jenman n. 968, 1087, ad Mazaruni: Jenman n. 785. — Flor. April., Sept.—Oct.

12. **Turnera velutina** *Benth.* petiolis sub apice glandulas 1÷1, raro 2÷2 gerentibus; foliis ovatis, apice obtusis, raro acutatis, basi leviter cordatis, 4—6 *cm* longis, 2-plo longioribus quam latioribus, adultis supra brevissime et dense pilosis, subtus griseo-tomentosis, margine subtus ad incisuras obsolete glanduliferis; floribus dimorphis; pedunculis 8—12 *mm* longis; prophyllis lanceolato- v. lineari-subulatis, 3—5 *mm* longis, 0,6—1,2 *mm* latis; calyce 20 *mm* longo, in $^1/_3$ alt. coalito; filamentis tubo vix 1 *mm* longe adnatis, in $^1/_3$ alt. pilosulis. .

Turnera velutina Benth.! in Hook. Journ. of Bot. IV, 116; Walp. Repert. II, 229, — non Presl.

Turnera Benthamiana Rich. Schomb.! Faun. u. Flor. Brit. Guian. 1166.

Rami vetustiores glabresceutes, caesio-brunnescentes, teretes, subirregulariter plicato-striati, hornotini pilis brevissimis patentibus flavidis dense vestiti v. ad apicem tomentosi, gemmis serialibus sub anthesi conspicuis, posterius verisimiliter evolutis. Stipulae subulato-setaceae, 1—2 *mm* longae, integrae. Folia 4—7 *mm* longe petiolata, 2—3 *cm* lata, margine toto crenato-dentata v. subduplicato-crenata, nervis supra parum impressis, subtus prominentibus, juniora subtus albido-, ad nervos flavescentitomentosa, supra velutina. Pedunculi compressiusculi, superne dilatati; prophylla basi tubi calycini adnata, margine papillis parcis linearibus parum manifestis serrulata, ad basin dilatatam et interdum parum connatam appendicibus 2—4 stipuliformibus anguste lineari-subulatis v. setaceis usque ad 2,5 *mm* longis aucta. Calyx extrinsecus velutino-tomentosus, tubo cylindraceo-campanulato intus superne pubescente, lobis lanceolatis, breviter mucronatis v. nervo medio infra apicem in dorso excurrente cr. 0,5 *mm* longe corniculatis, 3-nervibus, nervis lateralibus in lobis interioribus membranaceomarginatis minus conspicuis. Petala calycem vix parte 4-ta superantia, aurantiaca, obovata, inferne angustata, 16—17 *mm* longa, cr. 9 *mm* lata, glabra, supra basin parce pilosa. Filamenta basi extrinsecus glanduloso-incrassata, longiora 13—15 *mm* longa; antherae juniores oblongo-lineares, obtusae, 3,5 *mm* longae, 1—1,3 *mm* latae, basi ima in parte 10—12-ma emarginatae, in concavitate ampla affixae, defloratae apice ligulato-angustato recurvae. Styli breviores inferne pilis erectis parce pilosi, apice 8—12-fidi, ramulis vix 2 *mm* longis crassiusculis v. superne crassioribus, 6 *mm* longi, a basi antherarum 5 *mm* distantes. Ovarium ovatum, pilis erectis pallide flavidis hirsutissimum, 70—90-ovulatum.

Habitat in Guiana Anglica inter saxa: Rob. Schomburgk n. 626, ad Rupunime: Appun n. 2202, in savannis: idem n. 1301.

13. Turnera longipes *Triana* petiolis eglandulosis; foliis ovatis usque elliptico-lanceolatis utrinque aequaliter v. ad apicem paullo magis angustatis, acutis v. breviter acuminatis, basi cuneatis, 7—9 *cm* longis, $2^1/_2$—3-plo longioribus quam latioribus, supra parcius, subtus dense et brevissime pilosis, supra basin subtus ad marginem glandulis 1 + 1 ornatis; floribus dimorphis; pedunculis floriferis 20—45 *mm* longis; prophyllis lineari-subulatis 3—6 *mm* longis, 0,3—0,8 *mm* latis; calyce 23—25 *mm* longo, in $^1/_2$ alt. coalito; filamentis tubo 2—2,5 *mm* longe adnatis glabris.

Turnera longipes Triana Msc. in Herb. Mus. Paris. et (sine nomine) in Ann. des sc. nat. V. Sér. XVII, 188 in adn.

Rami vetustiores griseo-brunnescentes, teretes, irregulariter plicato-striati, hornotini pilis brevissimis pallide flavis sursum curvatis deusissime adspersi v. pulverulenti, gemmis serialibus inter pedunculos et ramos conspicuis, verisimiliter postremo evolutis. Stipulae lanceolatae v. lanceolato-subulatae vix 0,5 *mm* longae. Folia 4—7 *mm* longe petiolata, 2,5—3 *cm* lata, margine basi excepta inaequaliter v. subduplicatocrenato-dentata, nervis supra parum prominulis, subtus prominentibus, supra obscura, subtus flavo-virentia, glandulis orbicularibus circumcirca densissime et brevissime pilosis, in medio flavido-brunnescentibus. Pedunculi filiformes, ad apicem dilatati; prophylla utrinque pilosa, margine integra v. dentibus parcis serrata, basi inter sese remota, utrinque appendice triangulari 0,2—0,5 *mm* longa integra parum conspicua stipulata, opposita v. subalterna. Calyx extrinsecus brevissime et dense hirtellus, tubo cylindraceo, intus superne pubescente, lobis lanceolatis v. lineari-lanceolatis sub-5-nervibus, interioribus anguste membranaceo-marginatis, nervo medio e dorso supra apicem subcucullatum cr. 1 *mm* longe producto. Petala calycem parte ejus 5-ta longitudine superantia, „punicea", obovata cuneata, 15—18 *mm* longa, plane glabra. Filamenta supra partem adnatam extrinsecus manifeste longitrorsum incrassata, breviora 8 *mm* longa; antherae juniores lineares, superne parum attenuatae, obtusiuscule apiculatae, 3,5—4 *mm* longae, 0,7—0,8 *mm* latae, dorso in $^1/_4$—$^2/_$, alt. affixae, basi ima (in parte 15-ma) emarginatae, defloratae superne recurvatae. Styli longiores 15—16 *mm* longi, antheras 7 *mm* longe superantes, in parte tertia inferiore pilis erectis parcis obsiti, apice cr. 2 *mm* longe pluri-partiti. Ovarium breviter ovatum, breviter et dense hirsutum, 35—50-ovulatum.

Habitat in Venezuelae prov. Caraboho prope Montalban in savannis saxosis m. Junio florif.: Funck et Schlim n. 646.

Series III. Anomalae.

Fruticulus parvus pube stellari. Stipulae ad petioli basin prodeuntes. Folia ampla ad basin v. ad petiolum glandulifera. Flores ex axillis solitarii, magni, sub anthesi remoti; pedunculi liberi 4—5 mm longi; prophylla subinvolucrantia, basi disjuncta; pedicelli nulli. Calyx 14 mm longus. Filamenta verisimiliter margine infero ad nervos calycis commissurales adnata.

14. **Turnera Cearensis** *Urb.* foliis petiolatis, anguste ovatis v. ovato-ellipticis, basi obtusiusculis v. obtusis, apice acutis, $2^1/_2$-plo longioribus quam latioribus; calyce in $^1/_3$ alt. coalito.

Rami vetusti brunnei glabri striati, hornotini pilis brevibus flavescentibus tomentosi, teretes, gemmis serialibus non observatis. Stipulae 1—1,8 *mm* longae, lanceolato-subulatae, pilosulae. Folia petiolis 6—7 *mm* longis tomentosis instructa, 5—6 cm longa, 2—2,5 *cm* lata, $2^1/_2$-plo longiora quam latiora, margine subplano fere usque ad basin crenato-serrata, crenis nunc aequalibus, nunc inaequalibus v. subduplicatis, nervis supra subimpressis, subtus flavido-tomentosa, supra pilis stellaribus panciradiatis dense obtecta v. paene velutina, ad basin v. ima basi (nunc paullo inferius ad petiolum ipsum) glandulis 1 + 1 v. 2 + 2 parvis brunneis instructa, superiora paullatim decrescentia. Prophylla 5—6 *mm* longa, 1—1,5 *mm* lata, linearia v. lanceolato-linearia, acuta v. acuminata, tomentosula, margine supero remote et parce serrulata. Calyx extrinsecus, praesertim ad lobos, dense pubescens, intus praeter pubem ad faucem obviam glaber, tubo campanulato, lobis nervo medio e dorso sub apice prorumpente apiculatis. Petala calycem superantia, lutea. Filamenta glabra; antherae juniores ovatae obtusae 1,8 *mm* longae, 1 *mm* latae, dorso sub $^1/_3$ alt. affixae, basi paene ad insertionem emarginatae. Styli longiuscule villosi. Ovarium globulosum, superne villosum, ovulis valde numerosis.

Habitat in Brasiliae prov. Ceará prope Brejo grande m. Febr. flor.: Gardner n. 2405.

Obs. Species habitu miro modo *Piriquetam sidifoliam* referens. Flos unicus quem examinare potui, stylis 5 et ovarii placentis 5 gaudebat.

Series IV. Leiocarpae.

Folia suprema saltem basi glandulifera (exceptis spec. 15, 20, 28, 29, sed his exstipulatis). Flores ex axillis foliorum s. bractearum solitarii, remoti v. conferti, nunc capituliformes; pedunculi saltem superiores petiolo plus minus adnati, post delapsum cicatricem orbicularem relinquentes. Calyx in $^1/_4$—$^3/_5$ alt. coalitus. Filamenta basi ima tubo calycino adnata, plerumque glabra. Styli glabri, nunc parce pilosi. Valvae dorso laeves (cf. n. 15). Semina obovata usque oblonga.

aa. **Perennes, stipulis** (cf. n. 19) et ramulis serialibus non evolutis, foliis obovatis usque oblongo-lanceolatis, floribus magnis, calyce 8—20 mm longo.

15. **Turnera sidoides** *Linn.* caulibus 5—30 cm altis, pube brevi v. elongata, nunc tomentosa; foliis 0—5 mm longe petiolatis, obovatis usque oblanceolato-cuneatis, serratis, crenatis usque pinnati-partitis, intermediis 1,5—5 cm longis, 0,8—2,5 cm latis, dimidio v. usque 3-plo longioribus quam latioribus, basi eglandulosis; floribus plus minus perfecte dimorphis; pedunculis inferioribus 4—12 mm longis et 1—4 mm longe adnatis, supremis usque 2 mm brevibus et fere ad prophylla coalitis; prophyllis linearibus, 8—15 mm longis, 0,2—1 mm latis eglandulosis; pedicellis 4—1 mm longis v. supremis subnullis; calyce 8—13 mm longo, in $^1/_4$—$^2/_5$ alt. coalito; stylis glabris obsolete 3-lobis v. manifeste 1 mm longe flagellato-multipartitis; fructibus sub indumento tuberculatis; seminibus gibberosis.

Var. *α*. **holosericea** *Urb.* foliis antice grosse serratis, utrinque velutino-tomentosis; caulibus pilis brevioribus densissimis sursum curvatis adpressisque et longioribus patentibus mollibus flavis villoso-tomentosis.

Icon: Urb. in Mart. Flor. Bras. XIII, III, t. 39.

Caules 15—30 cm longi, 1,5—2,5 mm crassi, erecti v. e basi ascendente erecti teretes simplices, inferne plerumque subnudi, caeterum foliosi. Folia subsessilia v. 1—3 mm longe petiolata, obovato- v. subrhombeo- v. oblongo- v. oblanceolato-cuneata, intermedia 2,5—5 cm longa, 0,8—1,8 cm lata, 2—3-plo longiora, quam latiora, nervis supra subimpressis, supra viridi-flavescentia, subtus flavo-albescentia v. -cinerascentia. Flores ad apicem caulis aggregati, nonnullis infimis saepius distantibus, imperfecte heterostyli; pedunculi inferiores 4—12 mm longi, 2—4 mm longe adnati, supremi usque ad 2 mm decrescentes, fere ad prophylla coaliti; prophylla 8—12 mm longa, 0,2—0,4 mm lata angustissime linearia; pedicelli 4—1 mm longi v. supremi subnulli. Calyx 9—13 mm longus extrinsecus villoso-hirsutus, intus in tubo superiore dense pubescens, in $^1/_3$—$^1/_4$ alt. coalitus, tubo subcampanulato, lobis lanceolatis acuminatis, praeterea obsolete v. usque ad 0,5 mm longe e dorso apiculatis, 3-nervibus. Petala calycem parte $^1/_3$—$^1/_2$ ejus long. superantia, ex sicco verisimiliter rubra v. purpurea, supra basin evidenter cyanea, 15—16 mm longa, 7—9 mm lata, obtriangulari- v. obovato-cuneata apiculata, glaberrima. Filamenta tubi basi usque ad 0,5 mm longe adnata glaberrima 5—6 mm longa; antherae clausae semilanceolatae vix 2,5 mm longae, 0,8 mm latae obtusae ad v. sub $^1/_5$ alt. affixae, basi parum emarginatae, posterius superne arcte revolutae. Styli glabri colorati, apice breviter v. obsolete 3-lobi, lobis verruculosis, 2—4 mm longi, ab antheris usque 1 mm distantes v. eas vix superantes. Ovarium globulosum v. breviter ovatum densissime hirsutum, cr. 30—42-ovulatum. Fructus (immaturus) ovato-globosus v. breviter ovatus; valvae dorso densissime villoso-tomentosae, intus albido-flavescentes impresso-reticulatae.

Habitat in Brasilia australi: Sello n. 2946, 3043, Goudichaud sub iisdem numeris.
— *Accedit specimen a cl. Técedie in prov. Rio Grande lectum.*

Var. *β.* **hispida** *Urb.* foliis praeter basin cuneatam serratis, pilis albidis crispulis brevissimis tomentosulis; caulibus pube brevissima et setis aureis crassitie caulis longioribus patentibus dense obtectis.

Turnera sidoides Linn.! Mant. 58.
Turnera sedoides DC. Prodr. III, 347.
Turnera pinnatifida Camb.! in St. Hil. Flor. Bras. mer. II, 161 (222).

Caules 10—15 cm alti. Folia 1—3 mm longe petiolata, obovato- v. ovali-cuneata 2,5—3 cm longa, 1,2—1,5 cm lata, setulis utrinque pubi tomentosae inter-mixtis. Pedunculi 10—4 mm longi, basi v. in ¹/₃ alt. cum petiolo coaliti; prophylla linearia 9—15 mm longa, 0,7—1 mm lata; pedicelli 1—2 mm longi. Flores dimorphi. Calyx 10—13 mm longus, in ¹/₃ alt. coalitus. Petala calycem dimidia ejus long. superantia, basi atropurpurea, 12—15 mm longa. Antherae clausae ovato-oblongae 2—3 mm longae, 1 mm latae, in ¹/₄ alt. affixae. Styli apice dilatato nigrescente integri subintegrive.

Habitat prope Montevideo: St. Hilaire n. 8068, Hb. Hafn. et Linn.

Var. *γ.* **Grisebachiana** *Urb.* foliis antice v. usque supra medium profundiuscule crenatis v. serratis, membranaceis, utrinque praesertim subtus ad nervos subparce sed longiuscule setosis, caeterum glabris; caulibus setis flavidis patentibus crassitiem caulis aequantibus v. longioribus dense hirsuti, pube minuta curvata subparca.

Turnera setosa var. integrifolia Griseb.! Symb. Arg. 138.

Caules 15—20 cm alti. Folia 2—5 mm longe petiolata, obovato-cuneata, inter-media 3,5—5 cm longa, 1,5—2,5 cm lata, 2—2¹/₂-plo longiora quam latiora. Pedun-culi inferiores 10—6 mm longi, superiores breviores, in ¹/₂ alt. coaliti; prophylla linearia, 10—15 mm longa, 0,4—0,8 lata, ad apicem et basin angustata; pedicelli 2—3 mm longi. Flores dimorphi. Calyx 11—13 mm longus in ¹/₄ alt. coalitus. Petala calycem parte ²/₅—³/₅ ejus long. superantia, supra basin saepius atroviolacea, 15—18 mm longa. Antherae clausae ovato-oblongae, fere 3 mm longae, 1—1,2 mm latae, supra ¹/₃ alt. affixae. Styli longiores 6—7 mm, breviores 3 mm longi, ab antheris 1,5—2,5 mm distantes, apice 1 mm longe flagellato-multipartiti.

Habitat in Argentinae prov. Entrerios prope Concepcion del Uruguay: Lorentz (a. 1875) n. 257, 959. — Mens. Oct. flor.

Var. *δ.* **incisa** *Urb.* foliis antice v. usque supra medium profunde v. inciso-dentatis v. serratis, supra hirsutis v. strigoso-pilosis, non tomen-tosis; caulibus pilis plerumque curvato-erectis, crassitie caulis brevioribus, pallidis, raro magis patentibus et longioribus vestitis, pube crispula saepius adjecta.

Turnera pinnatifida Juss.! Msc. in Lam. Encycl. VIII, 144.
Turnera setosa Smith! in Rees Cycl. vol. 36 (a. 1819) n. 6 (ex parte).
Turnera pinnatifida var. carnea Camb.! in St. Hil. Flor. Bras. mer. II, 161 (222); Walp. Rep. II, 229.

Var. *ε.* **lycopifolia** *Urb.* foliis pinnatifidis v. pinnatipartitis, segmentis lanceolatis v. lanceolato-linearibus, pube strigosa semper erecta v. adpressa.

Turnera pinnatifida var. β. Poir.! in Lam. Encycl. VIII, 144.
Turnera setosa Smith! l. c. (ex parte).
Turnera pinnatifida var. lycopifolia DC. Prodr. III, 347.
Turnera pinnatifida var. angustiloba Camb.! l. c.
Turnera setosa var. Entreriana Griseb.! Symb. Arg. 138.

Var. ζ. **angustiloba** *Urb.* foliis paene usque ad nervum medium in lobos dissitos lineares vix 1 *mm* latos dissectis, pilis strigoso-accumbentibus pallidis.

Turnera pinnatifida var. angustiloba DC. Prodr. III, 347.
Turnera setosa Griseb.! Plant. Lorentz. 102 et Symb. Arg. 138.

Descriptio var. δ—ζ: Rhizoma crassum lignescens. Caules plures 5—20 *cm*, plerumque 10—15 *cm* alti, erecti v. ascendentes, raro procumbentes, simplices v. rarius inferne ramosi, 1—1,5 *mm* crassi. Folia petiolis 2—4 *mm* longis v. subnullis praedita, ambitu obovata v. obovato-oblonga acuta, basi cuneato-angustata, 1,5—3 *cm* longa, 1—1,5 *cm* lata, dimidio v. duplo longiora quam latiora. Flores heterostyli, in apice caulis conferti v. approximati, nunc inferiores distantes; pedunculi 1—6 *mm* longi, basi v. usque supra medium, raro ad prophylla petiolo adnati; prophylla anguste v. angustissime linearia, 4—12 *mm* longa, 0,2—0,5 *mm* lata; pedicelli 1, raro 2 *mm* longi. Calyx 8—10 *mm* longus, extrinsecus hirsutus, intus superne v. fere ad basin pubescens, in $^1/_4$—$^2/_3$ alt. in tubum obconicum v. obconico-campanulatum coalitus, lobis lanceolatis v. oblongo-lanceolatis 3- v. sub-5-nervibus, apiculatis v. acuminatis. Petala calycem parte $^2/_3$ v. duplo superantia, „in collibus elatioribus purpurascentia, in pascuis demissioribus flavicantia" (ex Comm.), obovato-cuneata, antice obtusissima v. truncata, 13—15 *mm* longa, 9—11 *mm* lata, glabra. Filamenta tubo vix 0,5 *mm* longe adnata, inferne v. ad medium pubescentia; antherae clausae ovato-oblongae, vix 3 *mm* longae, 1—1,2 *mm* latae, 2$^1/_2$-plo longiores quam latiores, obtusissimae, in $^1/_3$ alt. affixae, basi breviter emarginatae, defloratae superne revolutae. Styli glabri, apice multipartiti, flagello cr. 1 *mm* longo recurvato, longiores 5 *mm*, breviores 2—2,5 *mm* longi, ab antheris 2—3,5 *mm* longe distantes. Ovarium ovatum, dense et longiusculo hirsutum, 27—37-ovulatum. Fructus (ex var. ζ) ovatus v. ovalis, 6—8 *mm* longus, 5 *mm* crassus; valvae extrinsecus hirsutae et breviter puberulae, sub indumento manifeste tuberculatae, intus viridi-flavescentes. Semina anguste oblonga, sed falcato-curvata, 2—2,5 *mm* longa, 0,8—1 *mm* crassa, obsolete reticulata, sed gibberibus longe prominentibus armata, postremo brunneo-nigrescentia, glabra, hilo semigloboso, chalaza non prominente.

Habitat var. δ. prope Montevideo: Commerson, Sello n. 2282, in collibus saxosis ibidem: Gibert n. 754. — Var. ε. in Uruguay: St. Hilaire C² n. 2171, prope Montevideo: Commerson, Sello n. 68, Gibert. n. 131, ad ripam Rio S. Lucia: Gibert n. 681; in Argentinae prov. Entrerios prope Concepcion del Uruguay in campis et collibus siccis: Lorentz (a. 1875) n. 255, 960, prope Buenos Aires: Tweedie n. 391, 392; in Bolivia prope Chuquisaca: Orbigny n. 1253. — Var. ζ. in Argentina in pratis prope Cordoba: Hieronymus (a. 1874) n. 76, prope S. Francisco: Lorentz (a. 1871) n. 287 b, prope Buenos Aires: Arnott.

16. **Turnera nana** *Camb.* caulibus 3—18 *cm* altis, pube varia brevi v. longiore, inferne nudis; foliis supremis 2—6 *mm* longe petiolatis,

obovato-cuneatis v. saepius ellipticis v. elliptico-oblongis, obtusis v. acutis, basi cuneatis, 1—6 *cm* longis, 0,5—1,5 *cm* latis, 2—5-plo longioribus quam latioribus, basi glandulis 1 + 1 ornatis; floribus dimorphis; pedunculis 2—10 *mm* longis, basi tantum v. fere ad prophylla cum petiolis coalitis; prophyllis aequalibus linearibus 3—6 *mm* longis, 0,4 ad 0,8 *mm* latis eglandulosis; pedicellis 0—1,5 *mm* longis; calyce 10—17 *mm* longo, in $^1/_4 - ^2/_3$ alt. coalito; stylis superne parce strigulosis v. glabrescentibus, in $^1/_4 - ^1/_2$ parte superiore flagellatis.

Turnera nana Camb. in St. Hil. Flor. Bras. mer. II, 159 (219); Walp. Repert. II, 229.

Caules erecti v. arcuato-erecti, simplices, teretes, 1—2 *mm* crassi, pilis brevibus v. crassitie caulis dimidia longioribus arcuato-erectis et adpressis v. patentibus flavidis v. ochroleucis inferne laxius, superne densius v. densissime vestiti. Folia inferiora parcissima valde distantia, internodiis pluries breviora, orbiculari- v. obovato-cuneata v. squamiformia, suprema conferta, antice v. usque supra medium, saepius inaequaliter, crenata v. serrata, utrinque pubescentia v. subtus inter nervos breviter tomentoso-villosa. Flores ex axillis foliorum plerumque omnium, imi saepius steriles. Calyx extrinsecus pilosus, intus in tubo cylindraceo-campanulato praesertim superiore dense pubescens, lobis lanceolatis brevissime v. obsolete apiculatis, 3- v. 5-nervibus. Petala calycem dimidio superantia, aurea obovata cuneata, 14—18 *mm* longa, glabra. Filamenta tubo vix v. —0,4 *mm* longe adnata, glabra, longiora 8—9 *mm*, breviora 4,5—7 *mm* longa; antherae clausae elliptico-oblongae v. oblongae, 2,2—3 *mm* longae, 1 *mm* latae, obtusae, in $^1/_3$ alt. affixae, basi breviter emarginatae, defloratae revolutae v. parum recurvatae. Styli longiores valde variabiles 6,5—10 *mm* longi, in parte $^1/_4 - ^2/_3$ sup. iterum dividendo multipartiti, antheras 1,5—5 *mm* longe superantes, breviores 4—4,5 *mm* longi, in $^1/_3 - ^1/_2$ parte sup. flagellati, basin antherarum attingentes. Ovarium breviter ovatum, dense v. densissime pilosum, 20—50-ovulatum.

Habitat in Brasilia, in campis nuperrime crematis in parte deserta occidentalique prov. Minas Geraës quam vocant Sertäo: St. Hilaire B¹ n. 1956; in prov. Goyaz inter Goyaz et Cavalcante: Burchell n. 7879; ad Engenho Bernardino: Pohl n. 1272. — Flor. Sept.

17. **Turnera Pohliana** *Urb.* caulibus 20—25 *cm* altis hirsutis inferne subnudis; foliis 2—5 *mm* longe petiolatis, obovatis v. ellipticis, apice obtusis v. obtusiusculis, basi cuneatis, 3,5—5 *cm* longis, 1,5—2,5 *cm* latis, $1^1/_2$—2-plo longioribus quam latioribus, basi glandulis 1 + 1 v. 2 + 2 amplis obsitis; floribus dimorphis; pedunculis inferioribus 20—25 *mm* longis, supra basin 2—5 *mm* longe adnatis, superioribus 10—15 *mm* longis usque ad medium v. fere ad prophylla coalitis; prophyllis inferioribus oblongis v. oblongo-lanceolatis 10 *mm* longis, 2—4 *mm* latis, superioribus oblongo-linearibus v. linearibus 5—7 *mm* longis, vix 1 *mm* latis, ad v. infra medium utrinque subtus ad marginem glandula ampla ornatis; pedicellis subnullis; calyce 15—18 *mm* longo, in $^1/_4$ alt. coalito; stylis glabris in parte $^2/_3 - ^1/_2$ sup. fissi.

Caules e basi lignescente plures erecti v. arcuato-erecti, simplices, 1—2 *mm* crassi, teretes v. subangulati, pilis divaricatis crassitie caulis dimidia longioribus flavescentibus v. ochroleucis, praesertim superne, dense hirsuti, ad apicem crebro foliosi. Folia a basi caulis ad apicem gradatim majora, inferiora valde distantia internodiis pluries breviora, 0,5—1,5 *cm* longa obcordato- v. obovato-cuneata, suprema internodiis pluries longiora, antice v. plerumque usque supra medium inaequaliter crenata, crenis interdum inter sese subtus glandula parva disjunctis, supra hirsuta, subtus densius pubescentia v. villoso-hirsuta, nervis supra parum prominentibus. Flores ex axillis foliorum intermediorum, imi saepius steriles. Calyx extrinsecus hirsutus, intus ad tubi breviter cylindracei faucem parce pilosulus, lobis anguste lanceolatis, 3-nervibus obtusis 0,2—0,5 *mm* longe apiculatis. Petala calycem dimidio superantia, verisimiliter flava, inferne cuneata, 25 *mm* longa. Filamenta tubo imo vix 0,5 *mm* longe adnata, glabra, longiora 8 *mm*, breviora 5 *mm* longa; antherae clausae ovato-ellipticae, 3 *mm* longae, 1,3 *mm* latae, apice obtusae, in $^3/_5$ alt. affixae, basi vix in parte 6-ta excisae, effloratae apice subrectae v. parum recurvatae. Styli rufi, breviores superne paullo arcuato-divergentes 4 *mm* longi in parte $^1/_2$ sup. iterum dividendo flagellatim multipartiti, ab antheris 2 *mm* distantes, longiores recti 8 *mm* longi, in parte $^2/_3 — ^1/_2$ sup. iterum fissi, antheras 3 *mm* superantes. Ovarium ovato-globosum longiusculе et dense hirsutum, multiovulatum.

Habitat in Brasilia (prov. non cognita) ad Engenho de Donna Feliciana: Pohl n. 5148.

18. **Turnera callosa** *Urb.* caulibus 7—15 *cm* longis, villosohirsutis; foliis subsessilibus v. usque ad 5 *mm* longe petiolatis, obovato-cuneatis, rhombeo- v. oblongo-spathulatis, obtusis v. acutis, majoribus 4—6 *cm* longis, 1,5—3 *cm* latis, 2—3-plo longioribus quam latioribus, antice crenatis v. serratis, ad basin versus subtus biglandulosis; floribus dimorphis; pedunculis 6—1 *mm* longis totis v. fere totis adnatis; prophyllis anguste v. angustissime linearibus, 9—12 *mm* longis, 0,3—1 *mm* latis eglandulosis; calyce 18—20 *mm* longo, in $^2/_5 — ^3/_7$ alt. coalito; stylis glabris, cr. 2 *mm* longe multipartitis; fructibus dorso non tuberculatis; seminibus obsolete gibberosis.

Caules plures 7—15 *cm* longi ascendentes, simplices v. raro inferne ramosi, 1,5—2,5 *mm* crassi, pilis simplicibus patentibus longitudine crassitiem caulis aequantibus pallide flavis hirsuti v. dense villoso-hirsuti, pube alia pluries breviore plerumque sursum curvata intermixta. Folia inferiora et suprema sensim decrescentia, nervis supra parum prominentibus, supra hirsuta, subtus praesertim ad nervos pilis longis rectis et brevibus curvatis flavo-albicantibus parcis obsita. Flores sub anthesi in apice caulis approximati, postremo inferiores remotiusculi v. distantes. Calyx extrinsecus inferne parce pubescens v. plane glaber, superne ad lobos hirsutus, intus in tubo cylindraceo fere usque ad basin pilosus, lobis oblongis usque lanceolato-linearibus 3-nervibus, nervo medio ex apice obtuso ipso v. paullo infra e dorso obsolete v. usque 1 *mm* longe mucronato-producto. Petala calycem fere dimidio superantia, lutea v. aurantiaca, cr. 20 *mm* longa, 16 *mm* lata, late obovato-triangularia, ad basin exacte cuneata, glabra. Filamenta tubo imo 0,6—1 *mm* longe adnata, dorso supra partem adnatam 0,6—1,5 *mm* longe solemniter calloso-incrassata, glabra, breviora 8—9 *mm*, longiora 12—14 *mm* longa; antherae clausae ellipticae, fere 2 *mm* longae, 0,8 *mm* latae, 2—2$^1/_2$-plo longiores quam latiores, obtusae, in $^1/_3$ alt. affixae, basi obsolete v. in parte 8—10-ma emarginatae, effloratae superne recurvatae. Styli apice iterum furcando 12—20-partiti, longiores 12 *mm* longi, antheras 3—4 *mm* superantes, breviores 7—9 *mm* longi, ab antheris 2—5 *mm* longe distantes. Ovarium globulosum hirsutissimum circa 25-ovulatum. Fructus subtrigono-globulosus 4,5—5 *mm* diametro; valvae dorso pilis brevibus et longiusculis hirsutissimae, intus flavidae et eleganter brunneo-punctulatae et lineolatae. Semina obovato-oblonga, inferne vix attenuata, arcuato-incurva, 2—2,3 *mm* longa, cr.

1 *mm* lata, reticolato-striata, postremo brunnescentia, glabra, chalaza vix v. parum prominente, hilo brevissime conico, arillo subangusto unilaterali albido v. flavido.

Habitat in Mexico in planitie prope Cuernavaca m. Aug. flor. et fruct.: Ghiesbrecht n. 148 et 219; sine loco natali: Bates.

19. Turnera dolichostigma *Urb.* caulibus 10—20 *cm* altis, hirsutis v. ad apicem villoso-tomentosis, ad basin nudis, caeterum aequaliter foliosis; foliis 3—6 *mm* longe petiolatis, ovatis v. inferioribus obovatis, basi subcuneatis, apice obtusis v. rarius acutiusculis, 2,5—4 *cm* longis, 1—2,5 *cm* latis, dimidio v. duplo longioribus quam latioribus, margine basi excepta crenatis v. crenato-dentatis, ad basin glandulas 1 + 1, rarius 2 + 2 mediocres v. parvas gerentibus; floribus dimorphis; pedunculis 2—4 *mm* longis, totis adnatis; prophyllis auguste linearibus 4—8 *mm* longis, 0,3—0,6 *mm* latis eglandulosis; pedicellis nullis; calyce 13—16 *mm* longo, fere in $^1/_2$ alt. coalito; stylis ad ramulos stigmatiferos parce hirtellis, caeterum glabris, 3—7 *mm* longe multipartitis; fructibus seminibusque non tuberculatis.

Caules 10—20 *cm* alti, 1,5—2,5 *mm* crassi, erecti v. ascendenti-erecti, pilis longioribus patentibus crassitiem caulis aequantibus flavidis v. rufis et aliis brevissimis sursum curvatis v. crispulis pallidioribus densissime obtecti, plerumque simplices. Stipulae ad petioli basin prodeuntes 0,5—0,7 *mm* longae, lineares, superne flavidae, ad basin brunneae. Folia utrinque dense pubescentia, pilis ad nervos paginae inferioris saepe elongatis, nervis supra obsolete impressis. Flores ex axillis foliorum supremorum, sub anthesi approximati, posterius remotiusculi v. remoti, infimi saepius steriles. Calyx extrinsecus pilis brevibus sursum curvatis, ad lobos longioribus obsitus v. albido-tomentosulus, intus in tubo cylindraceo-campanulato supero v. fere ad basin albido-pubescens, lobis lanceolatis 3- v. sub-5-nervibus, nervo medio dorso sub apice 0,5—1 *mm* longe mucronato-producto. Petala calyce parte $^1/_3$ ejus long. superantia, lutea, 12—14 *mm* longa, 8—10 *mm* lata, late subtriangulari-cuneata, obtusissima, glabra. Filamenta tubo 0,5—1 *mm* longe adnata, glabra, longiora 11,5 *mm*, breviora 6,5—7,5 *mm* longa; antherae clausae ovoideae, superne vix angustatae, 1,5 *mm* longae, 0,7—0,8 *mm* latae, apice subtruncatae, basi in parte 8—10-ma emarginatae, dorso in $^2/_3$ alt. affixae, defloratae subrectae v. superne recurvatae. Styli longiores 11—13 *mm* longi, antheras 3—5 *mm* longe superantes, flagello 4—7 *mm* longo, breviores 7—9 *mm* longi, ab antheris 2 *mm* longe distantes, flagello 3—4 *mm* longo, semper primum in ramulum simplicem et 2—3 alios iterum atque iterum furcatos diviso, ramulis extremis 15—20 filliformibus. Ovarium globulosum hirsutum 30—35-ovulatum. Fructus globulosus, 4—5 *mm* diametro; valvae brunnescentes, extrinsecus pilis longioribus rectis hirsutus et brevibus crispulis tomentosulus, intus glabrae. Semina anguste obovata v. obovato-oblonga, plus minus arcuato-curvata, 1,8—2 *mm* longa, 0,7—0,9 *mm* crassa, reticulato-striata, brunnescentia, hilo semigloboso v. breviter conico, chalaza obsolete prominente, arillo flavescente usque ad apicem ascendente unilaterali subintegro.

Habitat in Brasiliae prov. S. Paulo locis subhumidis ad Rio Pardo: Riedel n. 503; in prov. Minas Geraës siccis graminosis in Serra da Lapa: Riedel n. 941. — Flor. et fruct. Sept.—Nov.

20. Turnera acaulis *Griseb.* caulibus 0,5—1,5 *cm* altis, dense villoso-hirsutis; foliis usque 8 *mm* longe petiolatis, ellipticis usque oblongo-lanceolatis, acutis v. obtusis, basi plus minus cuneatis, grosse, interdum subduplicato-serratis, majoribus 2,5—3,5 *cm* longis, 1—1,5 *cm* latis, 2—3-plo longioribus quam latioribus, basi eglandulosis; floribus homostylis; pedunculis usque ad 5 *mm* longis, totis adnatis; prophyllis spathulato-lanceolatis v. lanceolato-linearibus, 8—10 *mm* longis, 1,5 ad 2,5 *mm* latis, eglandulosis; pedicellis nullis; calyce 15—16 *mm* longo, in ¹/₂ alt. coalito; stylis glabris 2,5—3 *mm* longe multipartitis; fructibus dorso sublaevibus; seminibus non tuberculatis.

Turnera acaulis Griseb. Cat. pl. Cub. 114.

Rhizoma subterraneum 2—3 *mm* crassum, hinc illinc fibrillosum, e caulibus sin-gulorum annorum lignescentibus oblique cohaerentibus compositum. Folia rosulata, nervis supra obsoletis v. subimpressis, utrinque pilis albidis adpresse hirsuta, interiora rosulae decrescentia, brevius petiolata v. sessilia subrhombea. Calyx extrinsecus basi excepta hirsutus, intus ad medium tubum cylindricum albido-pilosus, lobis anguste lanceolatis 3-nervibus, acuminatis. Petala calycem parte 4-ta ejus long. superantia, purpurea, obovato-cuneata, 12—14 *mm* longa glabra. Filamenta tubo imo 1 *mm* longe adnata, glabra, 10—11 *mm* longa; antherae clausae rectangulari-ellipticae 1,3 *mm* longae, obtusae, basi emarginatae, in ¹/₃ alt. affixae, defloratae apice saepe reflexae. Styli 8—10 *mm* longi, filamentis aequilongi, iterum dividendo 7—10-partiti. Ovarium globosum densissime hirsutum 25—30-ovulatum. Fructus globosus 5 *mm* diametro; valvae dorso flavo-brunnescentes hirsutae, intus albido-flavescentes dense ferrugineo-v. brunneo-punctatae et -striatae. Semina obovata, sed curvata, 2 *mm* longa, 1 *mm* crassa, reticulato-striata, brunnea, chalaza non v. obsolete prominente, hilo semigloboso, arillo albido-ferrugineo unilaterali usque ad apicem ascendente.

Habitat in Cuba occidentali: Wright n. 2607.

bb. Perennes, plerumque nitidae, stipulis et ramulis serialibus non evolutis, foliis rotundatis usque linearibus, basi biglandulosis, floribus plerumque parvis, calyce 5—12 *mm* longo, pedicellis nullis. — Species inter sese arcte affines.

21. **Turnera elliptica** *Urb.* caulibus 30—35 *cm* longis, flaves-centibus velutino-tomentosis, teretibus v. superne plus minus angulatis; foliis sessilibus v. subsessilibus, exacte ovalibus, basi et apice rotun-datis, 2—2,5 *cm* longis, 1,2—1,7 *cm* latis, dimidio v. vix duplo longioribus quam latioribus, antice serrulatis, utrinque aequaliter velutino-tomentosis, supremis celeriter decrescentibus, floriferis 1—0,3 *cm* longis; calyce 9 *mm* longo; ovario 13—15-ovulato.

Caules 2 *mm* crassi. Folia ramosinervia, nervis supra obsoletis, omnia basi subtus ad nervum medium glandulis 1+1 rotundatis concaviusculis rufescentibus notata. Flores initio apice ramorum valde conferti, postremo inferiores remotiusculi; pedunculi 1,5—2 *mm* longi, toti adnati; propbylla linearia v. lineari-subulata, 2,5—3,5 *mm* longa, 0,4—0,6 *mm* lata. Calyx extrinsecus breviter tomentellus, in ¹/₄—²/₅ alt. in tubum campanulatum intus superne pubescentem coalitus, lobis lanceolatis v. oblongo-linearibus, 3-nervibus, nervo medio supra apicem apiculato-producto. Petala ad basin cuneata, supra basin pilosa. Filamenta tubo imo 0,5 *mm* longe adnata ☞ hoc loco evidenter incrassata, breviora 4 *mm* longa, glabra; antherae juniores oblongae, fere 2 *mm* longae, 0,7 *mm* latae, 3-plo longiores quam latiores, in ¹/₃ alt. affixae, basi usque ad 8-vam partem emarginatae, defloratae apice tantum subrecurvae. Styli glaberrimi, superne cr. 15-fidi, flagello 2 *mm* longo. Ovarium globoso-conicum v. semiovatum, breviter, sed densissime hirtellum. Fructus juvenilis globulosus obtuse apiculatus; valvae intus glabrae, extrinsecus sericeo-pilosae.

Habitat in Brasiliae prov. Goyaz prope Chapadão de S. Marcos: Pohl n. 2869.

22. **Turnera nervosa** *Urb.* caulibus 20—25 *cm* altis, flavoviridibus, in medio et superne angulatis, breviter et adpresse pubescentibus; foliis 0,5—1 *mm* longe petiolatis, oblongo-lanceolatis v. lanceolatis acutis, 3,5—4 *cm* longis, 0,8—1,5 *cm* latis, $3^1/_2$—5-plo longioribus quam latioribus, margine plano supero subtiliter serratis, infero v. ad basin integris, glabris, supremis cito minoribus, longius (1,5—2 *mm*) petiolatis, usque ad 0,5 *cm* long. decrescentibus, lanceolato-linearibus; calyce 12 *mm* longo; petalis calyce fere duplo longioribus albis; ovario 25—35-ovulato; seminibus obovato-oblongis subcurvatis, nodis reticuli elevato-tuberculatis.

Caules ex eodem caudice pauci 1—1,5 *mm* crassi, erecti simplices, pilis flavidis crassitie caulis 4—5-plo brevioribus obsiti. Folia antice plerumque magis angustata, valde reticulato-nervosa, nervis utrinque prominentibus, suprema florifera lanceolato-linearia, omnia basi subtus ad marginem glandulis 1+1 glabris satis amplis fulvis ornata. Flores dimorphi, sub anthesi ad apicem caulium conferti, postremo remoti; pedunculi 3—5 *mm* longi, inferiores inferne cum petiolo coaliti, superne dilatati liberi, superiores fere usque ad prophylla adnati; prophylla anguste linearia v. lineari-subulata, 3—5 *mm* longa, cr. 0,5 *mm* lata. Calyx extrinsecus adpresse hirtus, in $^1/_3$ alt. in tubum obconico-campanulatum intus superne pilosum coalitus, lobis lanceolatis v. oblongo-lanceolatis, exterioribus sub-5-nervibus, interioribus 3-nervibus, omnibus nervo medio e dorso v. ex apice 0,5—1 *mm* longe producto apiculatis. Petala obovato-cuneata, obtusissima, 15 *mm* longa, 10 *mm* lata, supra basin intus glabra v. parce pilosa. Filamenta tubo imo 0,5 *mm* longe adnata, hoc loco paullo incrassata, glabra, longiora 8 *mm* longa; antherae juniores oblongo-lineares, obtusissimae, 2,5 *mm* longae, 0,8 *mm* latae, 3-plo longiores quam latiores, dorso in $^2/_3$ alt. affixae, basi in parte 8—10-ma emarginatae, defloratae apice recurvatae. Styli glabri, breviores 3 *mm* longi, ab antheris 3 *mm* distantes, rufo-striatelli, a medio v. paullo infra iterum dividendo flagellatim 6—8-fidi. Ovarium breviter ovatum, dense erecto-hirtellum. Fructus globoso-ovatus 4—5 *mm* diametro, obtuse apiculatus; valvae extrinsecus flavae breviter et adpresse hirtellae, intus glabrae rufo-maculatae. Semina 2,5 *mm* longa, cr. 1 *mm* crassa, hilo semigloboso, chalaza vix prominente, arillo usque ad apicem ascendente, flavido-fulvo.

Habitat in Paraguay prope Villa Rica in pratis humidis m. Dec. flor. et fruct.: Balansa n. 2341.

23. **Turnera Hilaireana** *Urb.* caulibus 6—50 *cm* altis, flavescentiviridibus, brunnescentibus v. brunneo-nigrescentibus, plerumque nitidis, teretibus v. superne angulatis, varie pubescentibus, sed non velutinis; foliis sessilibus v. usque 2 *mm* longe petiolatis, lineari-lanceolatis usque orbicularibus, 0,8—6,5 *cm* longis, 0,3—1,5 *cm* latis, 1—20-plo longioribus quam latioribus, utrinque aequaliter v. ad apicem plerumque magis angustatis, basi cuneatis v. plus minus in petiolum contractis, margine plano integris v. antice v. usque ad medium minute v. manifeste serratis, utrinque adpresse strigosis v. patenti-pubescentibus, nunc supra glabris,

supremis sensim v. cito minoribus usque ad 0,3 *cm* long. decrescentibus; calyce 7—10 *mm* longo; petalis calycem parte $^1/_3$—$^1/_2$ superantibus, flavis v. luteis; ovario 20—40-ovulato; seminibus obovatis v. obovato-oblongis, parum v. subcurvatis, nodis reticuli interdum elevato-tuberculatis.

Var. *α.* **lanceolata** *Urb.* caulibus 15—50 *cm* altis, 1—2 *mm* crassis, foliis lanceolatis v. lineari-lanceolatis, acutis v. interdum acuminatis, 1—6,5 *cm* longis, 0,3—0,5 *cm* latis, 4—20-plo longioribus quam latioribus.

Turnera lanceolata Camb.! in St. Hil. Flor. Bras. mer. II, 155 (214); Walp. Repert. II, 228.

Var. *β.* **oblongifolia** *Urb.* caulibus 15—50 *cm* altis, 1—3 *mm* crassis, foliis rigidis rhombeis, ellipticis, oblongis v. lanceolatis, acutis v. interdum acuminatis, 1—5 *cm* longis, 0,5—1,5 *cm* latis, 2—5-plo longioribus quam latioribus.

Turnera oblongifolia Camb.! in St. Hil. Flor. Bras. mer. II, 156 (215); Walp. Repert. II, 228.

Var. *γ.* **minor** *Urb.* caulibus 6—12 *cm* altis, 0,7—1,5 *mm* crassis, foliis magis membranaceis, orbicularibus, ellipticis v. subrhombeis, apice obtusis v. acutis, 0,8—2 *cm* longis, 0,6—1,5 *cm* latis, aequilongis ac latis v. duplo angustioribus.

Icon: Urb. in Mart. Flor. Bras. XIII, III, t. 40 f. II.

Caules hornotini 1—plures, erecti stricti v. ascendentes flexuosi, simplices v. raro ramosi, pilis simplicibus adpressis v. curvato-erectis, parcis v. crebris, crassitie caulis 2—4-plo brevioribus, albidis v. flavis vestiti, nunc longioribus crassitiem caulis aequantibus v. duplo longioribus patentibus v. divaricatis intermixtis v. his solum provenientibus hirsuti. Folia nervis utrinque prominentibus, suprema 1,5—3 *mm* longe petiolata omnia v. fere omnia subtus margine ad basin glandulis 1 + 1 circumcirca pilosis satis amplis rotundis brunneis v. nigrescentibus ornata. Flores plus minus perfecte dimorphi, sub anthesi ad apicem caulium in fasciculum collecti, postremo inferiores v. omnes internodiis elongatis remoti; pedunculi 2—6 *mm* longi, inferne v. usque ad prophylla cum petiolis coaliti; prophylla linearia v. lineari-subulata, 2,5—5 *mm* longa, 0,2—0,8 *mm* lata, hirsuta, raro supra basin glandulis 1 v. 2 prominentibus ornata. Calyx extrinsecus adpresse pilosus, breviter hirsutus, pubescens v. raro subglaber, in $^1/_3$—$^2/_3$ alt. in tubum cylindricum v. cylindraceo-campanulatum intus superne albido-pilosum v. pubescentem coalitus, lobis oblongis usque lanceolato-linearibus 3-nervibus, obtusis v. acutis v. nervo medio supra apicem usque 0,5 *mm* longe producto apiculatis. Petala triangulari- v. obovato- v. oblongo-cuneata, apice rotundata v. truncata, 8—12 *mm* longa, 3—7 *mm* lata, supra basin plerumque pilis longiusculis parcis strigosis obsita. Filamenta tubo imo 0,5—1 *mm* longe adnata et hoc loco plus minus incrassata, glabra, longiora 6—7 *mm*, breviora 3,5—5 *mm* longa; antherae juniores ovatae, rectangulares v. elliptico-oblongae, 1,5—2,5 *mm* longae, 0,7—0,9 *mm* latae, dimidio v. usque $2^1/_2$-plo longiores quam latiores, apice obtusissimae v. truncatae, dorso in $^2/_3$—$^1/_3$ alt. affixae, basi ima in parte 6—10-ma emarginatae, defloratae superne plus minus recurvae. Styli glabri v. raro parce pilosi, longiores 5—7 *mm* longi, in parte $^2/_3$—$^1/_4$ superiore 4—15-partiti, antheras 1—2,5 *mm* superantes, breviores 3,5—5 *mm* longi, in parte $^2/_3$—$^1/_2$ superiore flagellato-partiti, antherarum basin attingentes v. usque 1,5 *mm* longi distantes. Ovarium semi-ovatum, ovato-globosum v. globoso-conicum v. conicum, hirtum v. hirsutum. **Fructus** globulosus, obtusissimus v. apiculatus 3,5—5,5 *mm* diametro, raro ovatus et usque ad 7 *mm* longus, multi steriles et tunc multo minores; valvae extrinsecus pilis curvato-erectis hirtae v. breviter hirsutae, flavae, ferrugineae v. brunnescentes, intus praesertim inferne plus minus pilosae, raro glabrae, ferrugineae v. brunneo-punctulatae v. -lineolatae. **Semina** 1,7—2,5 *mm* longa, 0,8—1 *mm* crassa, brunnea, hilo depresso semigloboso v. breviter conico, chalaza parum v. manifeste prominula, nunc concaviuscula, arillo usque ad apicem ascendente flavido v. fulvo.

Habitat in Brasilia, var. α. in prov. Minas Geraës, Bahia, Goyaz: St. Hilaire C¹ n. 906, Riedel n. 811, 2609, Claussen n. 129, Burchell n. 5910, Pohl n. 868, Sello n. 1566. — Var. β. in prov. Minas Geraës, S. Paulo, Goyaz: St. Hilaire C¹ n. 250, Pohl n. 2523, 2626, Riedel n. 1403, Sello n. 5088, Guillemin n. 344, Gaudichaud n. 643, Sello n. 1357, 1570. — Var. γ. in prov. Minas Geraës et S. Paulo: Regnell I n. 100, Lindberg n. 359, Riedel n. 151, Pohl n. 324, Burchell n. 5342. — Flor. et fruct. m. April.—Nov.

24. Turnera Riedeliana

Urb. caulibus 5—10 *cm* longis, 0,5—1 *mm* crassis brunnescentibus, teretibus v. superne angulato-striatis, breviter flavescenti-pilosis; foliis sessilibus v. subsessilibus linearibus v. anguste lanceolato-linearibus utrinque aequaliter v. ad basin paullo magis angustatis, intermediis 1—2 *cm* longis, 1—3 *mm* latis, 6—10-plo longioribus quam latioribus, margine plerumque recurvato v. subrevoluto integris v. antice obsolete crenatis dentatisve, glabris v. subtus ad nervos pilosis, inferioribus sensim decrescentibus et remotis, superioribus dimidio minoribus, sed confertis et internodia pluries superantibus; calyce 7—10 *mm* longo; ovario 5—12-ovulato; seminibus obovato-oblongis, sed arcuato-curvatis, nodis reticuli parum tuberculato-prominulis.

Icon: Urb. in Mart. Flor. Bras. XIII, III, t. 40 f. I.

Caules hornotini e basi lignescente 1,5—4 *mm* crassa plures simplices, pilis curvato-erectis crassitie caulis duplo et ultra brevioribus obsiti. **Folia** nervis utrinque prominentibus, superiora v. etiam intermedia supra basin subtus ad marginem glandulis 1 + 1 orbicularibus, nunc brevissime pilosulis ornata. **Flores** imperfecte dimorphi, in caule 5—10, sub anthesi remotiusculi; pedunculi 1—3 *mm* longi, inferiores liberi v. usque ad medium, superiores saepe usque ad prophylla nervo folii medio adnati; prophylla lineari-subulata, 1,5—2,5 *mm* longa, 0,2—0,3 *mm* lata. **Calyx** extrinsecus pilis sursum curvatis hirtellus, in ²/₃—¹/₂ alt. in tubum cylindraceo-campanulatum intus superne pubescentem coalitus, lobis lineari-subulatis 3-nervibus, nervo medio supra apicem 0,2—0,5 *mm* longe producto mucronulatis. **Petala** calycem parte ¹/₃—¹/₂ superantia, lutea, oblonga v. anguste obcuneata, 8—10 *mm* longa, 2—2,5 *mm* lata, supra basin parce strigulosa. **Filamenta** tubo imo 0,5—1 *mm* longe adnata et hoc loco non v. manifeste incrassata, glabra, longiora 5—6 *mm*, breviora 3,5—4 *mm* longa; antherae clausae ovatae v. ovales, 1,3—1,5 *mm* longae, 0,6—0,8 *mm* latae, duplo v. vix duplo longiores quam latiores, obtusissimae, dorso in ²/₅ alt. affixae, basi in parte 8-va emarginatae, defloratae subrectae. **Styli** glabri, longiores 6 *mm* longi, antheras 2—2,5 *mm* longe superantes, in parte ²/₃—¹/₃ superiore 3—6-fidi, breviores 3—4 *mm* longi, antherarum basin attingentes, in parte ¹/₂ superiore fissi. **Ovarium** ovato-conicum, hirtum. **Fructus** breviter ovato-acuminatus, 3 *mm* diametro, 4 *mm* longus; valvae dorso pilis curvato-erectis e tuberculis prodeuntibus obsitae, intus glabrae, brunneo-lineolatae. **Semina** 2 *mm* longa, 0,8—0,9 *mm* crassa, 2¹/₂-plo longiora quam latiora, reticulato-striata, hilo semigloboso-conico, chalaza nigrescente prominente, arillo unilaterali usque ad apicem ascendente.

. *Habitat in Brasiliae prov Goyaz in campis lapidosis (nuperrime crematis) prope Chapadão de S. Marcos m. Aug. flor. et fruct : Riedel n. 2539.*

25. Turnera trigona *Urb.* caulibus 30—45 *cm* longis, 1,5—2,5 *mm*

crassis, viridi-brunnescentibus, supra basin subteretibus, caeterum nervis e folio medio descendentibus nunc trigono- nunc subtrialato-angulatis glabris; foliis sessilibus linearibus, antice sensim angustatis, inferioribus 2,5 — 3,5 *cm* longis, 1,5 — 3 *mm* latis, 8—20-plo longioribus quam latioribus, erectis, internodia duplo et ultra superantibus, superioribus sensim decrescentibus et remotioribus, internodiis aequilongis v. brevioribus, floriferis 10 — 3 *mm* longis, margine recurvato v. revoluto integris v. saepius antice obsolete v. manifestius serratis, praeter pubem tenuissimam ad basin plerumque obviam glabris; calyce 5 — 6,5 *mm* longo; ovario 18 - 25-, raro —40-ovulato; seminibus obovatis v. obovato-oblongis, plus minus arcuatis, inferne attenuatis, nunc tuberculato-asperatis.

Caules simplices virgati v. interdum hinc illinc ramosi, plerumque tenuissime punctulati. Folia ramosinervia, nervis supra prominulis, basi v. supra basin subtus ad marginem glandulis 1 + 1 v. 2 + 2 parvis v. amplis, brunneis v. nigrescentibus ornata. Flores dimorphi, in apice caulium capitato-aggregati, posterius inferiores laxiores et plus minus remotiusculi; pedunculi 2—1 *mm* longi, toti adnati; prophylla lineari-subulata v. oblonga, 2—3,5 *mm* longa, 0,4—1 *mm* lata. Calyx extrinsecus breviter et adpresse pilosus, in ²/₃ — '/₃ alt. in tubum infundibuliformi-cylindricum v. obconicum, intus superne pilosulum coalitus, lobis lanceolatis v. anguste oblongis, apice obtusiusculo subcucullatis v. breviter mucronatis, 3-nervibus. Petala calycem parte '/₂—²/₃ superantia, „lutea", supra basin atro-violacea, 6,5—8 *mm* longa, vix 2 *mm* lata, oblonga v. anguste oblonga, basi parum angustata, glabra. Filamenta tubo calycino 0,4—1 *mm* longe adnata, glabra, basi non v. vix incrassata, longiora 4 *mm*, breviora 3,5 *mm* longa; antherae clausae elliptico-rectangulares v. ovato-oblongae 1,5—2 *mm* longae, 0,7—0,8 *mm* latae, 2—2'/₂-plo longiores quam latiores, truncatae v. obtusiuscule apiculatae, dorso in '/₄—'/₃ alt. affixae, basi in '/₄—'/₃ long. emarginatae, defloratae apice recurvatae. Styli colorati glabri, longiores 5—6 *mm* longi, antheras 1,5—2 *mm* superantes, apice 2 *mm* longe 6—12-partiti, ramulis filiformibus, breviores 2 *mm* longi, ab antheris parum distantes, flagello vix 1 *mm* longo. Ovarium conicum brevissime hirtellum. Fructus globuloso-conicus, obtusiuscule acuminatus, 4,5—5,5 *mm* longus, 4,5—5 *mm* diametro; valvae dorso brevissime pilosae, intus rufo-punctatae et lineolatae, glabrae. Semina 2—2,3 *mm* longa, 1 *mm* crassa, reticulato-striata, brunnea, hilo conico minimo parum prominente, chalaza prominula, vix concaviuscula, arillo unilaterali ad apicem ascendente, albido-flavescente.

Habitat in Brasilia, prov. non cognita, in campis editis siccisque prope Alegres m. Sept. flor. et fruct.: Riedel n. 2608, prope Corgo-Pian: Pohl n. 2176; in prov. Goyaz locis humidis prope Arrayas m. Mart. flor. et fruct.: Gardner n. 3751.

26. Turnera Guianensis *Aubl.* caulibus 20—40 *cm* longis,

0,8—1,5 *mm* crassis, ad basin brunnescentibus, caeterum viridibus, angulato-striatis glaberrimis, inferne ob folia decidua mox denudatis; foliis subsessilibus v. usque ad 4 *mm* longe petiolatis linearibus v. angustissime lanceolato-linearibus, utrinque aequaliter v. ad basin magis paullatim usque ad insertionem angustatis, 2—7 *cm* longis, 1—3 *mm* latis, 16—40-plo longioribus quam latioribus, margine recurvato v. revoluto integris v. antice v. usque supra medium minute et remote serrulatis, glaberrimis, superioribus valde decrescentibus, floriferis 10—2 *mm* longis; calyce 6—8 *mm* longo; ovario 10—18-ovulato; seminibus obovatis inferne parum curvatis, nodis reticuli tuberculato-prominentibus.

Turnera Guianensis *Aubl.! Guian. I, 291; Poir. in Lam. Encycl. VIII, 143; H. B. K.! Nov. Gen. VI, 124; DC. Prodr. III, 347; Willd. Herb. n. 6088!*

Turnera Humboldtii *Spreng.! Syst. Veg. I, 941.*

Tribolacis juncea *Griseb.! Flor. of Brit. West-Ind. Isl. 297.*

Icon: *Aubl. l. c. t. 114!*

Caules e basi lignosa plures v. numerosi, simplices v. ramosi. Folia nervo medio utrinque prominente, lateralibus parum conspicuis, fere omnia v. plerumque tantum flores suffulcientia supra basin subtus ad marginem glandulis 1 + 1 brunneis rotundatis instructa. Flores dimorphi, sub anthesi apice caulium 5 - 10 conferti, postremo internodiis elongatis remoti; pedunculi 1—2,5 *mm* longi, usque ad v. fere ad prophylla adnati, prophylla lineari- v. lanceolato-subulata 2—2,5 *mm* longa, 0,3—0,9 *mm* lata, pluri- v. ramosi-nervia. Calyx extrinsecus glaber, in ³/₄—¹/₂ alt. in tubum cylindraceum, intus pubescentem coalitus, lobis lanceolatis 3-nervibus, breviter acuminatis v. mucronulatis. Petala calycem parte ¹/₂ superantia, lutea, obovato-cuneata, 7—8 *mm* longa, 3,5—5 *mm* lata, glabra v. supra basin parce pilosa. Filamenta tubo imo 0,5—0,8 *mm* longe adnata et hoc loco non v. parum incrassata, glabra, longiora 5—6 *mm* longa, breviora 4—4,5 *mm* longa; antherae clausae ovatae v. rectangulari-ellipticae 1,2—1,5 *mm* longae, 0,5—0,7 *mm* latae, 2—2¹/₂-plo longiores quam latiores, apice obtusissimae, dorso in ²/₃ alt. v. sub medio affixae, basi in parte 5 - 10-ma emarginatae, defloratae subrectae. Styli glabri, breviores 3,5 - 4 *mm* longi, in parte ¹/₂—²/₃ superiore 4—10-partiti, ramulis filiformibus, ab antheris vix 1 *mm* longe distantibus, longiores 7 *mm* longi, in parte ¹/₃—¹/₂ superiore partiti, antheras 2 *mm* longe superantes. Ovarium conicum glabrum v. apice pilosulum. Fructus breviter globulosus apiculatus, 4—5 *mm* diametro; valvae dorso glabrae v. ad apicem pilosulae, flavae, nunc ad marginem superum purpureae, intus stramineae, nunc purpureo-punctulatae, glabrae. Semina 1,6—1,8 *mm* longa, 0,9—1 *mm* crassa, vix duplo longiora quam crassiora, reticulato-striata, brunnescentia, hilo non v. parum prominente, chalaza obsolete prominula concaviuscula, arillo angusto, ad medium v. ad apicem ascendente, albido-flavescente.

Habitat in Guiana Gallica: Leprieur, in Guiana Anglica: Rob. Schomburgk n. 105, m. Jan. flor. et fruct.: Rich. Schomburgk n. 401, Appun n. 1874, Pollard n. 107, 113, ad Corentyne rivum: Jenman n. 537; in Guiana Batava ad rivum Casawinico m. Jun. flor. et fruct.: Kappler n. 1880; in Venezuela prope Calabozo: Humboldt et Bonpland n. 793; in insula Trinidad ad Piarco m. Aug. flor.: Crüger.

27. **Turnera pinifolia** *Camb.* caulibus 25—30 *cm* longis, 0,8 - 1,5 *mm* crassis brunneis, inferne cinerascentibus, angulato-striatis, glabris v. ad apicem parcissime pilosis, paene a basi subaequaliter et dense foliosis; foliis sessilibus anguste linearibus, ad basin parum v. vix angustatis, apice acutis, 2—3 *cm* longis, 0,6—1 *mm* latis, 25—45-plo longioribus

quam latioribus, margine plano subplanove integris v. minutissime et remote spinuloso-serrulatis, glaberrimis nitidis, floriferis 1,5—0,8 *cm* longis, quam internodia pluries longioribus; calyce 7 *mm* longo; ovario 7—9-ovulato; seminibus oblongis arcuato-curvatis, nodis reticuli vix prominentibus.

Turnera pinifolia Camb.! in St. Hil. Flor. Bras. mer. II, 159 (220); Walp. Repert. II, 229.

Caules e basi lignosa plures simplices Folia rigida nervo medio utrinque prominente, lateralibus non v. parum conspicuis, omnia v. fere omnia supra basin subtus ad marginem glandulis 1 + 1 rotundatis concaviusculis instructa. Flores ad apicem caulis 10—15, sub anthesi conferti, posterius remotiusculi; pedunculi 1—1,5 *mm* longi, usque ad v. fere usque ad prophylla adnati; prophylla lineari-subulata, 3—4 *mm* longa, 0,3 *mm* lata, 1-nervia. Calyx extrinsecus glaber, in ²/₃ alt. in tubum cylindraceo-campanulatum intus superne pubescentem coalitus, lobis lanceolato-linearibus 3-nervibus, breviter mucronulatis. Petala calycem „triente superantia", lutea, obovato-oblonga, cuneata, glabra. Filamenta tubo imo 0,5 *mm* longe adnata et hoc loco non incrassata, glabra, 5 *mm* longa; antherae clausae breviter rectangulares, 1 *mm* longae, 0,6—0,7 *mm* latae, dimidio longiores quam latiores, apice obtusissimae v. truncatae, dorso in ²/₃ alt. affixae, basi in parte 8-va emarginatae, defloratae subrectae. Styli glabri 3 *mm* longi, in parte ²/₃ superiore 10—14-partiti, ramulis filiformibus antheras fere attingentibus. Ovarium ovato-conicum, parce pilosum. Fructus globulosus v. ovoideus acutiusculus, cr. 3 *mm* diametro; valvae dorso rufescentes, superne pilosae, intus glabrae. Semina 1,5 *mm* longa, hilo breviter conico.

Habitat in parte australi prov. Goyaz in montibus Pyrenaeis prope urbem Meia-Ponte m. Junio flor. et fruct.: St. Hilaire.

cc. Fruticulus ramosissimus 7—20 *cm* altus, stipulis et gemmis serialibus nullis, foliis linearibus, basi eglandulosis.

28. **Turnera genistoides** *Camb.* ramis hornotinis dense strigulosis; foliis subsessilibus 0,6—1,2 *cm* longis, 0,5—1 *mm* latis, 6—20-plo longioribus quam latioribus, margine integerrimo arcte revolutis; floribus in glomerulos terminales 2—8-floros collectis; calyce 6—7 *mm* longo; stylis pilis erectis v. patentibus hirsutis; ovario 3—6-ovulato; seminibus obovatis, inferne parum incurvis, reticulato-striatis.

Turnera genistoides Camb.! in St. Hil. Flor. Bras. mer. II, 160 (220); Walp. Rep. II, 229.

Turnera procumbens Gardn.! in Hook. Ic. Pl. VI, in adn. ad t. 522.

Icon: St. Hil. Flor. Bras. mer. II, t. 121!

Rami vetusti nigrescentes glabrescentes, hornotini teretes. Folia utrinque breviter, subtus densius strigillosa, supra nitida. Flores dimorphi, inferiores postremo saepe laxiusculi; pedunculi floriferi cr. 0,5 *mm*, fructiferi inferiores nunc 1—1,5 *mm* longi, inferne v. toti coaliti; prophylla opposita linearia v. lineari-subulata, 2—4,5 *mm* longa, 0,2—0,5 *mm* lata. Calyx extrinsecus dense strigosus v. breviter hirsutus, in ³/₇—¹/₂ alt. in tubum cylindraceum intus superne pilosulum coalitus, lobis linearibus v. anguste lanceolatis, obsolete v. usque ad 0,4 *mm* longe apiculatis, 3-nervibus. Petala calycem paullo v. parte ¹/₃ superantia, veris. lutea, obovato-oblonga v. obtriangulari-cuneata, 4,5—6,5 *mm* longa, 2—3 *mm* lata, glabra v. inferne parce pilosula.

8

Filamenta tubo 0,3 - 0,8 *mm* adnata, tenuissime puberula, longiora 5 *mm*, breviora 2,5—3 *mm* longa; antherae clausae ovatae v. ovato-rectangulares, 1 *mm* longae, 0,5—0,6 *mm* latae, vix duplo longiores quam latiores, obtusae v. breviter apiculatae, dorso medio affixae, in ¹/₄ alt. emarginatae, defloratae subrectae. Styli apice 1—1,5 *mm* longe flagellatim 3—6-partiti, ramulis tenuibus, longiores ad medium latiores et subarcuati, 4—5 *mm* longi, antheras 2—3 *mm* longe superantes, breviores aequicrassi 2 *mm* longi, ab antheris 1—2 *mm* longe distantes. Ovarium ovatum v. ovato-oblongum, adpresse hirsutum. Fructus ovatus v. ovato-subtrigonus, obtusus v. acutiusculus, 4 *mm* longus, 3—3,5 *mm* crassus; valvae dorso pilis flavis erectis brevibus basi tuberculosis obsitae, rufae, intus glabrae brunnescentes. Semina 2—2,5 *mm* longa, 1 *mm* crassa, brunnescentia, hilo breviter conico obtusiusculo, chalaza parum v. vix prominula, concaviuscula, arillo usque ad apicem ascendente flavido.

Habitat in Brasiliae prov. Minas Geraës in pascuis et campis editis prope Diamantina: Laruotte, Gardner n. 4696; in campis editis siccis ad Serra S. Antonio: Martius; in prov. Bahia in altis campis montis Sincorá: Martius. — Flor. Jul.—Nov.

dd. Annuae, perennes, suffrutices v. fruticuli, stipulis plerumque (cf. n. 29 et 30) obviis, usque 3 *mm* longis, ad basin petioli prodeuntibus, gemmis serialibus evolutis, foliis ovatis v. obovatis usque sublinearibus, basi glanduliferis (cf. formas n. 29), floribus saepius capituliformi-confertis, pedicellis nullis.

29. **Turnera Pumilea** *Linn.*, annua, lanata v. villoso-hirsuta, stipulis nullis; foliis 5—10 *mm* longe petiolatis obovato- v. ovato- v. plerumque oblongo-lanceolatis, acutis v. obtusiusculis, basi cuneatis, 2—6 *cm* longis, 1—2 *cm* latis, 2—3-plo longioribus quam latioribus, grosse v. plerumque subduplicato-crenatis v. -serratis, basi nunc eglandulosis, nunc glandulas 1 ÷ 1 gerentibus; floribus monomorphis in capitula terminalia collectis: calyce 6—7 *mm* longo, in v. supra ¹/₂ alt. coalito; petalis calycem paullo superantibus luteis; seminibus obovato-oblongis, sed falcato-curvatis tuberculatis.

Turnera Pumilea Linn.! Amoen. V, 395; Swartz Obs. 116; Willd.! Spec. Plant. I, 1503; DC. Prodr. III, 347; Griseb.! Flor. Brit. West-Ind. Isl. 297.

Turnera hirsutissima Sauv.! Flor. Cub. 55.

Chamaecistus urticae folio, flore luteo Sloane Cat. 87 et Jam. Hist. I, 202 et Herb. vol. IV, f. 5!

Pumilea minima hirsuta, foliis angustis profunde serratis P. Browne Jam. 188.

Icon: *Sloane Jam. Hist. I, t. 127 f. 6!*

Cotyledones oblongae, in petiolum duplo breviorem contractae. Planta nunc pusilla simplex v. ramosa vix decimetralis, nunc supra 70 *cm* alta et ramosissima. Caulis teres v. superne angulatus, pilis simplicibus albidis saepe setulosis divaricatis, crassitiem caulis aequantibus v. superantibus et aliis brevioribus tenuibus sursum curvatis vestitus, ad apicem albido-villosus, ramis patentibus v. divaricatis. Folia nervis supra non prominulis v. subimpressis, utrinque pilis setulosis longiusculis obsita, subtus praeterea pube tenui brevissima curvula ornata, suprema conferta, exteriora (capitulum suffulcientia) magnitudine inferiorum, interiora sensim usque ad 0,5 *cm* longitudine decrescentia, magis rhombea v. subspathulata, antice serrata, postice integra.

Flores infimi interdum postremo remotiusculi; pedunculi infimi usque ad 5 *mm*, summi vix 0,5 *mm* longi, toti adnati; prophylla lineari-subulata, integra, 4—8 *mm* longa, 0,3—0,8 *mm* lata. Calyx inferne glaber, ad lobos plus minus villoso-hirsutus, tubo cylindrico superne ampliato intus glabro v. supra medium pilosulo, lobis lanceolatis v. lanceolato-linearibus, 3-nervibus, nervo medio producto longiuscule acuminatis. Petala lutea venis inferne nunc caeruleis, oblongo-cuneata, apice obtusissima, 4—4,5 *mm* longa, 2 *mm* lata, glabra. Filamenta tubo imo 0,5—0,8 *mm* longe adnata, hoc loco plerumque evidenter calloso-incrassata, glabra, 4—4,5 *mm* longa; antherae clausae ovatae v. elliptico-rectangulares v. breviter rectangulares 0,7—1,2 *mm* longae, 0,5—0,7 *mm* latae, dimidio longiores quam latiores, apiculatae, basi obsolete v. usque ad $^1/_3$ alt. emarginatae, in $^2/_3$ alt. affixae, defloratae subrectae v. superne recurvatae. Styli glabri v. pilis parcissimis obsiti, 3,5—5 *mm* longi, supra $^1/_3$—$^1/_2$ longit. flagellatim multipartiti ramulis valde inaequilongis filiformibus. Ovarium 9—20-ovulatum. Fructus ovatus v. ovato-ellipticus, transversim subtrigonus, 5—6 *mm* longus, 3—3,5 *mm* crassus; valvae dorso inferne glabrae, superne pilis longiusculis erectis, nunc parcis villoso-hirsutae, laeves albido-flavescentes, intus glabrae albescentes. Semina 1,6—2 *mm* longa, 0,6—0,8 *mm* crassa elevatim, sed laxe reticulato-striata et profunde scrobiculata, brunnea, hilo semigloboso v. breviter conico, chalaza prominente, oblique desecta, concaviuscula, arillo ferrugineo unilaterali angusto usque ad chalazam producto.

Habitat in Brasiliae prov. Minas Geraës, Bahia, Ceara, Maranhão, Goyaz et Pará: Gardner n. 2415, 6031, Burchell n. 8914, Trail n. 342 et alii; in Peruvia orientali: Spruce n. 4075; in Guiana: Herb. Richard; in Venezuela: Moritz n. 1048, Spruce n. 3574; in Jamaica: Wullschlägel n. 1399; in Cuba: Wright n. 2606. — Flor. et fruct. totum per annum.

30. **Turnera melochioides** *Camb.*, perennis v. fruticulus, ramis plerumque pube tenuissima brevissima crispula et longiore curvato-erecta v. patente vestitis; stipulis nullis; foliis subsessilibus v. usque 10 *mm* longe petiolatis, sublinearibus usque ovatis 2,5—7 *cm* longis, 0,3—3 *cm* latis, $2^1/_2$—12-plo longioribus quam latioribus, apice plerumque acutis, raro obtusis, supra basin subtus glandulas 1 + 1 parvas parum conspicuas, interdum obsoletas gerentibus; floribus dimorphis plerumque apice caulium et ramorum capituliformi-confertis, nunc laxiusculis v. remotis; pedunculis 1—6 *mm* longis; calyce 4—9 *mm* longo, in $^2/_5$—$^1/_2$ alt. coalito; petalis calycem paullo usque $^1/_3$ ejus long. superantibus luteis; stylis glabris v. parce strigillosis; fructibus 3—5 *mm* diametro.

Species habitu, directione et ramificatione caulium eorumque pubescentia, forma, magnitudine, consistentia, pube foliorum, dispositione et magnitudine florum etc. valde variabilis; ex formis numerosis nonnisi hasce propono:

Var. *α.* **arenaria** (*Spruce* Msc. s. s.), foliis anguste lanceolatis v. sublinearibus, simpliciter serratis, subsessilibus v. usque 2 *mm* longe petiolatis, 2,5—4 *cm* longis, 0,3—0,5 *cm* latis, calyce 4—5 *mm* longo. — Fruticulus 30—50 *cm* altus, pilis brevissimis crispulis et aliis saepe paullo longioribus curvato-erectis obsitus. Flores laxiusculi v. remoti, in ramulis serialibus conferti; pedunculi 1—2 *mm* longi, apice saepius liberi; prophylla angustissima. Fructus 3 - 4 *mm* diametro.

Var. *β*. **angustifolia** *Urb.*, laete viridis, foliis lanceolato-linearibus, inaequaliter v. subduplicato-crenulatis, 1—3 *mm* longe petiolatis, 3—5 *cm* longis, 0,3—0,7 *cm* latis, 6—12-plo longioribus quam latioribus, calyce 6,5—8 *mm* longo. — Perennis, 30—60 *cm* alta, pube praecedentis. Flores apice caulium capituliformi-conferti, nunc nonnulli remotiusculi; pedunculi 1—2 *mm* longi, adnati; prophylla 0,2—0,4 *mm* lata. Caeterum ut in var. *α*.

Var. *γ*. **latifolia** *Urb.*, pallide viridis, foliis ovatis v. ovato-lanceolatis membranaceis, 3—10 *mm* longe petiolatis, 4—7 *cm* longis, 1,5—3 *cm* latis, $2^1/_2$—3-plo longioribus quam latioribus, duplicato-crenatis, calyce 8—9 *mm* longo. — Usque metralis, pilis ramorum longioribus patentibus v. curvato-erectis.

Var. *δ*. **oblongifolia** *Urb.*, obscure colorata, foliis oblongis v. lanceolatis acutis simpliciter v. duplicato-crenatis v. subintegris, 3—5 *mm* longe petiolatis, 3—6 *cm* longis, 0,7—1,5 *cm* latis, rigidis v. rigidiusculis, 3—5-plo longioribus quam latioribus. — Fruticulus usque metralis, erectus v. procumbens, pilis caulium brevibus et curvato-erectis v. patentibus et crassitiem caulis superantibus. Caeterum ut in *β*.

Var. *ε*. **ramosissima** (*Spruce* Msc. s. s.) obscure colorata, pilis brevibus adpressis obsita; foliis oblongo-lanceolatis, cr. 5 *cm* longis, 1,2 *cm* latis, 2—4 *mm* longe petiolatis, depresse crenulatis, utrinque strigulosis, floribus remotis 4—6 *mm* longe pedunculatis, prophyllis fere 1 *mm* latis, calyce 6—7 *mm* longo, fructu 3 - 4 *mm* diametro.

Var. *ζ*. **genuina** *Urb.*, obscure colorata, foliis oblongis obtusis, 2—3 *mm* longe petiolatis inaequaliter v. subduplicato-crenatis, 2,5—4 *cm* longis, 0,8—1,4 *cm* latis, $2^1{}_{,2}$—$3^1/_2$-plo longioribus quam latioribus, floribus plerisque postremo remotis, prophyllis 0,6—0,8 *mm* latis, calyce 6,5—8 *mm* longo, fructibus globuloso-conicis 5,5—6,5 *mm* longis, 4—5 *mm* crassis, seminibus 2,7 *mm* longis.

Turnera melochioides Camb.! in St. Hil. Flor. Bras. mer. II, 159 (219); Walp. Rep. II, 229.

Folia basi in petiolum sensim v. cuneatim angustata, fere usque ad basin crenata v. serrata, supra dense pilosa, subtus interdum tomentosula, glandulis basalibus in foliis summis nunc manifestioribus, superiora plerumque subparce sensim decrescentia, suprema flores gerentia nunc valde conferta 1—0,5 *cm* longa v. breviora. Prophylla 2,5—6 *mm* longa, 0,2—1 *mm* lata. Calyx extrinsecus densissime et brevissime pilosulus v. tomentosulus, tubo intus superne puberulo, lobis lanceolatis v. lineari-lanceolatis 3-nervibus obtusis, nunc mucronatis. Petala obovato-oblonga v. obovato-cuneata, 4,5—8 *mm* longa, 1,5—5 *mm* lata, glabra v. inferne ad nervum medium pubescentia. Filamenta tubo imo 0,3—0,5 *mm* longe adnata, glabra, longiora 4—6,5 *mm*, breviora 3,5—5 *mm* longa; antherae clausae subquadratae usque ovoideae, apice obtusissimae, truncatae v. obsolete emarginatae, 1,2—1,5 *mm* longae, 0,6—1 *mm* latae, basi in

$^1/_3 - ^1/_{10}$ alt. emarginatae, dorso in $^1/_3 - ^2/_7$ alt. affixae, defloratae rectae v. superne recurvatae v. revolutae. Styli ad ramulos stigmatosos saepius hirtelli, longiores 5—6 mm longi, antheras 1,5—3 mm superantes, breviores 2,5—4 mm longi, antheras attingentes v. 1—2 mm distantes, flagello iterum dividendo 7—20-radiato, 0,5—2 mm longo. Ovarium 10—25-ovulatum. Fructus depresse v. ovato-globosi v. globuloso-conici, dorso flavescentes v. rufescentes, pubescentes, intus flavae v. ferrugineae glabrae. Semina obovato-oblonga v. oblonga, plus minuscurvata, 1,6—2,7 mm longa, 0,7—1 mm crassa, brunnea v. postremo nigrescentia, chalaza paullo prominula, hilo semigloboso v. obtuse et breviter conico.

Habitat in Brasilia: var. α. in prov. Pará: Riedel n. 1544, Spruce n. 743, Trail n. 343. — Var. β. in prov. Pianhy et Bahia: Gardner n. 2171, Martius. — Var. γ. in prov. Pernambuco, Maranhão et Bahia: Gardner n. 6031, Martius. — Var. δ. in prov. Goyaz, Ceara, Alagoas: Riedel n. 948, Burchell n. 8860, 8979, 8983, 9247, 9250, Gardner n. 1247, 1664, 1667, (Glaziou n. 9649, 10879). — Var. ε. in prov. Alto Amazonas: Spruce n. 1075, 1278?. — Var. ζ. in prov. Minas Geraës: Laruotte. — Floret totum per annum.

31. **Turnera opifera** *Mart.*, fruticulus usque metralis, ramis breviter et densissime flavido-strigosis v. ad apicem tomentosis; stipulis 0,2 · 0,5 mm longis; foliis 3—8 mm longe petiolatis, obovato-oblongis usque anguste lanceolatis, acutis v. obtusis, 2,5—6 cm longis, 1 - 2,5 cm latis, $2^1/_2$—4-plo longioribus quam latioribus, subtus plus minus lutescenti-tomentosis, supra basin glandulas 1 + 1 parvas parum conspicuas gerentibus; floribus dimorphis, ad apicem ramorum et ramulorum postremo quoque confertis, fasciculis in panicula terminali dispositis pedunculis 3- 4 mm longis v. superioribus brevioribus totis adnatis; calyce 9—11 mm longo, in $^1/_3 - ^2/_5$ alt. coalito; petalis calycem parte $^1/_4$ v. fere duplo superantibus luteis; stylis glabris subglabrisve; fructibus 5—8 mm diametro.

Turnera opifera Mart.! Reise 552; DC. Prodr. III, 346 (sub T. apifera) — non Benth. in Hook. Journ. of Bot. IV, 115.

Turnera lutescens Camb.! in St. Hil. Flor. Bras. mer. II, 157 (217); Walp. Rep. II, 228.

Icones: *St. Hil. Flor. Bras. mer. II t. 119!; Urb. in Mart. Flor. Bras. XIII, III, t. 48 f. II.*

Stipulae brunneae v. nigrescentes, breviter lineares v. subulatae, sub indumento parum manifestae. Folia ad basin in petiolum cuneato-angustata, margine plano v. recurvato basi excepta subaequaliter v. inaequaliter crenata, nervis supra prominulis v. subimpressis, supra pilis simplicibus brevissimis curvato-adpressis denso adspersa, subtus papillis luteis sessilibus perpluribus intermixtis, suprema flores gerentia cito v. subito decrescentia, vix 1 cm longa v. breviora, inferne glandulis 2 amplis brunneis v. nigrescentibus ornata. Prophylla anguste linearia v. lineari-subulata, 3—5 mm longa, 0,3—0,7 mm lata, integra. Calyx extrinsecus pilis erectis dense hirtellus v. tomentosus, tubo intus superne piloso v. pubescente, campanulato-cylindraceo, lobis lanceolatis v. lineari-lanceolatis, 3- v. sub-5-nervibus, nervo medio supra apicem vix v. usque 0,8 mm longe producto. Petala obovata, basi subcuneata, 9—15 mm longa, glabra. Filamenta tubo imo 0,3—1 mm longe adnata et hoc loco non v. parum incrassata, glabra, longiora 7—8 mm, breviora 6—7 mm longa; antherae clausae ovatae v. ovato-oblongae, apice obtusae v. apiculatae, in $^1/_3 - ^1/_5$ alt. emarginatae, 1,3 -2 mm longae,

0,7—0,8 *mm* latae, dimidio v. duplo longiores quam latiores, in ¹/₄—²/₃ alt. affixae, defloratae apice recurvae. Styli in parte ¹/₃ superiore 3—4-partiti, ramulis plerumque iterum plus minus manifeste 3-fidis, sub v. ad ramulos stigmatiferos pilis brevibus rigidis patentibus obsiti, longiores 6-8 *mm* longi, antheras 1—1,5 *mm* longe superantes, breviores 3 *mm* longi, a basi antherarum 1—1,5 *mm* longe distantes. Ovarium 10—50-ovulatum. Fructus globuloso-conicus v. -pyramidalis; valvae dorso brunnescentes, breviter et adpresse, dense v. laxius pilosae, intus rufo-punctulatae glabrae. Semina obovata v. obovato-oblonga, parum v. subcurvata, inferne attenuata, 2,3—2,6 *mm* longa, 1—1,5 *mm* crassa, brunnea v. nigrescentia, reticulato-striata, hilo]breviter conico, chalaza obsolete v. parum prominula, arillo usque ad apicem ascendente.

Habitat in Brasiliae prov. Minas Geraës: Martius n. 1405. St. Hilaire, Riedel n. 1263. — Flor. et fruct. m. Dec.—Jul.

Obs. Formis speciei praecedentis nonnullis valde affinis.

32. **Turnera Curassavica** *Urb.*, suffruticosa v. fruticulus, ramis superne lanato-tomentosis; stipulis 1—2 *mm* longis; foliis 3—10 *mm* longe petiolatis, ovatis v. subrhombeo-ovatis, apice obtusiusculis v. obtusis, majoribus 2,5—5 *cm* longis, 1,5—2,5 *cm* latis, 2—2¹/₃-plo longioribus quam latioribus, fere usque ad basin grosse crenatis v. dentatis, crenis saepe inaequalibus v. iterum crenulatis, utrinque pubescentibus v. superioribus subtus tomentosulis, basi biglandulosis: floribus dimorphis, inferioribus postremo remotis, superioribus postremo quoque capitato-aggregatis; pedunculis 4—1 *mm* longis totis adnatis; calyce 9—11 *mm* longo, in ¹/₂ alt. coalito: petalis calycem perpaullo superantibus, veris, luteis: stylis glabris subglabrisve; fructibus 3,5—5 *mm* diametro.

Rami vetustiores glabrescentes nigrescentes teretes, nunc irregulariter striati, hornotini superne plus minus manifeste obtusanguli, pilis simplicibus flavidis patentibus v. divaricatis, crassitiem caulis subaequantibus v. superantibus dense adspersi, aliis brevibus crispulis v. sursum curvatis pallidioribus creberrimis intermixtis. Stipulae lanceolato- v. lineari-subulatae. Folia basi rotundata obtusave in petiolum protracta v. subcuneata, nervis supra tenuiter prominulis v. subimpressis, glandulis basalibus brunneis v. nigrescentibus intus glabris, vix v. parum concavis, circumcirca obsolete pilosiusculis, plerumque breviter stipitatis, suprema valde approximata, sensim decrescentia. Prophylla linearia v. lineari-subulata, 3,5—6 *mm* longa, 0,5—0,8 *mm* lata. Calyx extrinsecus pilis brevibus curvatis, ad lobos praeterea pilis longis setulosis obsitus, tubo intus superne albido-pubescente, cylindrico-campanulato, lobis lanceolatis 3-nervibus obtusiusculis, nervo medio e dorso sub apice progrediente, sed supra sepala non excedente. Petala 6—7 *mm* longa, 3,5 *mm* lata, obovato-cuneata, intus ad nervum medium inferne setuloso-pilosa. Filamenta tubo imo vix 0,5 *mm* longe adnata, supra insertionem extrinsecus plus minus eximie calloso-incrassata et paullo contracta, glabra, longiora 8 *mm*, breviora 5,5 *mm* longa: antherae clausae ovatae, apice truncatae, 1,5—1,7 *mm* longae, 0,8—1 *mm* latae, dorso in ²/₃ alt. affixae, basi in ¹/₃—¹/₄ longit. emarginatae, defloratae rectae v. apice subrecurvae. Styli sub ramulis stigmatiferis parce setulosi, longiores 7 *mm* longi, antheras 1,5—2 *mm* superantes, apice flagellatim multifidi, flagello 1,5 *mm* longo, breviores 4,5—5 *mm* longi, flagello 1 *mm* longo, ab antheris 1,5 *mm* longe distante. Ovarium 22—35-ovulatum. Fructus globosus v. ovatus; valvae extrinsecus flavae, pilis brevissimis dense obsitae et aliis longis parcioribus villoso-hirsutae, intus flavidae et ferrugineo- v. brunneo-punctulatae. Semina obovata v. oblonga, parum v. manifeste curvata, 1,5—2 *mm* longa, 0,5—1 *mm* crassa, brunnea v. nigrescentia, reticulato-striata, nodis vix prominulis, hilo brevi semigloboso, chalaza plus minus prominente, arillo unilaterali usque ad apicem ascendente.

Habitat in insula Curaçao: de Rohr (Herb. Hafn. et Mus. Britann.); in Nova Granata prope St. Martin: Goudot.

Obs. Species cum *T. melochia* Trian. et Planch. (Prodr. Flor. Novo-Granat. in Ann. d. Sc. nat. V. Ser. vol. XVII, 187.) multis notis et praeterea loco natali congruens; sed haec recedere videtur: pube cinerea, foliis unguicularibus, calyce 15 mm longo, ovario pauci-ovulato, seminibus in quoque fructu 3—4. — *A T. odorata*, quacum habitu congruit, seminibus, glabrescentia stylorum, insertione stipularum etc. plane diversa est.

33. **Turnera lamiifolia** *Camb.*, perennis, caulibus 15—30 cm altis, villoso-hirsutis et pilis brevissimis stellaribus tenuibus tomentosis; stipulis 1—3 mm longis; foliis 3—12 mm longe petiolatis, ovatis, obovatis v. ovato-ellipticis, apice rotundatis, obtusis v. acutis, majoribus 5—12 cm longis, 3—6 cm latis, dimidio usque duplo longioribus quam latioribus, inaequaliter v. duplicato-crenatis, subtus albido-tomentosis, ad nervos lanato-villosis, basi biglandulosis; floribus dimorphis, inferioribus remotis, supremis postremo quoque glomeratis; pedunculis 1—5 mm longis, totis adnatis; calyce 10—12 mm longo, in $^2/_3$—$^1/_2$ long. coalito; petalis calycem triente v. dimidio superantibus, luteis; stylis glabris; fructibus 5—7 mm diametro.

Turnera lamiifolia Camb.! in St. Hil. Flor. Bras. mer. II, 155 (213); Walp. Repert. II, 228.

Icon: *Urb. in Mart. Flor. Bras. XIII, III, t. 41.*

Caules hornotini 2—4 mm crassi, pilis simplicibus longioribus patentibus crassitiem caulis subaequantibus v. duplo brevioribus, albidis v. pallide flavescentibus dense villoso-hirsuti lanative et aliis brevissimis stellaribus pauciradiatis tenuibus tomentosi, inferne teretes, elevatim plicato-striati, superne subangulati. Stipulae subulatae, plerumque in tomento difficile conspicuae. Folia basi acuta, in petiolum contracta v. cuneatim angustata, margine plano basi excepta inaequaliter v. duplicato-crenata, nervis supra impressis, subtus prominentibus, supra obscura molliter hirsuta v. pilis brevissimis tomentosula, glandulis basalibus nigris, folia infera pluries minora orbiculari-cuneata, suprema celeriter decrescentia. Prophylla linearia, subulato-acuminata, 5—10 mm longa, 0,5—1 mm lata. Calyx extrinsecus albido-hirsutus v. inferne brevissime tomentosulus, tubo intus ad medium piloso v. subglabro, campanulato, lobis lanceolatis 3- v. 5-nervibus, exterioribus acuminatis, interioribus nervo medio e dorso sub apice progrediente 0,5—1 mm longe mucronatis. Petala obovato-oblonga, 10—12 mm longa, 5—6 mm lata, glabra. Filamenta tubo 0,5—1 mm longe adnata et hoc loco plus minus manifesto incrassata, glabra, longiora 8—11 mm, breviora 5—6 mm longa; antherae clausae ovatae v. rectangulari-ellipticae, apice rotundatae, 2—2,5 mm longae, 0,9—1,2 mm latae, dimidio v. duplo longiores quam latiores, in $^1/_3$—$^2/_3$ alt. insertae, basi obsolete v. in parte $^1/_4$ inferiore emarginatae, defloratae rectae v. apice subrecurvae. Styli purpureo-colorati glabri, 1,5—2,5 mm longe iterum dividendo 12—30-partiti, ramulis filiformibus apice pallidis, longiores 8—9 mm longi, antheras 2—3,5 mm longe superantes, in $^1/_3$ superiore partiti, breviores 4—7 mm longi, a basi antherarum 1,5—3 mm distantes, in $^2/_3$ superiore fissi. Ovarium 15—20-ovulatum. Fructus ovato-globosus v. globulosus; valvae dorso molliter hirsutae et pilis stellaribus tomentosulae, obsolete punctulatae, badiae, intus glabrae nitidae ferrugineae v. badiae. Semina obovato-oblonga, plus minus curvata 2,8—3 *mm* longa, 1,2—1,4 *mm* crassa, 2—2¹/₂-plo longiora quam latiora, inferne attenuata, tenuiter et eleganter reticulato-striata, striis longitudinalibus magis prominulis, supra hilum breviter conicum colliformi-constricta, chalaza oblique prominente, arillo albido-flavescente unilaterali usque ad apicem ascendente.

Habitat in Brasiliae prov. Goyaz: St. Hilaire n. 862, Burchell n. 6048, Riedel n. 2611, Pohl n. 835. — Flor. Aug.—Sept.

34. **Turnera incana** *Camb.*, suffrutex v. fruticulus usque metralis, ramis flavido- v. incano-tomentosis; stipulis 0,7—3 *mm* longis; foliis 5 - 8 *mm* longe petiolatis, ovatis usque oblongo-lanceolatis, apice obtusis v. acutis, majoribus 4—9 *cm* longis, 2—4 *cm* latis, 2—3¹/₂-plo longioribus quam latioribus, inaequaliter v. duplicato-crenatis, subtus incano-tomentosis, ad nervos ipsos villoso-hirsutis v. glabrescentibus, basi biglandulosis; floribus dimorphis, inferioribus postremo remotis, superioribus postremo quoque approximatis v. fasciculatis; pedunculis 1—5 *mm* longis totis adnatis; calyce 7—10 *mm* longo, in ³/₇—¹/₂ alt. coalito; petalis calycem vix v. ¹/₄ superantibus, pallide purpureis; stylis glabris; fructibus 3—4 *mm* diametro.

Turnera incana Camb.! in St. Hil. Flor. Bras. mer. II, 158 (217); Walp. Repert. II, 228.

Icon: Urb. in Mart. Flor. Bras. XIII, III, t. 42.

Rami vetustiores nigrescentes pubescentes v. glabrati, plicato-striati, teretes, hornotiui v. juniores manifeste v. sub tomento obsoletius striati, pilis simplicibus brevibus v. brevissimis crispulis et aliis longioribus, sed crassitiem caulis dimidiam non superantibus, rectioribus et magis patentibus tomentosi, papillis luteis intermixtis, sed difficillime conspicuis. Stipulae lineari-subulatae, sub indumento parum manifestae. Folia basi rotundata, sed plerumque paullo in petiolum protracta, v. subcuneata, nervis supra impressis, supra obscura pilis brevibus dense v. densissime adpresse strigosa v. velutina, glandulis basalibus nigrescentibus rotundatis. Prophylla linearia v. lanceolato-linearia v. subulata, 3—6 *mm* longa, inferne 0,6—1 *mm* lata. Calyx extrinsecus albido-tomentosulus, ad lobos praeterea plus minus hirsutus, tubo medio et supero intus pubescente, cylindraceo-campanulato, lobis lanceolatis v. lineari-lanceolatis, 3-nervibus, nervo medio e dorso sub apice prodeunte et supra apicem obsolete v. usque 0,4 *mm* longe producto. Petala oblonga v. obovato-oblonga, 5—8 *mm* longa, 2—3 *mm* lata basi cuneata glabra. Filamenta tubo imo 0,5—0,8 *mm* longe adnata et hoc loco extrinsecus incrassata, glabra, longiora 6—7 *mm*, breviora 4,5—5 *mm* longa; antherae clausae ovato-oblongae v. oblongae, 1,3—1,5 *mm* longae, 0,5 - 0,6 *mm* latae, apice obtusissimae v. obsolete emarginatae, dorso in ²/₅ alt. affixae, basi in ¹/₄—¹/₁₀ alt. emarginatae, defloratae superne recurvatae v. subrectae. Styli glabri, in parte ¹/₃—¹/₂ superiore iterum dividendo 8—12-partiti, longiores 6,5—7 *mm* longi, antheras 1,5—2,5 *mm* longe superantes, flagello 1,5—2 *mm* longo, breviores 4 *mm* longi, antheras fere attingentes v. 1,5 *mm* longe ab iis distantes, flagello vix 1 *mm* longo. Ovarium 15—20-ovulatum. Fructus globulosus; valvae dorso breviter tomentosulo-villosae, ferrugineae v. brunnescentes, intus glabrae, dense rufo-maculatae. Semina obovata v. anguste obovata, sed arcuato-curvata, 2—2,3 *mm* longa, 1 *mm* lata, brunnea v. nigrescentia, reticulato-striata, hilo semigloboso, chalaza paullum v. vix prominente, arillo unilaterali, flavescente, fere usque ad apicem ascendente.

Habitat in Brasiliae prov. Goyaz: St. Hilaire, Burchell n. 7030, 8040, Pohl n. 1630, Gardner n. 3752. — *Flor. Mart.—Oct.*

Obs. Ad speciem antecedentem arcte accedit.

35. **Turnera longiflora** *Camb.*, suffrutex v. fruticulus semimetralis, ramis dense lanato-tomentosis; stipulis 0,5—2 *mm* longis; foliis 2—4 *mm* longe petiolatis, ellipticis usque oblongo-lanceolatis, acutiusculis v. obtusis, 5—7 *cm* longis, 1,5—2,5 *cm* latis, 3—4-plo longioribus quam latioribus, inaequaliter v. duplicato-crenatis, subtus pallide tomentosis, basi biglandulosis; floribus dimorphis, inferioribus saepissime sterilibus postremo remotis, superioribus postremo quoque fasciculato-confertis; pedunculis 0,5—5 *mm* longis totis adnatis; calyce 13—18 *mm* longo, in $^2/_3$—$^1/_3$ alt. coalito; petalis calycem triente v. fere duplo superantibus, rubris basi lutea v. coccineis; stylis glabris; fructibus 5—6 *mm* diametro.

Turnera longiflora Camb.! in St. Hil. Flor. Bras. mer. II, 157 (216); Walp. Repert. II, 228.

Rami vetustiores glabrescentes brunnescentes irregulariter plicato-striati, hornotini 2—4 *mm* crassi, superne obtusanguli, pilis simplicibus longioribus, sed crassitiem ramorum dimidiam vix aequantibus v. brevioribus (raro longioribus) subrectis patentibus et aliis brevibus v. brevissimis curvatis in ramis novellis rufis v. flavis, posterius pallescentibus v. albido-cinerascentibus dense lanato-tomentosi, papillis flavis crebris intermixtis, sed difficile conspicuis, praesertim superne ramosi. Stipulae subtriangulares v. lanceolatae v. lineares, sub tomento occultae. Folia basi rotundata v. subcuneata, nervis supra subimpressis, supra pilis subrectis v. curvato-adpressis flavidis densissime strigosa v. tomentoso-villosa, glandulis basalibus satis amplis nigrescentibus, suprema sensim, sed valde decrescentia 1—0,5 *cm* longa v. breviora. Prophylla linearia v. lineari-subulata 3—7 *mm* longa, 0,5—1 *mm* lata, pluri- v. ramosinervia. Calyx extrinsecus inferne tomentosulus, superne v. a basi magis hirsuto-tomentosus, tubo intus superne v. ad faucem pubescente campanulato-infundibuliformi, lobis lanceolatis 3- v. 5-nervibus, nervo medio supra apicem v. e dorso vix v. usque 0,5 *mm* longe producto. Petala obovato-triangularia cuneata, apice subtruncata, 20—25 *mm* longa, 12—15 *mm* lata, glabra. Filamenta tubo imo 0,5—1 *mm* longe adnata et supra insertionem saepe calloso-incrassata, glabra, longiora 11 *mm*, breviora 6—9 *mm* longa; antherae clausae ellipticae v. ovato-ellipticae, apice obtusissimae v. truncatae, 1,5—2 *mm* longae, 0,7—1 *mm* latae, duplo longiores quam latiores, in v. sub $^1/_3$ alt. affixae, basi in $^1/_3$—$^1/_{12}$ alt. emarginatae, defloratae subrectae. Styli glabri, iterum dividendo 8—12-partiti, longiores 10—12 *mm* longi, antheras 4 *mm* longe superantes, flagello 2—2,5 *mm* longo, breviores 7 *mm* longi, ab antheris 1—2 *mm* longe distantes, flagello vix 2 *mm* longo. Ovarium 30—46-ovulatum. Fructus breviter globulosus: valvae suborbiculares acutiusculae, dorso pilis erectis adpressisve tomentoso-lanatae, intus praesertim superne brunneo-purpureae glabrae. Semina obovato-oblonga, plus minus arcuato-curvata, inferne attenuata, brunnea v. nigrescentia, fere 2,5 *mm* longa, inferne 1,2 *mm* crassa, reticulato-striata, hilo breviter conico, chalaza parum prominente, arillo laterali longitudine seminis brunnescente.

Habitat in Brasiliae prov. Minas Geraës et Goyaz, in campis siccis collibusque: St. Hilaire, Pohl n. 640, 1009, 2721, Burchell n. 5997, 6034, 6048², Gardner n. 3201, 3747. — *Flor. April.—Oct.*

36. Turnera stachydifolia *Urb.* et *Rolfe*, frutex metralis, ramis hornotinis dense tomentosis; stipulis 0,5—1 *mm* longis; foliis 2—8 *mm* longe petiolatis, lanceolatis v. oblongis, acutis v. obtusiusculis, 2,5—4 *cm* longis, 1—1,5 *cm* latis, $2^1/_2$—4-plo longioribus quam latioribus, crenatis, utrinque velutino-tomentosis, basi eglandulosis, summis bracteiformibus evidenter biglandulosis; floribus dimorphis apice ramorum ramulorumque capitato-glomeratis; pedunculis 1—0,5 *mm* longis, totis adnatis; calyce 5,5—7 *mm* longo, in $^1/_2$—$^3/_5$ alt. coalito; petalis flavis calycem vix superantibus; stylis superne subparce pilosis v. demum glabrescentibus; fructibus 3,5 *mm* diametro.

Rami recti, vetustiores teretes obsolete et subirregulariter striati, subglabrescentes brunnei, hornotini sicut folia et calyx tomento denso brevi flavescenti-cinereo obtecti pilis tenuissimis simplicibus, papillis minimis luteis v. aurantiacis intermixtis. Stipulae parum conspicuae triangulari-subulatae v. subulato-setaceae. Folia ad basin in petiolum magis angustata, margine obsolete v. evidentius, simpliciter v. duplicato-crenata, nervis supra impressis, in apice caulium plerumque subito in bracteas obovato-cuneatas v. -lanceolatas 5—3 *mm* longas, 4—2 *mm* latas integras v. antice obsolete crenulatas abeuntia. Prophylla linearia, 4—5 *mm* longa, 0,5—0,8 *mm* lata. Calyx 5,5—6 *mm* longus, extrinsecus dense villoso-hirtellus et papillis luteis obsitus, in $^1/_2$ alt. in tubum cylindrico-campanulatum intus superne dense pilosulum coalitus, lobis lanceolatis v. lanceolato-linearibus 3-nervibus, exterioribus acuminatis, interioribus apiculatis. Petala obovato-cuneata, 3—3,5 *mm* longa, 1,5 *mm* lata, supra basin pilosa. Filamenta tubo imo cr. 0,7 *mm* longe adnata et hoc loco non dilatata, inferne usque supra medium pilosula, superne glabra, longiora 4 *mm* longa; antherae clausae ovato-rectangulares 1,2—1,5 *mm* longae, duplo angustiores, apiculatae, dorso medio affixae, basi excisae. Styli inferne glabri, superne pilis subparcis patenti-erectis vestiti, breviores 1,5 *mm* longi, 0,5 *mm* longe flagellatim 4—6-partiti. Ovarium breviter ovato-conicum v. globulosum tenuissime pilosum 10—12-ovulatum.

Habitat in Brasiliae prov. Piauhy locis siccis prope Oeiras m. Maio flor.: Gardner n. 2176.

Var. β. flexuosa *Urb.* ramis flexuosis.

Prophylla lanceolato-linearia 2,5—3 *mm* longa. Calyx 6—7 *mm* longus, in $^2/_3$ alt. tubulosus. Filamenta ad insertionem triangulari-dilatata, inferne glabra superne villosa v. pilosula, longiora 6 *mm*, breviora 4,5 *mm* longa; antherae apiculo obtuso pilosulo praeditae, basi profundius excisae. Styli pilis parcis erectis adpressisque intus obsiti v. demum glabrescentes, 1 *mm* longe flagellatim 7—10-partiti, longiores 5,5 *mm*, breviores 3—3,5 *mm* longi, ab antheris 1—1,5 *mm* longe distantes. Ovarium densissime villoso-hirsutum 6-ovulatum. Fructus globulosus 3,5 *mm* diametro; valvae dorso breviter sericeo-pubescentes, intus pallide flavescentes. Semina obovata v. obovato-oblonga, inferne attenuata, plus minus curvata, 2 *mm* longa, 1—1.2 *mm* lata, tenuiter reticulato-striata, chalaza prominula, hilo obtusinsculo, arillo amplo unilaterali ad apicem ascendente.

Habitat in Brasiliae prov. Bahia ad Rio S. Francisco: Blanchet n. 2873.

Obs. Duobus tantum exemplaribus obviis dijudicare non possum, an varietas formis intermediis cum specie conjuncta sit.

Series V. **Annulares**.

Frutices. Folia subtus papillis luteis sessilibus plerumque densissime adspersa, basi v. etiam ad petiolos glandulas 1 + 1 usque ad 4 + 4 parvas gerentia, raro eglandulosa. Flores nunc laxi, nunc capituliformes; pedunculi petiolis inter stipulas inserti, 0,5—4 *mm* longi liberi; pedicelli nulli. Calyx in $^1/_2$—$^2/_3$ alt. coalitus. Stamina inter sese basi plus minus annuliformi-connata. Styli fere a basi dense villoso-hirsuti. Valvae dorso impresso-reticulatae, vix tuberculatae. Semina breviter v. globoso-obovata, parum longiora quam crassiora.

37. **Turnera odorata** *Rich.* stipulis 0,4—1 *mm* longis; foliis ovatis usque lanceolatis; floribus remotiusculis v. ad apicem ramorum postremo quoque dense aggregatis; prophyllis linearibus 0,6—1,3 *mm* latis; calyce 8—11 *mm* longo; petalis flavis v. aureis.

Turnera odorata Rich.! in Act. Soc. Hist. nat. Par. a. 1792 p. 107; DC. Prodr. III, 348.

Turnera corchorifolia Willd.! Msc. in Schult. Syst. Veg. VI, 678 et Herb. n. 6081!; DC. Prodr. l. c. 348.

Turnera cuneiformis var. odorata Poir.! in Lam. Encycl. VIII, 142; Herb. Juss. n. 13575!

Turnera tomentosa H. B. K. Nov. Gen. VI, 125 (ex descr.); DC. l. c. 347.

Turnera hexandra Spreng. Syst. Veg. c. p. 124.

Turnera cuneiformis var. β. DC. l. c. 346.

Turnera frutescens var. latifolia DC.! l. c. 347.

Turnera parviflora Benth.! in Hook. Journ. of Bot. IV, 116; Walp. Repert. II, 229; Griseb.! Flor. of Brit. West-Ind. Isl. 297.

Icon: Urb. in Mart. Flor. Bras. XIII, III, t. 43.

Frutex 0,6—2,5 m altus. Rami vetustiores griseo-brunnescentes v. brunnei, leviter et dense striati teretes glabrescentes, hornotini pilis simplicibus brevibus v. brevissimis, rectis, curvatis v. crispulis obtecti v. tomentosi, gemmis serialibus inter ramulos et ramos sicut inter pedunculos et ramos manifestis. Stipulae e petiolo ad basin v. paullo supra basin prodeuntes, e basi latiore subulatae. Folia 3—10 *mm* longe petiolata, ad apicem magis angustata, acuta v. breviter acuminata, basi cuneata v. subito in petiolum protracta, 3—8 cm longa, 1,5—3 cm lata, 2—3¹/₂-plo longiora quam latiora, crenata v. crenato-serrata, crenis saepius inaequalibus v. subduplicatis, nervis supra subimpressis, utrinque breviter pilosa v. subtus tomentosa, rarius praeter pilos ad nervos obvios subglabra, basi glandulifera. Flores dimorphi; pedunculi 0,5 ad 4 *mm* longi; prophylla acuta v. acuminata, 4—7 *mm* longa. Calyx extrinsecus inferne subglaber, superne praesertim ad lobos plus minus hirsutus v. usque ad basin pubescens, in $^1/_2$—$^2/_3$ alt. in tubum intus praesertim ad faucem pubescentem cylindraceum coalitus, lobis lanceolatis v. lanceolato-linearibus e dorso sub apice vix v. 0,5 *mm* longe mucronatis, 3-nervibus. Petala calycem parum v. fere dimidio superantia, 6—8 *mm* longa, ad basin pilosa. Filamenta tota facie basi tubi 0,5—1,5 *mm* longe adnata, hoc loco dilatata et inter sese saepius subconnata, plus minus dense pubescentia v. superne glabra, longiora 6,5—8,5 *mm*, breviora 4—5 *mm* longa; antherae clausae ellipticae v. elliptico-oblongae, 1,5–2 *mm* longae, 0,5–0,7 *mm* latae, ligulato-apiculatae, in $^1/_3$—$^2/_5$ alt. affixae et fere ad insertionem emarginatae, defloratae subrectae. Styli sub stigmatibus glabri, apice 0,8—1,3 *mm* longe flagellatim 8—12-partiti, ramulis fili-formibus, longiores 7—8,5 *mm* longi, antheras 2—3 *mm* superantes, breviores 4—5 *mm* longi, ab antheris 1—3 *mm* distantes. Ovarium 15—35-ovulatum. Fructus globosus, rarius breviter ovatus, 4—5,5 *mm* diametro; valvae dorso pubescentes et impresso-reticulatae, vix tuberculatae, reflexae, intus flavido-virescentes v. flavidae. Semina globuloso-obovata subrecta 1,3—1,8 *mm* longa, 1—1,5 *mm* crassa, elevatim longitrorsum et obsoletius, sed densius transversim striata, postremo griseo-brunnescentia, chalaza plus minus prominente concaviuscula, hilo brevissimo v. vix conspicuo, arillo ad basin semen circumcirca includente, brevi v. ad apicem ascendente.

Habitat in Brasiliae prov. Mato Grosso, Goyaz et Pará: Riedel n. 758, Burchell n. 8832, 9151, 9437, Gardner n. 3753 et alii; in Guiana Gallica: Leprieur n. 121, Sagot n. 1268 et alii, in Surinamensi: Hostmann n. 252, Wullschlaegel n. 773, in Anglica: Rich. Schomburgk n. 587, Rob. Schomburgk, Appun n. 2210; in Venezuela: Humboldt, Spruce n. 3597, Fendler n. 114 et alii: in ins. Trinidad ex Griseb. l. c. — Floret totum per annum. — Culta in Rio de Janeiro: Glaziou n. 9855, 10880.

Obs. Specimina Venezuelae permulta pubescentiam parcam praebent et papillis luteis vix gaudent.

38. **Turnera annularis** *Urb.* stipulis 2—3,5 *mm* longis; foliis ovatis usque oblongis; floribus in capitula terminalia simplicia v. cum lateralibus supremis in glomerulum confluentia dispositis; prophyllis orbicularibus usque lanceolatis, spathulatis 1—4 *mm* latis; calyce 5—8 *mm* longo; petalis albis.

Var. α. capitulis ramos terminantibus simplicibus; -- bracteae in-feriores euphylloideae, ad apicem gradatim minores, hypsophylloideae: calyx 7—8 *mm* longus, in $^2/_3$ alt. gamosepalus; antherae clausae rect-angulari-ellipticae 1—1,5 *mm* longae, duplo longiores quam latiores, apice obtusissimo muticae.

Var. β. **conglomerata** *Urb.* capitulis ramos terminantibus cum supremis lateralibus in glomerulum collectis: — bracteae omnes hypso-phylloideae, v. 1—2 infimae euphylloideae, caeterae subito multoties minores et hypsophylloideae; calyx 5—5,5 *mm* longus, in $^3/_5$ alt. gamo-sepalus; antherae clausae breviter rectangulares v. subquadratae, 0,8 ad 1 *mm* longae paullo longiores quam latiores, connectivo supra apicem producto apiculatae.

Frutex metralis. Rami vetustiores brunnescentes v. cinerascentes glabri teretes, hornotini evidenter striati v. superne angulati v. ramuli laterales saepius compressi, pilis simplicibus crispulis v. sursum curvatis brevibus flavidis praesertim ad apicem dense obsiti, ramulis serialibus inter ramulos aphyllos et ramos primarios saepius bene evolutis et foliosis. Stipulae e petioli margine ad v. paullo supra basin prodeuntes subulato-setaceae. Folia 2—5, raro —10 *mm* longe petiolata, acuta, basi cuneata v. in petiolum protracta, 3—8 *cm* longa, 1,8—3 *cm* lata, 2—3-plo longiora quam latiora, paene ad basin crenata v. serrata, nervis supra impressis, medio saepe iterum e sulco filiformi-prominulo, supra breviter v. brevissime et subparce pilosa, subtus aequaliter v. praesertim ad nervos pubescentia, nunc ad basin eglandulosa, nunc crenis infimis abbreviatis incrassatisque glandulas parvas utrinque 1- 4 gerentia; bracteae 30—3 *mm* longae, 8—1,5 *mm* latae, late orbiculares, obovatae, **v.** intimae oblongo-lanceolatae v. lanceolatae, obtusae v. apiculatae v. acutae, margine praesertim intimae integrae subintegraeve, sed manifeste ciliato-pilosae, ad basin petioliformi-contractae v.- angustatae. Pedunculi 2—1 *mm* longi liberi; prophylla spathulata, saepe satis longe petioliformiangustata, 7—3 *mm* longa, concaviuscula, apice acuto v. apiculato saepe recurva, margine integro circumcirca ciliato-hirsuta, ramosi- v. plurinervia, ad basin brevissime stipulata, intus glabra, dorso papillifera et ad nervos parce hirsuta. Calyx extrinsecus inferne glaber, superne ad lobos, nunc parce, hirsutus, tubo intus superne v. ad faucem pubescente subcylindraceo, lobis oblongis v. lanceolatis 3- v. 5-nervibus, muticis et obtusiusculis v. brevissime mucronatis. Petala calycem paullo superantia, inferne intus dense pubescentia. Filamenta basi eximie inter sese in annulum circa 1*mm* altum coalita et hoc loco tubo adnata, tenuissime et dense patenti-pilosa, basi extrinsecus glandulosoincrassata, longiora 5—6 *mm*, breviora 3—4 *mm* longa; antherae clausae basi in $^1/_4$—$^1/_4$. alt. emarginatae, sub medio affixae, effloratae subrectae. Styli flagello 0,5—1 *mm* longo, 15—20-partito, ab antheris cr. 2 *mm* distante, longiores 4—5, breviores 2—3 *mm* longi. Ovarium 10—16-ovulatum. Fructus ovatus v. breviter ellipticus, 4—5 *mm* longus, 3—3,5 *mm* diametro; valvae patentes et apice recurvae, dorso parce pilosulae, nunc ad basin glabrae, apice hirsutae, intus ferrugineae v. badiae glabrae. Semina breviter obovata subrecta brunnescentia v. nigrescentia 1,5—1,8 *mm* longa, 1—1,3 *mm* crassa, reticulato-lacunosa, chalaza parum prominente concava, hilo hemisphaerico obtuso v. acutiusculo, arillo unilaterali flavescente plerumque ad medium, raro fere usque ad apicem ascendente.

Habitat var. α. prope Rio de Janeiro: Lund, Glaziou n. 6812; in prov. Bahia: Blanchet n. 1267; in collibus siccis prope Parahyba m. Maio flor. et fruct.: Riedel n. 8. — Var. β. in prov. Bahia prope Cachoeira: Casaretto n. 2074, in campis siccis ad Joazeiro m. April. flor. et fruct.: Martius n. 2293.

Series VI. **Microphyllae**.

Fruticuli v. frutices. Stipulae e petiolis supra basin dilatatam prodeuntes. Folia basi eglandulosa, 0,5—3 *cm* longa, margine recurvata v. revoluta, nervis supra profunde impressis. Pedunculi liberi usque ad 4 *mm* longi, petiolis inter stipulas inserti. Valvae dorso obsolete v. parum prominenti-tuberculatae. Semina obovata v. obovato-oblonga.

39. **Turnera diffusa** *Willd.* pube valde variabili, sericea, tomentosula v. lanata, nunc paene deficiente; stipulis 0,2—1 *mm* longis; foliis obovatis usque oblanceolatis, raro suborbicularibus, 0,5—3 *cm* longis, 0,2—1 *cm* latis; calyce 5—7 *mm* longo, in $^1/_2$ —$^3/_5$ alt. coalito; petalis flavis glabris v. supra basin intus parce pilosis; filamentis glabris v. raro extrinsecus breviter puberulis; seminibus arcuato-curvatis.

Turnera diffusa Willd.! Msc. in Schult. Syst. Veg. VI (1820), 679 et Herb. n. 6092!; Urb. in Archiv d. Pharm. vol. 220 (a. 1882) fasc. 3 et in Therap. Gaz. (Detroit 1882).

Turnera Pumilea Poir.! in Lam. Encycl. VIII, 143 (excl. syn. plurim.), — non Linn.

Turnera microphylla Desv. in Hamilt. Prodr. (1825) p. 33; DC. Prodr. III, 347.

Bohadschia humifusa Presl! Reliqu. Haenk. II, 98.

Turnera humifusa Endl.! Msc. in Walp. Rep. II, 230.
Triacis microphylla Griseb.! Flor. Brit. West-Ind. Isl. 297.
Bohadschia microphylla Griseb.! Cat. Cub. 114.

Icones: *Presl l. c. t. 68!: Urb. l. c. et in Mart. Flor. Bras. XIII, III, t. 44.*

Valde polymorpha. Ra mi vetustiores brunnei v. subcinerascentes teretes irregulariter plicato-striati, glabrescentes v. glabri, juniores teretes v. plus minus angulati, pilis brevissimis sursum curvatis flavido-griseis v. canis sericei v. tomentosuli, interdum pilis longioribus magis patentibus densissimis praesertim superne villoso-tomentosi v. albido-lanati, papillis sessilibus flavidis v. albescentibus (et tunc difficile conspicuis) plus minus dense adspersi, in axillis foliorum inferiorum ramulos plerumque abbreviatos foliosos protrudentes, in superiorum flores solitarios proferentes, gemmis serialibus ad basin et pedunculorum et saepius ramulorum plus minus evolutis. Stipulae lineares v. subulato-setaceae badine v. atropurpureae, saepe inter pubem densam occultae. Folia 1 ad 3 *mm*, raro inferiora usque ad 7 *mm* longe petiolata, apice obtusa, basi subsubito v. plerumque paene usque ad insertionem cuneato-angustata, 0,5—1,5 *cm*, raro —2,5 *cm* longa, 0,2—0,6 *cm*, raro —1 *cm* lata, 1½—3-plo, raro —4-plo longiora quam latiora, basi excepta crenata, raro serrata, supra ad nervum medium tantum parce pilosula v. undique parce v. plerumque dense brevissimeque puberula v. sericea, subtus papillifera et parum v. densius pilosa v. plerumque tomentosula, nunc incano-villosa, v. raro utrinque dense breviterque lanuginosa. Flores dimorphi, ad apicem ramorum et in ramulis abbreviatis sub anthesi saepius confertiusculi, posterius inferiores remoti; pedunculi nulli, subnulli v. usque ad 1 *mm*, fructiferi interdum usque ad 2,5 *mm* longi; propbylla opposita oblongo-linearia usque lineari-subulata, obtusiuscula v. acuta, raro elliptico- v. subrhombeo-acuminata, 1- v. plerumque pluri- v. ramosinervia, 2—4, raro —5 *mm* longa, 0,5—1,5 *mm* lata, integra v. inferne obsolete crenulata v. papillis 1- parcis obsita; pedicelli nulli. Calyx extrinsecus plerumque sericeo-tomentosulus, raro albo-lanuginosus v. parce tantum pilosus, aut supra basin glabratus, superne pubescens et ad lobos hirsutus, tubo intus subglabro, parce v. basi et fauce excepta densissime et brevissime puberulo, subcylindrico v. cylindrico-campanulato, lobis oblongis, lanceolatis v. lanceolato-linearibus, 3-nervibus, obtusiusculis v. nervo medio perpaullo producto obsolete (—0,4 *mm* longe) apiculatis. Petala calycem parte ½—⅓ ejus long. superantia, obovata, triangulari-obovata v. obovato-oblonga, inferne subcuneato-angustata, apice truncata v. emarginata, 4,5—7 *mm* longa, 2—3,5 *mm* lata. Filamenta tubo imo 0,2—0,5 *mm* longe adnata, basi extrinsecus vix v. parum incrassata, longiora 5—5,5 *mm* longa, breviora 2,5—3,5 *mm* longa; antherae clausae subquadratae v. rectangulari-ovatae 0,7—1 *mm* longae, in v. sub ½ alt. affixae, ligulato-apiculatae, basi in parte 5—6-ta inferiore emarginatae, effloratae non recurvatae, ligula saepe subrecurva. Styli a basi v. ab apice antherarum 1—1,5 *mm* distantes, glaberrimi v. usque supra medium pilosi v. inferne sublanuginosi, longiores 3—4 *mm* longi, apice 0,3—0,7 *mm* longe flagellato-plurifidi, breviores 1,5—2,5 *mm* longi obsolete v. usque ad 0,3 *mm* longe multifidi. Ovarium 6—14-ovulatum. Fructus breviter ovatus v. obovatus v. globulosus, 3—4 *mm* longus, 2,5—4 *mm* diametro; valvae dorso pilis brevissimis tenuissimis plus minus adspersae v. subsericeae, raro breviter villosae, v. praesertim ad apicem sublanuginosae, ob nervos reticulato-impressos parum prominenti-, sed dense tuberculatae, intus flavescentes v. postremo ferrugineae v. rufae, glabrae. Semina obovato-oblonga, 1,5—2,3 *mm* longa, 0,8—1 *mm* lata reticulato-striata, postremo brunnea v. cinereo-nigrescentia, chalaza vix prominula, hilo breviter conico v. semigloboso, arillo unilaterali supra medium ascendente flavescente v. albido-flavescente.

Habitat in insulis Antillanis, e. gr. in Bahama, Cuba, Jamaica, Hayti, Portorico, S. Thomas, S. Croix: Swainson, Wright n. 210, Linden n. 1852, 2065, Rob. Schom-

burgk n. 45, Eggers n. 298; in Mexico: C. Ehrenberg n. 1054, 1230, Huenke, Wawra n. 542, Coulter n. 798, Linden n. 831, Parry et Palmer n. 93, Galeotti n. 1077: in peninsula Californica: comm. Parke, Davis et Comp.; in Brasiliae prov. Bahia: Blanchet n. 2939 (p. p.), 3840. — Flor. et fruct. m. Jul.—Jan.

Var. β. **aphrodisiaca** *Urb.* foliis ramorum elongatorum 1,5—3 cm longis, 0,5—1 cm latis, $2^{1}/_{2}$-3-plo longioribus quam latioribus, adultis glabrescentibus v. glabris, plerumque oblongis; pedunculis 1—2 mm longis; stylis glaberrimis.

Turnera aphrodisiaca Lester F. Ward in Virginia Medical Monthly a. 1876 (m. April.) p. 49 ex Britten's Journ. of Bot. IX, 20; Urb. in Archiv d. Pharm. vol. 220 (a. 1882) fasc. 3 et in Therap. Gaz. (Detroit 1882).

Damiana *Mexicanorum.*

Icon: Urb. l. c.

Rami undique v. praesertim ad apicem pilis albidis brevibus tenuibus crispulis v. subrectis puberuli v. lanuginosi. Folia sensim in petiolos 1,5—6 mm longos angustata. Prophylla plerumque subopposita 2—5 mm longa, plerumque integra, nunc ad medium dentibus 1—2 apice glanduliferis aucta, margine infero manifeste ciliata, caeterum glabra. Calyx 5—6 mm longus. Petala calycem dimidio v. duplo superantia 6—9 mm longa glaberrima. Antherae clausae ovatae v. ovales 1,2—1,8 mm longae, dimidio v. vix duplo longiores quam latiores. Styli longiores 5 mm, breviores vix 2 mm longi, ab antheris 1,5—2 mm distantes.

Habitat in Mexico occidentali, locis siccis saxosis: comm. Parke, Davis et Comp.

40. **Turnera hebepetala** *Urb.* ramulis junioribus pilis brevissimis sub lente conspicuis griseis v. flavidis sursum curvatis v. adpressis obsitis; stipulis 0,5—1,5 mm longis; foliis oblongo-lanceolatis, apice obtusis, 0,6—1,5 cm longis, 0,2—0,5 cm latis, antice utrinque crenis 1—3 incisis; calyce 4—5,5 mm longo, in $^{1}/_{3}$ alt. coalito; petalis albis, intus inferne dense et breviter pubescentibus; filamentis, nunc parce, patenti-pilosis; seminibus parum incurvis.

Fere 2-metralis. Rami vetustiores brunnei v. cinerascentes teretes subirregulariter striati, glabrescentes v. glabri, juniores plus minus angulati; ramuli abbreviati densissime foliosi v. foliorum delapsorum basibus continue gibberoso-obtecti. Stipulae subulatae v. subulato-setaceae. Folia vix 1—2 mm longe petiolata, basi paene usque ad insertionem valde sensim cuneato-angustata, $2^{1}/_{2}$—4-plo longiora quam latiora, supra pilis brevissimis sub lente conspicuis, ad nervum medium manifestioribus scabriuscula v. subglabra, subtus ad nervos adpresse pilosa, inter nervos brevissime hirtella et papillis pallide flavidis densissime adspersa. Flores axillares et in apice ramulorum abbreviatorum saepe pseudoterminales; pedunculi subnulli v. vix 0,4 mm longi; prophylla opposita linearia v. liguliformia acuta 2—4 mm longa, 0,3—0,7 mm lata, paullo supra basin dilatata et ex apice dilatationis stipulifera, 1-nervia; pedicelli nulli. Calyx extrinsecus obsolete pubernlus, tubo intus subglabro, hemisphaerico v. breviter campanulato, lobis oblongis v. oblongo-lanceolatis obtusiusculis apice v. dorso sub apice obsolete apiculatis, exterioribus sub-5-nervibus, interioribus 3-nervibus. Petala calycem parte $^{1}/_{2}$—$^{2}/_{3}$ ejus longitudinis superantia, 6—9 mm longa, obovato-cuneata. Filamenta tubo 0,2—0,4 mm longe adnata, longiora 4,5—5,5 mm longa. Styli breviores

1,5—2 *mm* longi, inferne pilosuli v. plane glabri, apice vix 0,5 *mm* longe flagellatim
pluri-partiti. Ovarium 9—12-ovulatum. Fructus globulosus; valvae extrinsecus
sub lente brevissime tenuissimeque pilosae et obsolete rugoso-tuberculatae, intus fulvae
glabrae. Semina obovata, 1,6—1,8 *mm* longa, 0,8—1 *mm* lata, reticulato-lacunosa, striis
transversis minus prominentibus, arillo intus ad v. usque supra medium ascendente,
fulvescente.

*Habitat in Brasiliae prov. Piauhy prope Oeiras, in collibus vulgaris m. April. flor.:
Gardner n. 2062, Schwacke n. 1040. — Cult. in Rio de Janeiro: Glaziou n. 9802.*

41. **Turnera calyptrocarpa** *Urb.* ramulis hornotinis brevissime
pilosis v. apice tomentosulis; stipulis 3 *mm* longis; foliis obovatis v.
obovato-oblongis, 1,5—2,5 *cm* longis, 0,7—1,4 *cm* latis, basi excepta
profundiuscule serrato-crenatis; calyce 5—7 *mm* longo, in ¹/₃ alt. coalito;
petalis intus usque ad medium densiuscule, extrinsecus parcius pubescentibus; filamentis patenti-pilosulis; seminibus parum curvatis.

Icon: Urb. in Mart. Flor. Bras. XIII, III, t. 45.

Rami vetustiores nigrescentes v. griseo-nigrescentes glabrati, epidermide fissa rimosi,
hornotini manifeste striati v. angulati, pilis simplicibus flavidis sursum curvatis, papillis
sessilibus flavidis parum manifestis intermixtis, gemmis serialibus obsoletis v. parum
evolutis. Stipulae setaceae v. angustissime subulatae. Folia 2—4 *mm* longe petiolata,
basi cuneata in petiolum angustata, 2—2¹/₂-plo longiora quam latiora, supra pilis
brevissimis, ad nervum medium saepius dense aggregatis et longioribus hirtella obscura,
subtus albido- v. pallide flavescentia inter nervos breviter tomentosula, ad nervos adpresse hirsuta v. breviter pilosa; folia in ramulis abbreviatis angustiora, latinscule oblonga v. oblongo-lanceolata. Flores dimorphi remotiusculi v. ad apicem ramulorum
abbreviatorum conferti; pedunculi subnulli usque ad 4 *mm* longi; prophylla ambitu
variabilia, nunc liguliformia integra v. denticello unico instructa, nunc superne obovato-
subrhombea et apice trifida, raro lanceolato-linearia, 2—5 *mm* longa, 0,8—2 *mm* lata,
supra basin appendicibus 2 subulato-setaceis 0,2—1 *mm* longis patentibus stipulata;
pedicelli nulli. Calyx extrinsecus adpresse pilosus v. breviter hirsutus, tubo intus
superne parce puberulo v. subglabro breviter campanulato v. hemisphaerico-infundibuli-
formi, lobis oblongo-lanceolatis v. lanceolatis 3-nervibus, nervo medio 0,2—0,8 *mm* longe
supra apicem producto, interioribus obtusiusculis saepius fimbrinto-ciliatis. Petala
calycem fere duplo superantia, usque ad 10 *mm* longa, margine supero fimbriato-ciliata.
Filamenta tubi basi circa 0,5 *mm* longe v. paullo altius adnata et basi ima inter sese
annulariter connata, ad basin extrinsecus incrassata, longiora 6—6,5 *mm*, breviora vix
supra 3 *mm* longa; antherae clausae subquadrato-orbiculares usque ovatae, 1—1,5 *mm*
longae, 0,7—0,8 *mm* latae, ligulato-apiculatae, in ¹/₃—²/₃ alt. affixae et usque ad insertionem bicrures, defloratae praeter ligulam recurvam subrectae. Styli inferne v. ad
basin parce pilosuli v. plane glabri, apice breviter 10—15-partiti v. -lobulati, flagello
0,3—0,5 *mm* longo, ab antheris 2—2,5 *mm* longe distante, longiores 4—5 *mm*, breviores
1—1,5 *mm* longi. Ovarium 15—25-ovulatum. Fructus (ex specim. Martianis) calyce
corollaque emarcida diu obtectus v. quasi calyptratus, breviter ovato-globosus, cr. 4 *mm*
longus, 3 *mm* crassus; valvae dorso brevissime pilosulae et ob nervos dense reticulato-
impressos obsolete tuberculatae, intus glabrae badinae. Semina a dorso anguste obovata, inferne attenuata 1,8—2 *mm* longa, 0,8—1 *mm* crassa, reticulato-striata, apice
obtusa, basi subito in hilum contracta, arillo laterali longitudine seminis.

*Habitat in Brasiliae prov. Bahia et Ceará: Blanchet n. 3863, Martius n. 2299,
Gardner n. 2406; praeterea Glaziou n. 10877, 10881. — Flor. et fruct. m. Febr.—April.*

Series VII. Papilliferae.

Fruticulus undique papillis minutis albescentibus v. pallide flavis brevissime stipitatis densissime exasperatus. Stipulae nullae. Folia basi eglandulosa. Pedunculi petiolo ima basi v. 1 mm supra basin inserti, caeterum liberi. Calyx in $^1/_5 — ^1/_4$ alt. coalitus.

42. Turnera chamaedryfolia *Camb.* foliis suborbicularibus usque oblongo-lanceolatis, 1—3 cm longis, 0,4—1,5 cm latis, 1—3-plo longioribus quam latioribus, apice acutis, margine basi excepta grosse serratis v. crenatis, margine saepius recurvatis; floribus monomorphis; pedunculis 2—7 mm longis; calyce 7—12 mm longo; petalis calycem non v. parum superantibus; seminibus breviter obovatis v. obovato-oblongis subrectis.

Turnera chamaedryfolia Camb.! in St. Hil. Flor. Bras. mer. II, 160 (221); Walp. Rep. II, 229.

Icones: St. Hil. l. c. t. 122!; Urb. in Mart. Flor. Bras. XIII, III, t. 48 f. III.

Species polymorpha. Fruticulus 0,2—1 m altus. Rami vetustiores brunnei, cinerascentes v. albescentes, glabrati, striati v. plicato-striati, hornotini teretes v. superne subangulati, praeter papillas pilis patentibus longiusculis crebrioribus, parcis v. parcissimis vestiti, raro pube brevissima densa crispula adjecta, gemmis serialibus plus minus evolutis. Folia 1—5 mm longe petiolata, basi plus minus cuneata, saepius paullum in petiolum protracta, nervis supra obsolete v. manifeste impressis, nervo medio nunc in canaliculo iterum prominulo, utrinque pilosa. Flores sub anthesi remotiusculi; pedunculi compressiusculi, superne saepius paullo dilatati; prophylla lineari-subulata v. linearia, 1-nervia, 6—8 mm longa, 0,5—0,8 mm lata, integra; pedicelli nulli. Calyx extrinsecus parce pilosus v. praesertim ad lobos dense hirsutus et glanduloso-exasperatus, tubo intus superne breviter v. brevissime hirtello v. paene plane glabro, hemisphaerico v. breviter campanulato, lobis lanceolatis, exterioribus plerumque acuminatis, interioribus nervo medio supra apicem obtusiusculum 0,4—1,3 mm longe producto, omnibus exacte 3-nervibus. Petala rhombeo-elliptica v. obovato-triangularia, flava?, basi concavo-impressa verisimiliter atro-purpurea, 7—10 mm longa, 4—7 mm lata, glaberrima. Filamenta tubo imo 0,4—1 mm longe adnata, 3,5—5,5 mm longa, glaberrima, basi omnino non incrassata; antherae clausae elliptico-oblongae obtusissimae v. apiculatae 1,5—2,5 mm longae, 0,5—1 mm latae, 2—2$^1/_2$-plo longiores quam latiores, in $^1/_3 — ^2/_3$ alt. affixae et usque ad insertionem bicrures, defloratae superne recurvatae v. revolutae. Styli cum stigmatibus antheris omnino aequilongi v. usque ad 1,5 mm eas superantes 2—5 mm longi, pilis parcis v. parcissimis erectis obsiti v. glabri, apice 4—6-fidi, ramis 1—1,5 mm longis nunc iterum lobulatis. Ovarium 6—75-ovulatum. Fructus breviter trigono-globulosus 4—5 mm longus, 5—6 mm crassus; valvae dorso pilosae et plus minus papilliferae, sub pube tenuiter tuberculatae brunnescentes, intus ferrugineae v. purpurascentes, saepius obsolete pilosulae. Semina 1,5—1,8 mm longa, 0,8—1,2 mm crassa, reticulato-lacunosa brunnea, chalaza nunc parum prominente, hilo brevi incurvo, arillo unilaterali usque supra apicem ascendente albido v. flavescente.

Habitat in prov. Rio de Janeiro, Minas Geraës, Bahia et Piauhy: Glaziou n. 12743, Blanchet, St. Hilaire, Martius, Gardner n. 2179, 4694. — Flor. et fruct. m. Febr.—Jul.

Series VIII. Capitatae.

Fruticuli v. frutices. Folia (cf. n. 49) ampla stipulata. Flores parvi, in capitula terminalia v. lateralia collecti. Calyx 4—8, raro —13 *mm* longus, in $^2/_5$—$^2/_3$ alt. tubulosus. Petala flava v. alba. Styli dense pubescentes v. villoso-hirsuti. Semina obovata v. obovato-oblonga.

43. Turnera Blanchetiana *Urb.*, pube stellari dense obsita v.

flavido-tomentosa; stipulis 1—2 *mm* longis; foliis 5—10, raro —15 *mm* longe petiolatis, ovatis usque elliptico-oblongis, 4—8 *cm* longis, 1,5—4 *cm* latis, 2—3-plo longioribus quam latioribus, apice obtusis v. acutis, basi obtusissimis v. cuneatis, grosse dentatis v. crenatis, supra brevissime exasperato-pilosis, subtus tomentosis, ad basin glandulas 1 + 1 v. 2 + 2 parvas v. minutas gerentibus; calyce 6—13 *mm* longo, in $^1/_2$ alt. coalito; petalis luteis; filamentis in $^1/_2$—$^2/_3$ alt. cum marginibus tubo calycino adnatis, superne pubescentibus; stylis rectis; ovario 25—33-ovulato; fructibus 5—7 *mm* diametro, dorso evidenter tuberculatis v. granulatis; seminibus obovatis, inferne subincurvatis.

Var. *α.* **aequalifolia** *Urb.* foliis superioribus celeriter, sed gradatim ad bracteas decrescentibus, bracteis inferioribus lanceolatis 10—15 *mm* longis, 3—6 *mm* latis, breviter petiolatis, margine toto serratis, interioribus brevioribus, sed eadem forma; floribus inferioribus laxe v. spicatim dispositis.

Manifeste subhirsuto-tomentosa. Prophylla 0,5—0,8 *mm* lata, lineari-subulata 1-nervia, margine non membranaceo integra, utrinque tomentoso-hirsuta. Calyx 13 *mm* longus, extrinsecus praeter pilos stellares simpliciter et breviter hirsutus. Styli inferne dense hirsuti. Ovarium longe et densissime hirsutum.

Var. *β.* **subspicata** *Urb.* bracteis inferioribus quam folia praecedentia subito multoties minoribus, lanceolatis usque obovatis v. rhombeis, 4—8 *mm* longis, 1,5—3 *mm* latis, breviter petiolatis v. saepius sessilibus, intus praesertim inferne adpresse hirsutis, margine supero denticulatis, nunc ad medium v. inferne quoque appendicibus subulatis ornatis, interioribus minoribus, sed eadem forma; floribus inferioribus laxe v. spicatim dispositis.

Icon: Urb. in Mart. Flor. Bras. XIII, III, t. 46 f. II.

Minutissime tomentosa. Prophylla 0,5—1,5 *mm* lata, subspathulato-linearia v. plerumque linearia, 1- v. plurinervia, margine non membranaceo saepius papillis stipitatis obsita, intus albido-hirsuta, extrinsecus tomentosula. Calyx 6—8 *mm* longus, extrinsecus pilis stellaribus densis obsitus v. tomentosus. Styli (longiores) in parte $^2/_3$ inferiore pilis parcis erectis instructi. Ovarium hirtum.

Var. *γ.* **capituliflora** *Urb.* et *Rolfe* bracteis inferioribus quam folia praecedentia subito multoties minoribus rhombeo-orbicularibus, 6—8 *mm* diametro, sessilibus, intus praesertim inferne adpresse hirsutis, margine supero denticulatis, interioribus semiorbicularibus ad basin subamplexicaulem angustatis, ad marginem integram membranaceis; floribus in capitulum globulosum densum collectis.

Icon: Urb. in Mart. Flor. Bras. XIII, III, t. 46 f. I.

Minutissime tomentosa. Prophylla subspathulata 2—3 *mm* lata, saepius apiculata v. acuminata, integra v. superne denticellata, margine membranaceo glabra, caeterum intus albido-hirsuta, extrinsecus tomentosula. Calyx 10—11 *mm* longus, extrinsecus pilis stellaribus densis obsitus v. tomentosus. Ovarium pilis erectis densissime hirsutum.

Descriptio speciei: Frutex 1—3 *m* altus; rami vetustiores brunnei v. nigrescentes, nunc pruina cinerea adspersi, glabri teretes striati, saepius lenticellis suborbicularibus v. ellipticis hinc inde notati, hornotini plerumque angulati v. compressiusculi, gemmis serialibus inter ramos et ramulos obviis, sed non evolutis. Stipulae subulatae v. subulato-setaceae. Folia margine plana v. parum recurvata, nervis supra subimpressis; bracteae inferiores saepius breviter stipulatae, margine infero raro obsolete glanduliferae, superiores exstipulatae. Flores dimorphi in capitulum v. spicam 4 - 10-floram aggregati, in axillis bractearum sessiles, raro infimi usque 1 *mm* longo pedunculati; prophylla 3—5 *mm* longa. Calyx tubo intus ad faucem pubescente cylindraceo, lobis lanceolatis, 3-nervibus, obtusis v. e dorso brevissime (usque ad 0,3 *mm* longe) apiculatis. Petala basi cuneata dense pubescentia. Filamenta longiora 8 *mm*, breviora vix 4,5 *mm* longa; antherae clausae elliptico-ovatae, 1,4 *mm* longae, 0,7—0,8 *mm* latae, vix duplo longiores quam latiores, obtusae v. obsolete apiculatae, basi usque ad 5—6-tam partem long. emarginatae, defloratae rectae. Styli longiores fere 5 mm longi, antheras 2mm superantes, breviores 3,5 *mm* longi, flagello 0,3—0,8 *mm* longo. Fructus globulosus; valvae extrinsecus brunnescentes pilis stellaribus brevissimis obsitae et ad apicem breviter simpliciterque hirtae, intus ferrugineae v. rufae glabrae. Semina 2,5 ad 3 *mm* longa, 1,2—1,6 *mm* crassa, reticulato-striata, chalaza satis ampla concaviuscula intus versa, bilo brevi, arillo albido-flavescente v. fulvo supra apicem unilateraliter ascendente.

Habitat in Brasilia, var. α. in prov. Bahia: Martius. — Var. β. in prov. Mato Grosso: Riedel n. 1232. — Var. γ. in prov. Bahia et Ceara: Blanchet n. 2841, Gardner n. 2404.

44. Turnera stipularis *Urb.* pube brevi simplice superne v. ad apicem ramorum obvia; stipulis 4—6 *mm* longis; foliis 4—8 *mm* longe petiolatis, ellipticis v. subrhombeis, basi cuneatis v. in petiolum angustatis, apice acutis, 4 - 6 *cm* longis, 2—2,5 *cm* latis, duplo v. paullo ultra longioribus quam latioribus, margine supero manifeste serratis, serraturis inferioribus ad denticulos glanduloso-incrassatos valde remotos et basi ipsa ad glandulas conspicuas reductis, utrinque breviter pilosulis; capitulis lateralibus breviter pedunculatis v. subsessilibus; calyce 4,5 ad 5,5 *mm* longo, supra ¹/₂ alt. coalito; petalis aureis; filamentis in ²/₃ alt. marginibus tubo calycino adnatis, quoad liberis pilosulis; stylis rectis; ovario 3-ovulato.

Frutex 1,5—2-metralis. Rami teretes badii, pilis flavis sursum curvatis et adpressis, diametrum ramorum dimidiam non aequantibus. Stipulae juxta petiolum prodeuntes, lineari-setaceae, extrinsecus ad basin puncto glanduliformi notatae. Folia supra „nitida v. laevigata", nervis supra vix prominentibus, in ramulis abbreviatis celeriter decrescentia. Flores verisim. dimorphi, in capitula pauci- v. multiflora collecti, in axillis bractearum sessiles; bracteae obovatae usque oblongo-lanceolatae, 8—4 *mm* longae, 3—1 *mm* latae, parce, sed profunde inciso-dentatae, dentibus linearibus v. subulato-setaceis 1—2 *mm* longis, ad basin stipuliformibus, intus subglabrae, extrinsecus strigoso-pilosae, margine eglandulosae, nudae; prophylla lineari-subulata, 3,5—6 *mm* longa, 0,3—0,5 *mm* lata, integra v. denticulo longiusculo setaceo obsita;

9*

pedicelli nulli. Calyx extrinsecus inferne glaber, ad lobos pilosus, tubo intus glabro cylindraceo, lobis elliptico-oblongis, obtusis, saepius nervo medio e dorso producto (usque 0,4 *mm* longe) mucronatis, 3-nervibus. Petala calycem paullo superantia, 3 *mm* longa, obovata v. triangulari-obovata, inferne intus praesertim ad nervum medium pubescentia. Filamenta breviora e basi vix 3 *mm* longa; antherae clausae rectangulari-subquadratae, 0,5—0,6 *mm* longae, fere 0,4 *mm* latae, apice truncatae, basi breviter emarginatae, dorso sub medio affixae, defloratae rectae. Styli longiores 4 *mm* longi, ad basin et apicem subglabri, ad medium dense villoso-hirsuti, pilis basi minute tuberculatis, apice vix 0,4 *mm* longe 5—7-partiti, ramulis filiformibus, antheras 1,5 *mm* longe superantibus. Ovarium ovato-oblongum, superne albido-hirsutum.

Habitat in prov. Goyaz inter Funil et S. João m. Maio flor.: Burchell n. 9072.

45. Turnera Schomburgkiana *Urb.* pube simplice brevi; stipulis 0,5—1 *mm* longis; foliis 8—12 *mm* longe petiolatis, latiusculc lanceolatis, utrinque aequaliter angustatis, 7—9 *cm* longis, 2—2,5 *cm* latis, $3^{1}/_{2}$-plo longioribus quam latioribus, depresse crenatis, supra densissime et breviter strigulosis, subtus tomentosulis, ad petiolum et laminae basin glandulas 2 + 2 parvas gerentibus; capitulis lateralibus sessilibus v. breviter pedunculatis; calyce 6—8 *mm* longo, in $^{1}/_{2}$ alt. coalito; filamentis tubi basi cr. 0,8 *mm* longe tota facie adnatis, tenuissime pubescentibus; stylis rectis; ovario 5—12-ovulato; fructibus 3 *mm* longis, dorso punctulis rufis exasperatis; seminibus obovatis paullum curvatis.

Rami vetustiores glabrescentes obsolete striati cinereo-brunnei, hornotini subteretes v. interdum subangulati, pilis flavescentibus densissime obtecti v. superne velutini, glomerulis saepius secundario minus evoluto seriali auctis. Stipulae e basi triangulari subulatae, e caule juxta basin petioli prodeuntes. Folia crenis margine subrecurvatis, plerumque papilla globulosa minuta antice abrupte apiculatis, nervis lateralibus supra impressis, medio paullum egrediente. Flores dimorphi, in bractearum basi ima sessiles; bracteae quam euphylla multoties minores, exteriores praecipue capitulorum pedunculatorum involucrantes, centimetrales, ovato-orbiculares v. ovatae, fere usque ad basin crenato-serratae breviter petiolatae v. subsessiles, supra basin biglandulosae, exappendiculatae, caeterae, sicut plerumque omnes capit. sessilium, paullatim multo minores 6—3 *mm* longae, 4—0,6 *mm* latae, antice tantum serratae v. inter pubem obsolete papilloso-serrulatae, rhombeo-cuneatae, spathulato-lanceolatae usque lineares, utrinque dense hirsutae, planae v. subconcavae, intimae v. omnes basi 1—2 *mm* longe setaceo-stipulatae; prophylla linearia v. lineari-subulata 2,5—5 *mm* longa, 0,3—0,6 *mm* lata subincurva. Calyx extrinsecus basi excepta densissime albido-hirsutus, tubo intus parce pilosulo, cylindrico, lobis anguste lanceolato-linearibus 3-nervibus obtusiusculis, nervo medio e dorso saepius paullum progrediente, sed sepala non superante. Petala calycem parte ejus 4-ta superantia, anguste oblongo-cuneata, 5 *mm* longa, intus inferne densiuscule pubescentia. Filamenta basi extrinsecus glanduloso-incrassata, breviora 3 *mm* longa; antherae clausae oblongae v. oblongo-lanceolatae, 1,3 *mm* longae, 0,4 *mm* latae, 3-plo longiores quam latiores, connectivo supra apicem liguliformi-producto, in $^{2}/_{3}$ alt. insertae et fere ad insertionem (in parte $^{1}/_{3}$ inferiore) bicrures, effloratae rectae. Styli supra basin et sub stigmatibus glabriusculi, caeterum pilis erectis hirsuti, flagello 1 *mm* longo, ramulis 8—12 inaequilongis, longiores 5,5 *mm* longi, antheras 2,5 *mm* longe superantes. Fructus ovato-globosus 3 *mm* longus, 2,5 *mm* crassus; valvae patentes paullo recurvae, dorso inferne parce sericeo-pilosae, apice albido-comosae, intus glabrae rufo-maculatae. Semina vix 2 *mm* longa, 1,2 *mm* lata,

0,8 mm crassa, reticulato-striata, striis transversalibus valde approximatis et parum conspicuis, chalaza parum prominente concaviuscula, hilo brevi.

Habitat in Guiana Anglica ad Roraima m. Nov. flor. et fruct.: Rich. Schomburgk n. 922, Rob. Schomburgk n. 624.

46. Turnera Pernambucensis *Urb.* pube simplice brevissima

inferne laxa superne satis densa; stipulis 0,6—1 mm longis; foliis sub-sessilibus v. usque 1,5 mm longe petiolatis, lanceolatis, utrinque sub-nequaliter angustatis, 7—10 cm longis, 1,8—2,7 cm latis, $3^1/_2$—$4^1/_2$-plo longioribus quam latioribus, obsolete serrulatis, supra parce, subtus densius brevi-pilosis, margine ipso supra basin glandulas 1 + 1 usque 3 + 3 parum conspicuas gerentibus; capitulis terminalibus; calyce (an ultra 3 mm longo?) in $^1/_2$ alt. coalito; filamentis basi tubi adnatis, tenuissime pilosis; stylis longioribus superne arcuato-curvatis; ovario 4—6-ovulato; fructibus cr. 3 mm longis, dorso laevibus v. rufo-punctulatis; seminibus obovatis, dorso arcuato-curvatis, intus subrectis.

Fruticulus 60 cm altus. Rami vetustiores teretes brunnescentes, bornotini striati v. subangulati, pilis sursum curvatis adpressisque flavidis v. rufescentibus, gemmis serialibus non obviis v. inter ramos et ramulos minutissimis. Stipulae juxta petioli basin prodeuntes, e basi triangulari lanceolato-subulatae. Folia acuta, basi ipsa saepe in petiolum subcontracta, margine plano v. vix recurvato usque supra medium v. fere usque ad basin obsolete serrulata, nervis utrinque, sed subtus magis prominentibus, omnia subaequalia, suprema subito in bracteas abeuntia. Flores in ramis ramulisque in glomerulum terminalem subsessilem v. breviter stipitatum capita-tum v. postremo subcylindricum aggregati, nunc inferiores pauci postremo remotius-culi, verisimiliter dimorphi; bracteae minute stipulatae, inferiores usque 1 cm longae, inferne petioliformi-angustatae, ovales, antice parce et obsolete crenatae, utrinque breviter hirsutae, superiores 0,6—0,4 cm longae, 3—2 mm latae, 1—1,5 mm longe petiolatae, 3—1-nerves, integrae v. sub apice obsolete bicrenatae; pedunculi 1,5—1 mm longi, cum petiolo coaliti; prophylla 3—4,5 mm longa, 0,3—0,5 mm lata linearia, nunc ad medium dilatata, integra hirsuta; pedicelli nulli. Calyx extrinsecus superne hirsutus, inferne obsolete scabriusculus, tubo campanulato. Petala obtriangularia. Antherae clausae rectangulari-ellipticae, manifeste apiculatae, 0,7—0,8 mm longae, 0,3 mm latae, in $^1/_4$—$^1/_3$ alt. affixae. Styli dense pubescentes. Ovarium ovatum, pilis erectis hirsutum. Fructus breviter ovato-conicus 2,5 mm crassus; valvae dorso praesertim superne hirtae, intus flavae v. rufo-punctulatae, cornubus deficientibus. Semina 2—2,3 mm longa, 1,2—1,4 mm crassa, reticulato-striata, pilosula brunnescentia, chalaza valde pro-minente concaviuscula, hilo hemisphaerico, arillo flavescente, unilaterali, usque ad apicem ascendente.

Habitat in Brasiliae prov. Pernambuco prope Catucá, in silvis umbrosis m. Nov. flor. et fruct.: Gardner n. 1154.

47. Turnera capitata *Camb.* pube simplice brevi densa v. superne

lutescenti-tomentosa; stipulis 0,5—4 mm longis; foliis 3—7 mm longe petiolatis, ovato-oblongis, ellipticis usque lanceolatis, ad apicem magis angustatis, 7—14 cm longis, 2,5—4 cm latis, $2^1/_2$—$4^1/_2$-plo longioribus quam latioribus, serratis v. crenato-serratis, basi ad marginem ipsum glandulas 1+1 usque 5+5 gerentibus, utrinque densissime hirtellis v. subtus pubescentibus v. tomentosis; capitulis terminalibus; calyce 7—8 *mm* longo, in $^2/_3$ alt. coalito; filamentis tubi basi 0,7—1 *mm* longe adnatis, pubescentibus; stylis longioribus ad medium arcuatis et verrucosis; ovario 12—20-ovulato; fructibus 4—6 *mm* longis, dorso obsolete verrucosis v. impresso-reticulatis; seminibus obovatis v. obovato-oblongis, obsolete v. vix curvatis.

Turnera capitata Camb.! in *St. Hil. Flor. Bras. merid. II, 156* (215); *Walp. Rep. II, 228.*

Forma *β.* **rufescens** *Urb.* foliis (2$^1/_2$—3-plo longioribus quam latioribus, subanguste ovatis v. ovato-lanceolatis) subtus, sicut ramulis, tomento densiore rufescente obtectis.

Suffrutex s. fruticulus 0,2—1,3 *m* altus. Rami vetustiores purpureo-brunnei, puberuli v. glabrescentes, irregulariter et tenuiter plicato-striati, hornotini teretes v. obsolete angulati, pilis sursum curvatis v. adpressis, gemmis serialibus inter ramos et ramulos obviis, sed plerumque non evolutis. Stipulae inter pubem difficile conspicuae 0,5—1 *mm* longae, subulatae, ad basin petioli prodeuntes. Folia ovato-oblonga usque lanceolata, 2,5—3,5 *cm* lata, 2$^1/_2$—4$^1/_2$-plo longiora quam latiora, margine non v. obsolete recurvata, nervis supra plerumque impressis, sed in sulcis iterum filiformiprominulis. Flores in glomerulos 30—60-floros capitatos v. postremo breviter cylindricus aggregati, nunc inferiores 1—pauci remotiusculi; bracteae infimae euphylloideae subito v. sensim, sed celeriter decrescentes, exteriores et intermediae lanceolatae v. lanceolato-lineares, crenato-dentatae, interiores anguste lanceolato-lineares v. lineares acuminatae 8—5 *mm* longae, 1,5—0,5 *mm* latae integrae, intus minus, extrinsecus et in margine magis hirsutae, omnes ad basin stipulatae; pedunculi 1,5—1, raro — 3 *mm* longi, florum exteriorum liberi v. inferne, intermediorum ad dimidium v. supra, interiorum (nunc omnium) usque ad prophylla petiolis adnati; prophylla linearia 5—8 *mm* longa, 0,3—0,5 *mm* lata, integra, utrinque hirsuta, saepius brevissime, sed evidenter stipulata; pedicelli nulli v. in floribus infimis interdum usque 0,5 *mm* longi. Calyx extrinsecus aequaliter v. inferne parcius breviter hirsutus, tubo intus superne piloso, infundibuliformi-campanulato, lobis lanceolato-linearibus v. lanceolatis 3-nervibus, nervo medio supra apicem 0,5—1 *mm* longe producto. Petala calycem paullo superantia, alba v. superne alba, inferne flavescentia, exacte oblonga v. obovato-oblonga, basi subcuneata, 6 *mm* longa, 2 *mm* lata, intus supra basin pilosa. Filamenta basi extrinsecus manifeste incrassata, longiora cr. 6 *mm*, breviora 3—3,5 *mm* longa; antherae clausae breviter rectangulares v. subquadratae apice obtusissimae v. parum, basi usque ad 4-tam long. partem emarginatae, vix 1 *mm* longae, 0,7—0,8 *mm* latae, sub $^1/_3$ v. supra $^1/_3$ alt. affixae, defloratae rectae v. superne parum recurvatae. Styli antheras 2,5—3 *mm* superantes v. iis breviores, apice multi- (usque 25-) partiti, flagello 0,5—1 *mm* longo, longiores 5—6 *mm* longi, inferne extrinsecus glabri, intus parce hirsuti, a medio v. paullo infra medium arcuato-divergentes et huc loco fere usque ad stigmata dense villoso-hirsuti, verrucosi et paullo dilatati, breviores 1—1,5 *mm* longi, laeves, recti, superne paullium patentes, extrinsecus glabri subglabrive, intus hirsuti. Fructus ovatus v. breviter ovato-conicus 3—4,5 *mm* crassus; valvae dorso sub apice integro recurvo processu filiformi 1 *mm* longo v. breviore v. obsolete cornutae, brunneae, breviter hirsutae v. pubescentes, obsolete verrucosae, intus ferrugineae v. rufescentes glabrae. Semina obovato-oblonga, postremo nigra, 2—2,2 *mm* longa, 1—1,2 *mm* lata, reticulato-striata, chalaza concaviuscula prominente, hilo conico, arillo albescente v. flavescente semen supra basin circumcirca, caeterum a parte interiore usque ad apicem obtegente v. ultra ascendente.

— 135 —

Subspec. **intermedia** *Urb.* stipulis manifestis 2,5—4 *mm* longis, inferne dentes nonnullos lineares praebentibus.

Folia elliptica v. elliptico-oblonga, sed semper utrinque angustata, $2^1/_2$-plo longiora quam latiora usque ad 4 *cm* lata. Bracteae interiores quoque lanceolatae longitudine usque ad 1 *cm*, latitudine ad 2 *mm* decrescentes subintegrae; prophylla lanceolato-linearia usque ad 1 *cm* longa, 2—1 *mm* lata, longius stipulata. Petala calycem dimidio superantia, obovato-cuneata, apice truncata, 8,5 *mm* longa, 4 *mm* lata. Fructus valvis non cornutis nec tuberculatis, sed nervis impressis obsolete reticulatis. Semina obovata, arillo minus evoluto unilaterali apicem non attingente.

Habitat in Brasiliae prov. Minas Geraës et S. Paulo: Riedel n. 1372, 1996, Martius n. 1140, St. Hilaire, Gardner n. 4440 et alii. — Forma β. inter prov. Rio de Janeiro et S. Paulo: Riedel n. 1402. — Subspec. in Brasilia loco non addicto: Herb. Mart., nunc Bruxell.

48. **Turnera albicans** *Urb.* pube simplice brevissima; stipulis 0,8—1,5 *mm* longis; foliis 5—10 *mm* longe petiolatis, obovato-oblongis v. oblongis, ad basin magis angustatis, apice breviter acuminatis, 8—13 *cm* longis, 2,5—5 *cm* latis, $2^1/_2$—3-plo longioribus quam latioribus, margine supero minute serrato-crenatis, supra subglabris, subtus minutissime pilosis, basi et ad petiolum summum glandulas 1 + 1 v. 2 + 2 nunc auriculiformi-prominentes gerentibus; capitulis terminalibus; calyce 4 *mm* longo, in $^1/_2$ alt. coalito; filamentis tubi basi cr. 0,8 *mm* longe adnatis, tenuissime pilosulis; stylis rectis; ovario 4—7-ovulato; fructibus 4—5 *mm* longis, dorso impresso-reticulatis; seminibus obovato-oblongis, obsolete v. parum curvatis.

Icon: Urb. in Mart. Flor. Bras. XIII, III, t. 47.

Frutex fere metralis. Rami vetustiores glabri albicantes subteretes, vix v. obsolete striati, hornotini angulati v. compressiusculi, pilis subflavidis inferne parcius, superne dense pulverulento-adspersi. Stipulae inter pubem parum conspicuae, subulatae v. triangulares, e caule prope petioli basin orientes. Folia suprema approximata, 1—2 sub capitulo ipso prodeuntia, subito in bracteas multoties minores et valde alienas abeuntia, nervis supra parum prominentibus. Flores dimorphi, in capitulum 50- v. ultra 50-florum densissime aggregati, in axillis bractearum sessiles; bracteae coriaceae eglandulosae 3—4 *mm* longae, 1,5—3 *mm* latae, inferiores orbiculares v. obovatae, ad basin contractae v. angustatae, supra basin ipsam raro denticulis 1—2 stipulatae, caeterae spathulatae, omnes margine integro subintegrove dense flavo-fimbriato-pilosae, extrinsecus praesertim ad nervum medium inferne pubescentes, caeterum brevissime et obsolete pilosiusculae; prophylla orbiculari-, rhombeo- v. obovato-spathulata, 2,5—4 *mm* longa, 1—2 *mm* lata concava, quam bracteae longius sed angustius petiolata, saepius apiculata v. acuminata, acumine recurvo, pube bractearum, margine integra; pedicelli nulli. Calyx extrinsecus inferne brevissime et tenuissime pilosulus, superne ad lobos flavido-hirsutus, tubo intus superne pilosulo, cylindrico v. infundibuliformi-cylindraceo, lobis lanceolatis, 3- v. 5-nervibus, nervo medio infra apicem obtusum e dorso paullum usque ad 1 *mm* longe producto. Petala calycem superantia, alba, verisimiliter oblonga, inferne intus pubescentia. Filamenta supra basin glabra, basi extrinsecus glanduloso-incrassata, longiora 4,5, breviora 2,5 *mm* longa; antherae clausae rectangulari-ellipticae, 1 *mm* longae, 0,4—0,5 *mm* latae, apiculatae, basi vix in parte $^1/_4$ inferiore acutangulo-emarginatae, in $^2/_3$ alt. v. paullo infra medium affixae, effloratae subrectae. Styli apice tenuissime multi-partiti, flagello vix 0,5 *mm* longo, ab antheris circa 2 *mm* distante, longiores 4—4,5 *mm* longi usque ad stigmata paullo laxius hirsuti, breviores 1,5 *mm* longi, in $^2/_3$—$^3/_4$ alt. dense hirsuti, superne glabri. Fructus ovatus, superne saepius satis attenuatus 2,5—3 *mm* crassus; valvae recurvae v. revolutae, dorso sub lente tenuissime et brevissime pilosulae, ad apicem longius et flavide hirtae, intus ferrugineae v. fulvae glabrae. Semina nigrescentia 2,5—3 *mm* longa, 1—1,2 *mm* crassa, tenuissime reticulato-striata et sub lente valida scabriuscula, chalaza breviter cylindrica concava, hilo saepe subadunco, arillo variabili.

Habitat in Brasiliae prov. Bahia, in sylvis umbrosis prope Ilheos m. Febr. fructif.: Riedel n. 743.

49. **Turnera dichotoma** *Gardn.*, pube simplice tomentoso-villosa: stipulis nullis; foliis sessilibus e basi cordata subamplexicauli triangulari-acuminatis, 0,5—0,7 *cm* longis, 0,3—0,4 *cm* latis coriaceis, margine integerrimo arcte revolutis, supra nitidis, ad nervum medium pubescentibus v. posterius glabratis, subtus sordide cano-tomentosis, eglandulosis; capitulis 3—8 in glomerulos terminales collectis; calyce 4—4,5 *mm* longo, in $^3/_5$—$^2/_3$ alt. coalito; filamentis tubo imo 0,5—0,8 *mm* longe adnatis, superne pilosis, inferne glabris; stylis rectis; ovario 3-ovulato; fructibus 2,5—3 *mm* longis, dorso sublaevibus: seminibus subanguste obovatis subrectis.

Turnera dichotoma Gardn.! Hb. Fl. Brasil. 4695 et in Hook. Icon. Plant. VI, ad t. 522; Walp. Rep. II, 229.

Turnera decipiens Baill.! in Adansonia X, 246.

Icones: *Gardn. l. c. t. 522!; Urb. in Mart. Flor. Bras. XIII, III, t. 48 f. IV.*

Fruticulus 30—50 *cm* altus, habitu a genere abhorrens. Rami pluries 3—6-furcati, secundarii etc. sub capitulo vetusto v. delapso conferti, vetustiores nigrescentes v. tomenti reliquiis cinerei, juniores pilis ad basin (v. brevioribus undique) flavescentibus, superne cinerascentibus, gemmis axillaribus non evolutis v. brevissimis. Folia numerosa internodiis pluries longiora subhorizontaliter patentia, nervo medio supra impresso, lateralibus non v. vix conspicuis, in ramulis capituliferis paullatim minora cr. 0,3 *cm* longa. Flores dimorphi, in axillis bractearum sessiles; bracteae inferiores ovato-lanceolatae margine supero parum revoluto, saepius in setam brevem productae, superiores lanceolatae v. lineares cr. 0,3 *cm* longae concavae margine non revolutae, omnes supra quoque pubescentes; prophylla anguste linearia, 3—4 *mm* longa, 0,2—0,3 *mm* lata, utrinque saltem ad apicem dense villosa; pedicelli nulli. Calyx extrinsecus densissime villoso-hirsutus, tubo intus superne piloso, cylindraceo-infundibuliformi, lobis anguste lanceolatis v. lanceolato-linearibus, 3-nervius acutiusculis. Petala calycem subaequantia, lutea, anguste obovata cuneata, 1,5—2 *mm* longa, 0,7—1 *mm* lata, intus inferne ad nervum medium hirsuta, extrinsecus supra basin pilosa. Filamenta basi non incrassata, longiora 3—3,5 *mm*, breviora 2—2,5 *mm* longa; antherae clausae rectangulari-ellipticae 0,8 *mm* longae, vix 0,5 *mm* latae, $2^1/_2$—3-plo longiores quam latiores, apiculatae, basi in parte 6-ta inferiore emarginatae, paullo sub medio affixae, defloratae non revolutae. Styli remotiusculi fere usque ad stigmata densiuscule pubescentes, apice brevissime (cr. 0,2 *mm* longe) lobulato-pluripartiti, longiores 3 *mm* longi, antheras 1 *mm* longe superantes, breviores 1 *mm* longi, a basi antherarum cr. 0,5 *mm* remoti. Ovula paullo supra basin affixa. Fructus ovatus v. breviter ovatus 1,5—2 *mm* diametro; valvae non recurvatae, intus fulvo-flavescentes glabrae, extrinsecus fulvae breviter et tenuiter pubescentes. Semina 2 *mm* longa, 1 *mm* crassa, obsolete lacunoso-striata, demum cinereo-brunnea glabra, chalaza vix prominente, hilo semigloboso, arillo semen dimidium cingente albido.

Habitat in prov. Minas Geraës, locis nudis altioribus m. Aug. florif.: Gardner n. 4695, St. Hilaire B'n. 1993: prope Diamantina: Vauthier n. 499.

Series IX. **Canaligerae.**

Frutices v. herbae suffruticosae perennesve. Stipulae evolutae, usque 1 *mm* longae, juxta v. ad petioli basin prodeuntes. Folia varia, basi ima v. sub basi glandulas 1 + 1, raro 2 + 2 rotundatas manifestas flavidas v. brunnescentes gerentia. Pedunculi adnati, post delapsum ad petiolos cicatricem linearem v. oblongam, rarissime suborbicularem relinquentes; pedicelli nulli. Flores (v. saltem fructus) remoti v. remotiusculi, plerumque magni. Calyx 9—25 *mm* longus, in $^1/_3$—$^1/_2$ alt. coalitus. Filamenta cum marginibus 1,5—7 *mm* longe (sed semper tubo cal. brevius) nervis calycis commissuralibus adnata ideoque quodque canaliculum cum calyce formans. Styli glabri v. intus parce hirtelli v. strigulosi. Fructus dorso obsolete v. manifeste tuberculati. Semina obovata v. oblonga.

50. **Turnera lucida** *Urb.*, fruticulus pube simplice, ad ramos subparca et unilateraliter disposita, sub foliorum insertione usque ad folium proximum deficiente; foliis 4—8 *mm* longe petiolatis ovatis v. anguste ovatis, 2-plo longioribus quam latioribus; pedunculis 3—5 *mm* longis; floribus homostylis; calyce 9—11 *mm* longo; petalis flavis; antheris junioribus 2—2,5 *mm* longis, 0,7—0,8 *mm* latis; stylis apice 1 *mm* longe 5—7-fidis; ovario 25—32-ovulato; seminibus obovatis v. anguste obovatis obsolete curvatis, elevatim reticulato-striatis, chalaza apicali.

Rami vetustiores glabri brunnei lucidi plicato-striati, hornotini pilis brevibus pallide flavis curvato-erectis unilateraliter obsiti. Stipulae 0,3—0,5 *mm* longae. Folia acuta, basi plerumque subcuneata, 2—4 *cm* longa, 1,2—2 *cm* lata, margine grosse et simpliciter serrato-crenata, nervis supra prominulis, utrinque parce v. parcissime, subtus praesertim ad nervos pilosa, glandulis basalibus 1+1 parvulis. Flores apice caulium conferti, postremo laxiusculi; prophylla 5—8 *mm* longa, 0,8—1,5 *mm* lata, linearia acuminata ramosinervia, margine parce et obsolete papilloso-serrata. Calyx extrinsecus strigulosus, intus superne pubescens, in $^2/_3$ alt. in tubum cylindraceo-campanulatum coalitus. Petala calycem triente superantia unicolora, cr. 10 *mm* longa. Filamenta 2,5 *mm* longe adnata, 7 *mm* longa; antherae juniores connectivo producto solemniter apiculatae, ovato-oblongae, dorso in $^1/_4$—$^1/_2$ alt. affixae et emarginatae. Styli 7—8 *mm* longi, antheras aequantes, intus parce strigulosi. Fructus globulosi obtusiuscule apiculati, 4—5 *mm* diametro, dorso adpresse pilosi et minute v. obsolete tuberculati, intus tenuissime reticulati. Semina 2 *mm* longa, 0,9—1 *mm* lata, a dorso plerumque subcompressa, hilo semigloboso parum prominente, chalaza vix prominula.

Habitat in Brasilia: Freyreiss, prope Bajas: Herb. Petrop.; inter Rio de Janeiro et Campos: Sello n. 101.

Obs. Habitu ad *T. chamaedryfoliam* Camb. valde accedens, sed caeterum toto coelo diversa; a *T. ulmifolia* levibus tantum characteribus dignoscitur, quamquam speciem propriam sine dubio sistit.

51. Turnera ulmifolia *Linn.* (ampl.), fruticulus v. herba suffruticosa perennisve, pube simplice ad ramos circumcirca aequaliter disposita v. raro paene deficiente; foliis 2—20 *mm* longe petiolatis, obovatis, ovatis usque paene linearibus; pedunculis 2—15 *mm* longis; floribus homo- v. heterostylis; calyce 11—25 *mm* longo; petalis varie coloratis; antheris junioribus 2,5—6 *mm* longis, 0,6—1,5 *mm* latis; stylis apice solemniter multipartitis, ramulis 10—30 filiformibus 1—2 *mm* longis; ovario 20 ad 200-ovulato; seminibus obovatis usque oblongis, obsolete v. parum curvatis, clevatim reticulato-striatis, chalaza apicali, non v. parum prominula.

Turnera ulmifolia Trian. et Planch. Prodr. Flor. Novo-Granat. in Ann. Sc. nat. V. Sér. XVII, 186, emend.

Formas speciei quam maxime variabilis insequentes propono:

* Petalis luteis v. flavis, nunc supra basin atroviolaceis, raro superne albescentibus.

Var. *α.* **orientalis** *Urb.* foliis 2—2$^1/_2$-plo longioribus quam latioribus, mediocriter pubescentibus, floribus homostylis, calyce 12—15 *mm* longo, in $^1/_3$—$^2/_5$ alt. tubuloso, petalis flavis unicoloribus, stylis antheras bene aequantibus.

Turnera ulmifolia Camb.! in St. Hil. Flor. Bras. mer. II, 154.

Fruticulus 30—60 *cm* altus, ramis, foliis praesertim subtus, prophyllis, calyce pilosis, pilis ramorum curvato-erectis. Folia 5—10 *mm* longe petiolata, inferiora et intermedia ovata v. saepius breviter elliptica, basi obtusa v. plus minus cuneatim in petiolum protracta, apice obtusa v. acuta, 2,5—4,5, raro—6 *cm* longa, 1,5—2, raro—3 *cm* lata, usque supra medium v. fere ad basin crenato-serrata, superiora plerumque angustiora oblonga v. oblongo-lanceolata acutiora. Pedunculi 4—7 *mm* longi, toti adnati; prophylla linearia v. lineari-subulata 6—10 *mm* longa, 0,5—1 *mm* lata, margine integra eglandulosa. Petala 10—18 *mm* longa, calycem parte $^1/_6$—$^1/_3$ ejus longitudinis superantia. Capsula 6—8 *mm* diametro, extrinsecus minute, sed manifeste tuberculata. Semina oblonga 2,3—2,8 *mm* longa, 0,8—1 *mm* crassa.

Habitat in Brasiliae prov. Bahia et Minas Geraës: Blanchet n. 292, St. Hilaire B¹ n. 1292, Sello n. 762, 1196 et alii.

Variat insuper **2°** petalis ad basin atroviolaceis,

Habitat in prov. Bahia: Blanchet n. 2613 (ex parte).

et **3°** prophyllis anguste lanceolatis ramosinervibus 1—2 *mm* latis, saepe denticulatis.

Habitat in Guiana Angl. prope Pirara: Rob. Schomburgk n. n.

Var. *β.* **cuneiformis** *Urb.* foliis obovatis v. subrhombeis, ad basin cuneatis 1$^1/_2$—2-plo longioribus quam latioribus, floribus homostylis, calyce 12—15 *mm* longo in $^1/_3$—$^2/_5$ alt. tubuloso, petalis pallide flavis ad basin atropurpureis, stylis antheras bene aequantibus.

Turnera cuneiformis Poir.! in Lam. Encycl. VIII, 142; DC. Prodr. III, 346 (excl. var. β.); Camb.! in St. Hil. Flor. Bras. mer. II, 155.

Turnera obtusifolia Smith! in Rees Cycl. vol. 36 n. 3.
Waltheria terminalis Vell. Flor. Flum. VII, t. 7!
Turnera cuneifolia Juss. Herb. n. 13572!

Icones: *Vellozo l. c.!; Baill. Hist. Plant. IV, 288 ic. (sub T. ulmifolia)!*

Fruticulus 30—60 cm altus, 2—3-ennis, ramis, foliis, prophyllis, calyce, fructu breviter pilosis, pilis ramorum curvato-erectis densis. Folia 6—20 mm longe petiolata, manifeste, interdum grosse, nunc subduplicatim serrato-crenata, apice plerumque obtusa, 3—7 cm longa, 1,5—5 cm lata. Pedunculi 5—10 mm longi, toti adnati; prophylla latiuscule lineari-acuminata v. subulata 6—10 mm longa, 1—1,5 mm lata, margine integra subintegrave eglandulosa. Petala 13—18 mm longa, calycem usque dimidio superantia. Capsula 6—8 mm diametro, dorso tenuiter tuberculata. Semina oblonga 2,6—3 mm longa, 0,8—1 mm crassa.

Habitat in Brasilia ad Rio Parnahiba: Pohl n. 753, ad Rio Tocantins: Weddell n. 2484, in prov. Bahia: Blanchet n. 3147 A et alii; praesertim vulgatissima in prov. Rio de Janeiro per totum annum florens.

Obs. Partes florum interiores interdum destruit *Ustilago Urbaniana* Fisch. de Waldb. (in Verb. bot. Ver. Brandenbg. XXII, 1880, Sitzg. p. 65).

Var. γ. **grandidentata** *Urb.* foliis inferioribus obovato-cuneatis 1 1/2 —2-plo longioribus quam latioribus, profunde et aequaliter inciso-crenatis v. -serratis, floribus heterostylis, calyce 11—13 mm longo, in 1/3—2/5 alt. tubuloso, petalis luteis v. pallide flavis, ad basin atro-violaceis.

Turnera ulmifolia Griseb.! Symb. Argent. 138.

Suffrutex cr. 25 cm altus, ramis, foliis praesertim subtus, prophyllis, calyce, fructu breviter pilosis, pilis ramorum curvato-erectis. Folia 3—6 mm longe petiolata, inferiora obtusa, 3—5 cm longa, 2—2,5 cm lata, superiora obovato-oblonga v. lanceolata acuta. Pedunculi 2—3 mm longi, toti adnati; prophylla lineari-subulata, 5—8 mm longa, 0,3—0,8 mm lata, margine integra eglandulosa. Petala 15—17 mm longa, calycem dimidio superantia. Capsula 6—8 mm diametro, dorso manifeste tuberculata. Semina obovato-oblonga, 2,8—3,3 mm longa, 1—1,2 mm crassa.

Habitat in Paraguay prope Asuncion: Gilbert n. 21, Balansa n. 2340; in Argentina sept. prope Oran: Lorentz et Hieronymus n. 397.

Var. δ. **elegans** *Urb.* foliis inferioribus ovatis v. ovato-oblongis, 2—3-plo longioribus quam latioribus, pedunculis 2—5 mm longis, floribus heterostylis, calyce 15—25 mm longo, in 1/3 alt. tubuloso, petalis flavis ad basin atropurpureis, nunc superne pallide flavis v. albescentibus.

Turnera subulata Smith in Rees Cycl. vol. 36 (a. 1819) n. 2 (specim. orig. in Herb. Linn.!); DC. Prodr. III, 346.
Turnera elegans Otto in C. G. Nees von Esenb. Hor. phys. Berol. (a. 1820) p. 36; Schult. Syst. Veg. VI, 675; Lk. Enum. I, 293; Knowl. et Weste. Flor. Cab. I, ad t. 2.
Turnera trioniflora Sims Bot. Mag. XLVII (1820) ad t. 2106; DC. Prodr. III, 346.

Turnera virgata Willd.! Msc. in Schult. Syst. Veg. VI (1820) 678 et Herb. n. 6080!; DC. Prodr. III. 348.

Icones: *Sims l. c. t. 2106!; Knowl. et Weste. l. c. t. 2!*

Fruticulus 30—80 cm altus, ramis, foliis, calyce, fructu breviter v. brevissime pilosis, pilis ramorum curvato-erectis. Folia 5—10 mm longe petiolata, inferiora ad basin cuneatam integra, caeterum solemniter serrata v. crenato-serrata, crenis nunc inaequalibus v. subduplicatis, acuta, 3—7 cm longa, 1,5—3 cm lata, superiora decrescentia oblongo-lanceolata v. lanceolata, antice saltem serrata. Pedunculi toti adnati; prophylla anguste lineari-subulata longe acuminata 8—13 mm longa, 0,4—1 mm lata, 1-nervia integra subintegrave eglandulosa. Petala 20—35 mm longa, calycem usque duplo superantia. Fructus 4—6 mm diametro. Semina oblonga 2,3 - 2,7 mm longa, 0,7 ad 1 mm crassa.

Habitat in Brasiliae prov. Bahia ad Montem Sanctum: Martius; in Pernambuco: Schornbaum, Gardner n. 1026. Casaretto n. 2306; in Maranhão: comm. Don. n. 134; in Pará: Sieber, Martius; in Nova Granata: Mutis; in Bolivia prov. S. Cruz: Weddell n. 3580; — praeterea inquilina in Java: Zollinger n. 825, prope Singapore: Jagor n. 130.

Variat **2°** caulibus et foliis subtus molliter tomentosis.

Turnera mollis H. B. K.! Nov. Gen. VI, 126; DC. Prodr. III, 346.

Habitat in Nova Granata prope Honda: Bonpland n. 1693, prope S. Fé de Bogotá: Goudot n. 1.

Variat **3°** foliis minoribus, floriferis postremo quoque confertioribus, calyce 13—15 mm longo.

Turnera Peruviana Willd.! Msc. in Schult. Syst. Veg. VI, 679' et Herb. n. 6093.

Turnera sericea H. B. K.! Nov. Gen. VI, 127; DC. Prodr. III, 346.

Habitat in Venezuela prope Cumano et inter Popayan et Almaguer: Bonpland n. 2047, in Serra de S. Marta: Bertero.

Var. *ε.* **intermedia** *Urb.* foliis inferioribus ovatis v. ovato-oblongis, 2—3-plo longioribus quam latioribus, pedunculis 3—7 mm longis, floribus heterostylis, calyce 12—20 mm longo, in $^1{}_3$—$^2{}_5$ alt. tubuloso, petalis flavis unicoloribus.

Turnera ulmifolia Bello y Espinosa! in Anal. de la Soc. Esp. de Hist. Nat. X (1881), p. 275.

Turnera cuneiformis Bello y Espinosa! l. c., — non Poir.

Turnera chamaedrys Klotzsch! Msc. in Rich. Schomb. Flor. u. Faun. Brit. Guian. 1166.

Turnera corchoroides Klotzsch! Msc. l. c.

Fruticulus 30—100 cm altus, ramis, foliis, prophyllis, calyce, fructu breviter v. brevissime pilosis, pilis ramorum curvato-erectis. Folia 5 —10, raro — 20 mm longe petiolata, 2,5—7 cm longa, 1,5—4 cm lata, acuta, basi cuneata, usque supra medium serrata v. crenata, crenis nunc duplicatis, superiora rhombeo- v. oblongo-lanceolata. Pedunculi toti cum petiolis coaliti; prophylla anguste lineari-subulata 8—12 mm longa, 0,5—1 mm lata, 1-nervia integra eglandulosa. Petala 18—25 mm longa, calycem usque fere duplo superantia. Fructus 4—6 *mm* diametro. Semina obovata v. obovato-oblonga 2—2,8 *mm* longa, 0,8—1,2 *mm* crassa.

Habitat in Guiana Anglica prope Ohreala: Rob. Schomburgk n. 123, prope Pirara: idem n. 213, Rich. Schomburgk n. 423, 577: in Venezuela prope Cumana: Humboldt, Funck n. 638, prope Palmar: E. Otto n. 864, prope Caracas: Vargas, Gollmer, Moritz; in Nicaragua: Wright s. n., prope Granada: Lévy n. 172; in San Salvador: Hjalmarson; in ins. S. Thomas: Herb. Mus. Paris.; in Puerto-Rico: Krug n. 498, 499: in Haiti: C. Ehrenberg n. 291.

Variat insuper **2°** caulibus, foliis, ovario subglabris,

Habitat in Haiti prope Marsani: C. Ehrenberg n. 361.

et **3°** caulibus foliisque villoso-tomentosis.

Habitat in Panama inter Veraguas et Chiriqui: Wagener; in Costarica: C. Hoffmann n. 350.

Var. ζ. **velutina** *Urb.* foliis inferioribus saepius obovato-cuneatis obtusisque, caeteris v. omnibus ovatis usque oblongo-lanceolatis, plerumque acutis, 2—3$^{1}/_{2}$-plo longioribus quam latioribus, floribus homostylis, pedunculis 4—8 *mm* longis, calyce 18—24 *mm* longo, in $^{1}/_{3}$ alt. tubuloso, petalis flavis, nunc antice albis, stylis antheras 1—4 *mm* longe superantibus.

Turnera velutina Presl! Reliq. Haenk. II, 44; Walp. Repert. II, 228, — non Benth.

Fruticulus 60—120 *cm* altus, ramis, foliis, calyce et saepius fructu pilis flavis v. rufis brevibus v. brevissimis velutino-tomentosis. Folia 5—10 *mm* longe petiolata, 4—6 *cm* longa, 1,5—2,5 *cm* lata, usque supra medium serrato-crenata. Pedunculi toti adnati; prophylla 8—12 *mm* longa, 1—2,5 *mm* lata, fere a basi sensim angustata, longe acuminata, integra subintegrave eglandulosa. Petala 20—28 *mm* longa, calycem parte $^{1}/_{2}$—$^{2}/_{3}$ ejus long. superantia. Fructus 7—10 *mm* diametro, dorso sub pube minute tuberculatus. Semina obovato-oblonga 3 *mm* longa, 1 *mm* crassa.

Habitat in Mexico: Hahn n. 498, Andrieux n. 411, prope Totolapa in dit. Oaxaca: Andrieux n. 366, prope Acapulco: Haenke, Beechey, prope Los Ajuntas ad Rio Montezuma: C. Ehrenberg n. 1046.

Var. **2°** pube mediocri.

Turnera trioniflora Presl! Reliq. Haenk. II, 44, — non Sims.
Turnera alba Liebm. in Ann. des Scienc. nat. III Sér. IX, 318 (ex descr.); Walp. Ann. II, 658.

Habitat in Mexico: Haenke, prope El Morno: Schiede n. 540, prope Cristo: Karwinski, ad ripas Rio de las Vueltas: ex Liebmann, in Cordillera Oaxaca: Galeotti n. 7141.

Var. η. **angustifolia** *Willd.* foliis ovato- v. oblongo-lanceolatis v. lanceolatis, ad apicem magis angustatis, acutis v. acuminatis, 2$^{1}/_{2}$—4-plo longioribus quam latioribus, crenatis v. serratis; pedunculis 5—15 *mm* longis, prophyllis plerumque euphylloideis ovato-lanceolatis usque lanceolato-linearibus, floribus homostylis, calyce 18—25 *mm* longo, in $^{2}/_{3}$—$^{1}/_{2}$ alt. tubuloso, petalis luteis unicoloribus.

Turnera ulmifolia Linn. Spec. I ed. 271 et Herb.! (cum var. β):
Poir.! in Lam. Encycl. VIII, 141 (cum var. β); Smith! in Rees Cycl.
col. 36 n. 1 (cum var. β); DC. Prodr. III. 346; Griseb.! Flor. Brit.
West-Ind. Isl. 296; Bak.! Flor. Maur. and Seych. 104; Willd. Herb. n.
6077 f. 1 et 2! Turnera angustifolia Mill. Dict. ed. 6 ex Curt. Bot. Mag. ad t.
281; Schlecht. in Ind. sem. hort. Hal. 1830. p. 7; Willd. Herb. n. 6078!
Turnera ulmifolia *var.* angustifolia *Willd.! Spec. I, 1503; Poir.*
l. c.: DC. l. c.
Turnera cistoides *Baill. Hist. Plant. IV, 287, non aliorum.*
Cistus urticae folio, flore luteo, casculis trigonis *Sloane Cat. 86 et*
Jam. Hist. I, 202 et Herb. vol. IV, fol. 4!
Turnera frutescens ulmifolia *Plum. Gen. 15!*
Turnera e petiolo florens, foliis serratis *Linn. Hort. Cliff. 112;*
P. Browne Jam. 189.

Icones: *Plum. l. c. t. 12!; Sloane Jam. Hist. t. 127 f. 4, 5!; Mart. Cent. t. 49!;*
Linn. Hort. Cliff. t. 10!; Mill. Icon. t. 268 f. 2; Curt. Bot. Mag. t. 281!; Gaertn.
Fruct. et Sem. t. 76, f. 3!; Lam. Ill. Gen. I, t. 212!; Desc. Fl. Ant. IV, t. 302!;
Schnizl. Icon. III, t. 193!; Baill. l. c. p. 287!.

Fruticulus 1—2 m altus, ramis, foliis, calyce, fructu breviter v. brevissime pilosis,
pilis ramorum adpressis. Folia 7—20 mm longe petiolata, 7—15 cm longa, 2—3,5 cm
lata. Pedunculi sub prophyllis saepius liberi: prophylla 10—30 mm longa, (1,5—) 3—8 mm
lata, plus minus serrata, interdum inferne pinnatifida, margine infero saepe biglandulosa.
Petala calycem dimidio excedentia, usque ad 30 mm longa. Capsula 7—9 mm diametro.
Semina oblonga 2,2—2,5 mm longa, 0,7—0,8 mm crassa.

Habitat in India occidentali, e. gr. in S. Barthelemi: Forsström; S. Croix: Herb.
Hafn.; S. Thomas: Vahl, Crudy, Eggers n. 299; Portorico prope Fajardo: Blauner
n. 3: Haiti: Poiteau et Turpin; Jamaica: R. C. Alexander, Distan, Wullschlaegel
n. 845, Wright: in Cuba: Wright n. 46, prope Punta de Maya; Otto n. 49, prope Habana:
Greene n. 43: — praeterea inquilina in Mauritius: Boivin, Bouton; in Seychelles:
Perville, Horne n. 333; in India orientali: Wright n. 1024 et alii, prope Mangalore:
Ed. Hohenacker n. 156, prope Bombay: Roux, in Sikkim Himalaya: Treutler n. 1247,
in Bengalen: J. D. Hooker, in Nilgiri: Johnson, in Ceylon: Fraser n. 19 et alii; prope
Singapore: Jagor n. 137: in Borneo sept.: Burbidge.

Variat **2°** foliis brevioribus, prophyllis angustioribus subintegrisve,

Habitat in Turk-Island ex insulis Bahoma: Hjalmarson; in Cuba occ.; Wright n. 209.

3° caulibus foliisque subglabris

Icon: *Bot. Mag. t. 4137!*

Habitat in Jamaica ex Hook. in Bot. Mag. l. c.; in Haiti: Rob. Schomburgk II, n. 172.

et **4°** tomentosulis.

Habitat in Jamaica: Herb. Vindob.

Var. **9. acuta** *Urb.* foliis lanceolatis utrinque aequaliter v. ad basin
magis angustatis, acutis, 4—5-plo longioribus quam latioribus, antice
crenato-serratis, pedunculis 5—8 mm longis, prophyllis linearibus, superne

subulato-acuminatis, floribus homostylis, calyce 16—17 *mm* longo, in $^2/_5$ alt. tubuloso, petalis luteis unicoloribus.

Turnera acuta Spreng.! *Syst. Veg. I, 940; DC. Prodr. III, 346 — non Willd.*

Frutex valde ramosus, ramis, foliis, calyce, fructu subglabris. Folia 5—10 *mm* longe petiolata, 5—7 *cm* longa, 1—1,5 *cm* lata, crenis nunc subamplis, nunc obsoletis. Flores remoti; pedunculi fere usque ad prophylla adnati; prophylla 6—10 *mm* longa, 0,6—1 *mm* lata, integra. Petala calycem fere duplo superantia, 20—22 *mm* longa. Fructus ovatus 7—8 *mm* longus, cr. 4,5 *mm* crassus, dorso manifeste tuberculatus. Semina anguste oblonga 2,5—3 *mm* longa, 0,8—1 *mm* crassa.

Habitat in Jamaica m. Maio et Junio flor. et fruct.: Bertero.

Variat **2°** foliis abbreviatis 2 *cm* longis duplo longioribus quam latioribus.

Habitat in India occidentali: Swartz.

** Petalis caeruleis v. albis et venis violaceis.

Var. *ι.* **elliptica** *Urb.*, fruticulus ramosus, breviter et dense strigulosus, foliis obovatis, ovoideis v. elliptico-oblongis, 2—3$^1/_2$-plo longioribus quam latioribus, argute serratis, floribus homostylis.

Folia 3—4 *mm* longe petiolata, apice obtusa v. acuta, basi rotundata v. obtusa, 1,5—3,5 *cm* longa, 1—1,5 *cm* lata, utrinque breviter v. brevissime birtella. Pedunculi 1,5—3 *mm* longi, toti adnati; prophylla 6—8 *mm* longa, 0,5—1 *mm* lata, a basi subulato-angustata et longe acuminata, integra eglandulosa. Calyx 13—18 *mm* longus, in $^2/_3$—$^1/_2$ alt. tubulosus. Petala calycem parte $^1/_3$—$^1/_2$ ejus long. superantia, caerulea unicolora, 12—18 *mm* longa. Ovarium 50—60-ovulatum. Fructus 5—7 *mm* diametro, dorso leviter tuberculatus. Semina anguste obovata, 2—2,3 *mm* longa, 0,8—1 *mm* crassa.

Habitat in Brasiliae prov. Bahia in Serra Jacobina: Blanchet n. 2613 (ex parte), 2616, prope Tamandua: Blanchet n. 3832, in summo monte Itambé: Martius.

Var. *κ.* **Surinamensis** *Urb.*, suffrutex v. fruticulus 30—100 *cm* altus, pilis brevibus v. brevissimis adpressis v. curvato-erectis dense obsitus, foliis oblongo-lanceolatis usque fere linearibus, 4—15-plo longioribus quam latioribus, floribus heterostylis, calyce 14—20 *mm* longo, petalis 12—18 *mm* longis unicoloribus.

Turnera opifera Benth.! in Hook. Journ. of Bot. IV, 115, — non Mart.
Turnera Surinamensis Miq. in Linnaea 1844, p. 748 (nomen tantum) et in schedulis ad Kappler Pl. Surinam. n. 1519 (ed. Hohenacker a. 1845).
Turnera refracta Klotzsch! Msc. in Rich. Schomb. Faun. u. Flor. Brit. Guian. 1166.

Folia 2—7 *mm* longe petiolata, apice acuta, nunc breviter acuminata, basi aequaliter angustata, cuneata v. obtusiuscula, 3—6 *cm* longa, 0,3—1 *cm*, raro—1,5 *cm* lata, margine antico v. supra medium serrata, serraturis foliorum angustiorum obsoletis, ad nervos praesertim subtus breviter v. brevissime pilosa, caeterum obsoletissime pilosiuscula v. supra plane glabra. Pedunculi 1—6 *mm* longi, toti adnati v. rarius apice liberi; prophylla 5—10 *mm* longa, 0,3—1 *mm* lata, a basi subulato-angustata et longe acuminata. Calyx in $^2/_3$ alt. tubulosus. Petala calycem parte $^1/_2$—$^1/_2$ ejus longit.

superantia, dilute caerulea v. alba venis caeruleis v. violaceis. Antherae juniores apiculatae. Ovarium 30—70-ovulatum. Fructus 4—6 *mm* diametro, dorso plus minus tuberculatus. Semina obovata usque oblonga 2—2,5 *mm* longa, 0,7—1 *mm* crassa.

Habitat in Brasiliae prov. Bahia, Piauhy, Goyaz, Pará, Alto Amazonas: Riedel n. 1543, Burchell n. 8317, 9005, 9010, Gardner n. 2175, 3197, 3199, 3748, Weddell n. 2419, Spruce n. 392, 443, Trail n. 344; in Guiana Batava: Hostmann n. 1519, Kegel n. 1279, in Anglica: Rob. Schomburgk n. 754, Rich. Schomburgk n. 472, Appun n. 1738, 1901; in Mexico prope Oaxaca: Galeotti n. 7134. — Flor. totum per annum.

Var. λ. **grandiflora** *Urb.* foliis obovato-oblongis v. superioribus lanceolatis, 3—5-plo longioribus quam latioribus, calyce 20—25 *mm* longo, petalis 25—30 *mm* longis, inferne atro-violaceis, superne pallide caeruleis; caetera ut in var. α.

Folia 4—6 *mm* longe petiolata, inferiora apice obtusa, caetera acuta, inferne cuneata et integra, a medio crenato-serrata, 3,5—6 cm longa, cr. 1 *cm* lata, ad nervos praesertim subtus et ad marginem breviter pilosa, caeterum obsoletissime pilosula. Pedunculi 3—4 *mm* longi, toti adnati; prophylla 6 *mm* longa, 0,5 *mm* lata, a basi subulato-angustata. Calyx in ³/₁ alt. tubulosus. Petala calycem parte ejus ¹/₂ v. ultra superantia. Antherae juniores obsolete apiculatae. Fructus globoso-ovatus, cr. 5 *mm* diametro, dorso minute tuberculatae. Semina anguste ovalia, 2,2 *mm* longa, vix 1 mm crassa.

Habitat in Paraguay m. April.—Maio flor. et fruct.: Weddell n. 3113.

Var. μ. **caerulea** *Urb.*, perennis v. suffruticosa, caulibus 10—20 *cm* longis, pilis curvato-erectis flavis v. pallide flavis dense obsitis v. ad apicem strigoso-tomentosis, foliis obovato-cuneatis v. oblongis, 2—3-plo longioribus quam latioribus, floribus heterostylis, calyce 14—20 *mm* longo, petalis 15—24 *mm* longis, caeruleis unicoloribus.

Turnera caerulea DC. Prodr. III, 346.

Icon: Calques des Desc. Fl. Mex. 386!.

Folia 2—6 *mm* longe petiolata, acuta v. obtusa, 2,5—5 *cm* longa, 0,8—2 *cm* lata, usque supra medium crenata v. grosse serrata, utrinque breviter pilosula, ad nervos subtus strigosa. Pedunculi 1,5—4 *mm* longi, toti adnati; prophylla anguste lanceolato-linearia v. subulata, 4,5—10 *mm* longa, 0,5—1,3 *mm* lata, integra subintegrave. Calyx in ¹/₂ alt. tubulosus. Petala calycem parte ¹/₂—²/₃ ejus long. superantia. Antherae juniores apiculatae v. obtusissimae. Ovarium 18—70-ovulatum. Fructus globulosus v. breviter ellipticus, 4—5 *mm* crassus, dorso dense, sed depresse tuberculatus. Semina obovata v. obovato-oblonga, 2,2—2,8 *mm* longa, 1—1,2 *mm* crassa.

Habitat in Bolivia: Orbigny, prope Pomabamba: Weddell n. 3888, in prov. Tomina: Weddell: in Mexico: Karwinski, v. Gerolt n. 1178, Uhde n. 1070, Ghiesbrecht n. 144, in prov. Oaxaca: Ghiesbrecht, in planitiebus prope Cuernavaca: Ghiesbrecht n. 220, prope S. Francisco Jetecala: Schiede n. 807, ad Cerro de Pinal: Seemann n. 1515, ad Jorullo: Humboldt.

52. **Turnera coriacea** *Urb.*, fruticulus pube ramorum simplice; foliis 2—5 *mm* longe petiolatis, inferioribus ovato-oblongis, caeteris subrhombeo-cuneatis v. oblongo-lanceolatis, 2—3-plo longioribus quam latioribus; pedunculis 2—4 *mm* longis; floribus homostylis; calyce 10 ad

12 *mm* longo; petalis luteis, ad insertionem brevissime atroviolaceis; antheris junioribus 3 *mm* longis, 0,7 *mm* latis; stylis ad apicem clavato-dilatatis oblique desectis concavis et margine lobulatis subintegrisve; ovario 12—15-ovulato; seminibus oblongis falcato-curvatis tenuissime v. obsolete reticulato-striatis, chalaza concava ad raphen spectante.

Icon: Urb. in Mart. Flor. Bras. XIII, III, t. 48 f. V.

Fruticulus 0,7—1 m altus; rami vetustiores subirregulariter et elevatim v. angulato-striati nigrescentes glabri, hornotini pilis brevissimis adpressis flavidis v. cinereo-flavidis dense vestiti v. pulverulenti. Stipulae lineares 0,5—1 mm longae. Folia inferiora obtusiuscula v. obtusa, caetera acuta, omnia ad basin integram sensim angustata, 3—5 cm longa, 1—2 cm lata, antice serrata, nervis supra obsolete prominulis, praeter pubem subtus ad nervum obviam glabra, subtus pallidiora et punctulis atropurpureis minutis adspersa, glandulis basalibus amplis. Flores initio apice caulium conferti, postremo remotiusculi; prophylla linearia acuminata 4—8 mm longa, 0,5—1 mm lata pilosula, subintegra. Calyx extrinsecus pulverulentus, in ³/₃—³/₇ alt. in tubum cylindraceo-campanulatum coalitus. Petala calycem parte ¹/₃—¹/₂ ejus longit. superantia, obovato-triangularia, 9—12 mm longa, 6,5—7 mm lata. Filamenta 1,5—2 mm longe adnata, glabra, 4—4,5 mm longa; antherae juniores lineares, ad apicem paullo angustiores, breviter apiculatae, basi brevissime emarginatae, in 10—12-ma alt. affixae. Styli 5,5—6 mm longi, intus parce hirtelli v. glabri. Fructus globulosi, 6—7 mm diametro, dorso nigrescentes, dense tuberculati et obsolete pilosuli, intus tenuiter elevatim reticulati purpurascentes flavido-punctati. Semina 3,5—4 mm longa, 1,2 ad 1,5 mm crassa, supra chalazam paullo constricta, hilo conico v. piriformi amplo.

Habitat in Brasiliae prov. Minas Geraës, in saxosis Serra da Lapa m. Nov. flor. et fruct.: Riedel n. 905.

Obs. Habitu ad formas *T. ulmifoliae* var. *cuneiformis* accedens.

53. **Turnera hermannioides** *Camb.*, fruticulus pube stellari; foliis 2—6 *mm* longe petiolatis, obovatis, ovalibus v. oblongo-lanceolatis, dimidio usque 4-plo longioribus quam latioribus; floribus heterostylis; pedunculis 2—4 *mm* longis; calyce 11—14 *mm* longo; petalis pallide flavis usque paene albidis; antheris junioribus 3—4,5 *mm* longis, 0,6 ad 0,8 *mm* latis; stylis 1—1,5 *mm* longe multipartitis; ovario 40—60-ovulato; seminibus oblongis parum v. manifestius curvatis, tenuissime reticulato-striatis, chalaza ad raphen spectante prominente concava.

Turnera hermannioides Camb.! in St. Hil. Flor. Bras. mer. II, 158 (218); Walp. Repert. II, 228.

Icon: St. Hil. Flor. Bras. mer. II, t. 120!

Fruticulus 30—100 cm altus; rami vetustiores brunnei glabrati teretes striati, hornotini pube stellari multiradiata brevissima cinerea v. albido-flava dense obsiti v. superne tomentosi, pilis simplicibus longioribus sursum curvatis v. adpressis saepius intermixtis. Stipulae 0,3—0,8 mm longae. Folia apice rotundata v. obtusa, basi cuneata, 2—6 cm longa, 0,8—2 cm lata, margine basi excepta crenata v. dentata, crenis nunc simplicibus, nunc duplicatis, mediocribus v. satis amplis, nervis supra obsolete v. manifeste impressis, utrinque pilis stellaribus obtecta, subtus albido-tomentosa, simplicibus ad nervos saepius obviis, glandulis basi ima v. sub basi ad petiolum ipsum obviis amplis v. mediocribus. Flores approximati; prophylla 3—7 *mm* longa, inferne 0,5—1 *mm* lata, linearia, superne subulato-acuminata, 1-nervia subintegra. Calyx extrinsecus tomentosus, in parte $^1/_3$—$^2/_3$ inferiore in tubum cylindraceo-campanulatum coalitus. Petala calycem parte $^1/_3$—$^2/_3$ ejus long. superantia, unicolora, 15—18 *mm* longa. Filamenta 2—3 *mm* longe adnata, glabra, longiora 8—10 *mm*, breviora 5—6 *mm* longa; antherae juniores lineares, superne angustatae, apiculatae, basi breviter emarginatae, in $^1/_6$—$^1/_4$ altitudinis affixae. Styli filiformes glabri v. inferne circumcirca v. intus usque ad stigmata pilis erectis obsiti, longiores 7,5—8 *mm*, breviores 4—5 *mm* longi, ab antheris 2—3 *mm* distantes. Fructus breviter globulosi 5—6 *mm* diametro, intus ad basin solemniter dense et breviter pubescentes, extrinsecus dorso medio obtuse et crasse carinati, tomentelli et breviter pilosi, sub pube obsolete tuberculati, intus dense elevatim reticulati. Semina inferne attenuata, 2,5—3 *mm* longa, 0,7—1 *mm* crassa, hilo semigloboso, supra chalazam circumcirca plus minus constricta.

Habitat in Brasiliae prov. Minas Geraës, Bahia et Goyaz: St. Hilaire n. 1557, Blanchet n. 3097, Martius n. 2223, Gardner n. 2614, 3754, Burchell n. 8861, Pohl n. 3369, 5148, Sello n. 65, 699. — Flor. et fruct. Mart.—April.

Obs. Habitu formis *T. ulmifoliae* var. *intermediae* similis.

54. **Turnera arcuata** *Urb.*, perennis pube simplice; foliis 1—3 *mm* longe petiolatis v. subsessilibus, lineari-lanceolatis v. paene linearibus, 6—9-plo longioribus quam latioribus; floribus heterostylis; pedunculis 0—1,5 *mm* longis; calyce 11—14 *mm* longo; petalis verisimiliter caeruleis; antheris junioribus oblongo-linearibus, 2,5 *mm* longis, 0,7—0,8 *mm* latis; stylis apice 1,5 *mm* longe cr. 10-partitis; ovario 9—20-ovulato; seminibus oblongo-linearibus, arcuato-curvatis, tenuiter reticulato-striatis, chalaza ad raphen spectante, non prominente.

Caules hornotini 1 v. pauci, 10—20 *cm* longi, 1—2 *mm* crassi, simplices, raro ramosi, inferne atropurpurei glabrati v. plane glabri, superne pilis brevibus curvatis pallide flavis conspersi, aliis brevissimis albidis crebrioribus intermixtis. Stipulae 0,5—0,7 *mm* longae. Folia 4—7 *cm* longa, 0,3—1 *cm* lata, utrinque subaequaliter v. ad apicem magis et acuminato-angustata, saepius longitudinaliter plicata et arcuato-subincurva ideoque subnaviculiformia, integra v. ad apicem serraturis 1—4 praedita, dentibus in utroque latere numero plerumque inaequalibus, nervis supra parum v. vix prominentibus, praeter pilos strigosos ad nervum medium praesertim subtus obvios glaberrima, glandulis basalibus 1 + 1, raro 2 + 2 amplis. Flores sub anthesi in apice caulium approximati, posterius remotiusculi; prophylla 4—9 *mm* longa, 0,3—0,8 *mm* lata, linearia subulato-acuminata, subintegra. Calyx extrinsecus breviter strigoso-pilosus, in parte $^1/_3$—$^2/_$ inferiore in tubum cylindrico-campanulatum coalitus. Petala calycem dimidia ejus long. v. paullo ultra superantia, 13—16 *mm* longa obovato-cuneata. Filamenta 3 *mm* longe adnata, glaberrima, longiora 9 *mm*, breviora 6 *mm* longa; antherae juniores obtusiuscule apiculatae, in $^1/_3$ alt. affixae. Styli plane glabri v. pilis parcis sursum curvatis strigosi, ramis stigmatosis valde inaequilongis, longiores 9 *mm*, breviores 6 *mm* longi, ab antheris 1—2 *mm* longe distantes. Fructus globulosi, 4—4,5 *mm* diametro, dorso manifeste tuberculati et pilis brevibus sursum! curvatis flavidis strigosi, intus dense et elevatim reticulato-nervosi glabri. Semina 2,5—3 *mm* longa, 0,8—0,9 *mm* crassa, nigrescentia, ad hilum subito, sed parum attenuata, paullo supra basin manifeste subconstricta.

Habitat in Brasiliae prov. Goyaz Serra de Christaës: Pohl n. 710.

Obs. Habitu formas *T. ulmifoliae* var. *Surinamensis* referens.

Turnera hirta *Desv. Msc. in Hamilt. Prodr. 33, non Willd.* (*T. Desvauxii DC. Prodr. III, 348*), „caule suffruticoso ramoso; ramis assurgentibus hirtis; foliis ovatis obtusis basi crenato-dentatis subtus pilosiusculis; floribus axillaribus, longe pedunculatis."

Habitat in Guiana.

Turnera melochia *Trian. et Planch. Prodr. Flor. Novo-Granat. in Ann. des sc. nat. XVII, 187,* „fruticosa inferne denudata, ramulis erectis conferte foliosis pube cinerea subsericea vestitis; foliis parvis in petiolum abrupte v. sensim contractis subrhomboideo-ovatis obtusiusculis crenato-serratis basi biglandulosis supra puberulis, subtus sericeo-tomentosis (vetustis tantum pubescentibus); floribus parvis supra medium petiolo insidentibus sessilibus bibracteolatis, bracteolis linearibus calyce fere 4-plo brevioribus; calycis tubo lacinias limbi late lineares subaequante; petalis angustis calycem vix excedentibus (saltem ex flore unico exsiccato); ovario ovoideo dense sericeo pauci-(6?)ovulato, stylis 3 apice penicillato-multifidis; capsula parva sessili ovata laevi dense pilosa trivalvi v. abortu bivalvi; seminibus 3—4 obovoideo-oblongis leviter arcuatis fulvis seriatim scrobiculatis, lamina arillari longitudinem ventris totam tegente.

Rami adsunt inferne denudati, striato-subangulosi, nigrescentes, vage ramulosi ramuli interdum inferne cicatricibus foliorum delapsorum dense asperati. Folia unguicularia, inferiora in petiolum longiusculum (4—5 mm) cuneatim contracta limbo interdum in petiolum quasi geniculato, nervis lateralibus utrinque paucis, parallelis obliquis prominentibus: glandulae ad basin imam limbi orbiculatae, interdum nullae. Calyx extus adpresse pilosulus, circiter 15 mm longus, tubo angusto inferne leviter inflato, superne paullulum ampliato. Petala in flore unico exsiccatione corrugata non rite visa, attamen certe angusta et propter calycem parva. Stamina tubo calycino vix longiora; antherae ovatae dorso affixae flavae. Styli plane liberi; stigmata penicillato-divisa. Capsula parva vix diametro 4 mm, basi ima reliquiis tubi calycini irregulariter deleti suffulta."

Habitat in Novae Granatae prov. Bogota, in Llanos de San Martin, alt. 250 m: Triana.

Turnera sidoides *Vell. Flor. Flum. p. 127, non Linn.,* „pedicellis axillaribus solitariis; foliis integerrimis lanceolatis.

Icon: Vell. l. c. III, t. 107!

Radix tuberosa. Caulis herbaceus teres pilosus subramosus palmaris; rami pauci virgati. Folia vix petiolata duabus glandulis, lanceolata alterna integerrima villosa. Inflorescentia (flos) axillaris solitaria breviter pedicellata. Perianthium 5-partitum. Corolla flavescens. Antherae sagittatae. Pistilla (styli) longitudine staminum; stigmata bifida."

Habitat in Brasiliae prov. Rio de Janeiro.

— 148 —

Species excludenda.

Turnera panniculata Willd. Msc. in Schult. Syst. Veg. VI, 678 et Herb. n. 6087! = *Melochia graminifolia St. Hil. (Riedleia graminifolia Steud.)* — ex determ. cl. Garcke.

Erklärung der Abbildungen.

Tafel I.

Fig 1. Grundriss einer Wickel.

Fig. 2—12. Schematisirte Inflorescenzen von *Wormskioldia* im Aufriss bez. Grundriss (die kleinen Kreise bedeuten Blüthen, die Längenverhältnisse in natürlicher Grösse): 2—5 von *W. glandulifera*, in 5 ist das unterste fertile Vorblatt unterdrückt, 6 von *W. brevicaulis*, noch nicht vollständig entwickelt, 7 von *W. tanacetifolia*, 8—9 von *W. lobata*, 10 von *W. longipedunculata*, 11—12 von *W. pilosa*.

Fig. 13—15. Schematisirte Inflorescenzen von *Streptopetalum*: 13—14 von *St. Hildebrandtii*, 13 unvollständig entwickelt, 15 von *St. serratum*.

Fig. 16. Theil eines Zweiges von *Turnera diffusa* var. *aphrodisiaca* mit Beispross und Blüthenknospe (↑): Die Nebenblätter, zwischen welchen der Pedunculus inserirt ist, geben oberhalb der Basis des Blattstieles ab; die Punkte an Zweig und Blatt stellen sitzende Papillen (Damiana) dar.

Fig. 17—20 zu *Wormskioldia longipedunculata*: 17 Theil einer Blüthe von innen nach Entfernung der Staubfäden und eines Petalums (↑); über der Basis des Kelches die schmalen Kelchschwielen, mit ihnen alternirend die behaarten Leisten der herablaufenden Blumenblätter; die Kelchblätter im oberen Drittel frei, die inneren am Rande gewimpert, im Tubus an den Kommissuren nervenlos; die 2 Blumenblätter (oberwärts abgeschnitten) sind der unteren Hälfte der Kelchröhre inserirt und tragen dicht über der Insertion auf der Innenseite die Ligula, welche in Fig. 18 vergrössert ist (¹²⁄₁). — 19 stellt ein äusseres Kelchblatt (↑) von aussen dar und veranschaulicht den Nervenverlauf. — 20 ein einzelnes Blumenblatt vom Kelche bis zu seiner Basis abgelöst (³⁄₁).

Fig. 21—22 zu *Piriqueta aurea*: 21 Theil einer Blüthe von innen nach Entfernung der Staubfäden (↑); die Kelchblätter sind im unteren vierten Theile zu einer umgekehrt-kegelförmigen Röhre verwachsen und zeigen hier 10 gleichmässig entwickelte Haupt- und Kommissuralnerven; die (oberwärts abgeschnittenen) Blumenblätter sind dem Kelchschlunde inserirt, an welchem sich die kontinuirliche, vor den Petalen stärker ausgebildete Corona hinzieht. — 22 Theil der Corona (¹²⁄₁) von einem Blumen- und Kelchblatte losgelöst.

Fig. 23. Kelchblatt von *Mathurina pendulilflora* von innen (↑) mit der mächtig entwickelten Kelchdrüse.

Fig. 24—25 zu *Turnera ulmifolia* var. *cuneiformis*: 24 Knospe, deren Pedunculus dem Blattstiel angewachsen ist (↑). — 25 Querschnitt durch den unteren Theil der Kelchröhre (↑); zunächst der Kelchtubus mit halbkreisförmig vorgewölbten Nerven, dann die Filamente, welche mit den Rändern dem Tubus angewachsen sind und nach aussen hin die Honig führenden Hohlräume bilden, endlich das fein behaarte Ovarium mit den 3 Placenten.

Fig. 26. Theil einer Blüthe von *Turnera diffusa* var. *aphrodisiaca* von innen (⅟): von den 3 (abgeschnittenen Staubfäden) ist der eine nach innen gebogen, um die geringe Anwachsung derselben an die Kelchröhre zu veranschaulichen; die nackten Blumenblätter sind dem Schlunde des bis über die Mitte verwachsenen Kelches inserirt.

Fig. 27. Theil einer monströsen Blüthe von *Turnera lamiifolia* von innen (⅟): aus der Mitte der herablaufenden Blumenblätter treten mehrere griffelartige, hin und her gebogene, an der Spitze zerschlitzte Gebilde hervor.

Tafel II.

Fig. 28. Ausgebreiteter Kelchtheil von *Turnera ulmifolia* var. *cuneiformis* von innen (⅟) mit 3 oberwärts abgeschnittenen Staubfäden, welche unterwärts mit den Rändern dem Kelchtubus angewachsen sind.

Fig. 29—30 zu *Streptopetalum Hildebrandtii* (⅟): 29 noch nicht verstäubte Anthere vom Rücken her mit künstlich emporgehobenem Filamente, 30 dieselbe im Querschnitte.

Fig. 31—32 zu *Mathurina penduliflora* (⅟): 31 Anthere von der Innenseite her, 32 dieselbe im Querschnitt.

Fig. 33—34 zu *Piriqueta Assuruensis* (⅟): 33 Anthere von der Innenseite her, aufgesprungen, 34 dieselbe vom Rücken her.

Fig. 35 zu *Piriqueta aurea* (⅟): Verstäubte Anthere vom Rücken her.

Fig. 36—38 zu *Turnera ulmifolia* var. *cuneiformis*: 36 noch nicht verstäubte Anthere von der Innenseite, 37 vom Rücken her (⅟), 38 im Querschnitt (⅟).

Fig. 39—41. Pollenkorn von *Turnera ulmifolia* var. *cuneiformis*: 39 von aussen ($\frac{250}{1}$), 40 im optischen Querschnitt (desgl.), 41 Theil der Extine ($\frac{750}{1}$).

Fig. 42. Diagramm von *Turnera ulmifolia*.

Fig. 43. Zweischenkeliger Griffel von *Piriqueta cistoides* von innen (⅟).

Fig. 44. Oberer Theil eines Griffels von *Mathurina penduliflora* von der Seite (⅟).

Fig. 45. Griffel aus einer brachystylen Blüthe von *Turnera dolichostigma* von innen (⅟).

Fig. 46. Griffelspitze von *Turnera ulmifolia* var. *cuneiformis* von der Seite ($\frac{15}{1}$).

Fig. 47. Theil des Fruchtknotens (spätere Klappe) von *Turnera ulmifolia* var. *cuneiformis* mit den Eichen von innen (⅟), etwas schematisirt. Das Segment an den kleinen Kreisen, sowie die Doppellinie an den ovalen kennzeichnet die Lage der Raphe.

Fig. 48—50. Ovula von *Turnera ulmifolia* var. *cuneiformis* in fortschreitender Entwickelung: 48 ($\frac{48}{1}$), 49 ($\frac{55}{1}$), 50 zur Blüthezeit mit dem bei a angedeuteten Arillus ($\frac{48}{1}$).

Fig. 51. Frucht von *Wormskioldia tanacetifolia* (⅟).

Fig. 52—53. Frucht von *Streptopetalum serratum* (⅞), in 53 aufgesprungen.

Fig. 54. Klappe von *Mathurina penduliflora* (⅟) von innen mit den sehr zahlreichen und feinen Funiculi.

Fig. 55. Frucht von *Turnera macrophylla* (⅟).

Fig. 56—57. Früchte von *Turnera albicans* (⅟): 56 aufspringend mit den Vorblättern, 57 vollständig aufgesprungen mit zurückgekrümmten Klappen von oben; die Samen sind von der Spitze der je einzelnen Funiculi abgefallen.

Fig. 58—60. Samen von *Mathurina penduliflora*: 58 mit dem Arillus (⅟), 59 ohne denselben ($\frac{19}{1}$), 60 Embryo ($\frac{19}{1}$).

Fig. 61—62. Samen von *Wormskioldia lobata*: 61 von der Seite mit dem Arillus (⅟), 62 ein Theil der Oberfläche ($\frac{44}{1}$) mit je 2 Poren in den Feldchen.

Fig. 63—64. Samen von *Piriqueta racemosa* (⅟): 63 von der Seite ohne Arillus, 64 Embryo.

Fig. 65—66. Samen von *Turnera odorata* (⅟): 65 von der Chalaza her ohne Arillus, 66 Embryo.

Fig. 67. Samen von *Turnera hermannioides* (⅔), halb von der Bauchseite.

Fig. 68—71. Samen von *Turnera ulmifolia* var. *cuneiformis* (⅔): 68 von der Seite mit Arillus, 69 im Längsschnitt durch die Chalaza, 70 im Querschnitt durch den oberen Theil, 71 Embryo.

Fig. 72—73. Secernirende Drüse von *Turnera ulmifolia* var. *cuneiformis* (¹⁴/₁): 72 von oben, 73 im Längsschnitt.

Fig. 74—75. Gynaeceum und Staubblatt von *Turnera capitata* (⅔): 74 aus einer dolichostylen Blüthe, 75 aus einer brachystylen Blüthe.

Fig. 76—77. Androeceum und Gynaeceum von *Wormskioldia glandulifera* (⅔) in ihren Längenverhältnissen zu einander, schematisirt: 76 langgriffelige Form, 77 kurzgriffelige Form.

Fig. 78. Desgleichen von *Streptopetalum serratum* (⅔).

INDEX.

Raphanus pilosus Willd. 54.

Schumacheria Spreng. 48. — Streptopetalum Hochst. 55; Hildebrandtii Urb. 57; serratum Hochst. 56.

Triacis Griseb. 82; *microphylla* Griseb. 126. — *Tribolacis* Griseb. 82; *juncea* Griseb. 112. — *Tricliceras* Thonn. 48. — Turnera Linn. 81; acaulis Griseb. 106; *acuta* Spreng. 143; acuta Willd. 96; *alba* Liebm. 141; albicans Urb. 135; *angustifolia* Mill. 142; annularis Urb. 124, (var. conglomerata Urb. 124); *aphrodisiaca* Ward 127; *apifera* DC. 117; arcuata Urb. 146; *arenaria* Spruce 115; *aspera* Poir. 75; *Aturensis* Dietr. 75; aurantiaca Benth. 97; *aurea* Camb. 69; *Benthamiana* Rich. Schomb. 98; *Berneriana* Tul. 78; Blanchetiana Urb. 130, (var. aequalifolia Urb. 130, var. capituliflora Urb. et Rolfe 130, var. subspicata Urb. 130); Brasiliensis Willd. 94, (var. brevifolia Urb. 94); *caerulea* DC. 144; callosa Urb. 105; calyptrocarpa Urb. 128; *Capensis* Harv. 78; capitata Camb. 133, (subsp. intermedia Urb. 135, var. rufescens Urb. 134); *Caroliniana* Wats. 71; *carpinifolia* H. B. K. 96; Cearensis Urb. 100; chamaedryfolia Camb. 129; *chamaedrys* Kl. 140; *cistoides* Baill. 142; *cistoides* Linn. 73; *cistoides* Pursh 71; *cistoides* Trian. et Planch. 72; Clausseniana Urb. 89; *corchorifolia* Willd. 123; *corchoroides* Kl. 140; coriacea Urb. 144; *cuneifolia* Juss. 139; *cuneiformis* Bello y Esp. 140; *cuneiformis* Poir. 138, (var. β. DC. 123, var. *odorata* Poir. 123); Curassavica Urb. 118; *decipiens* Baill. 136; *Desvauxii* DC. 147; dichotoma Gardn. 136; diffusa Willd. 125, (var. aphrodisiaca Urb. 127); dolichostigma Urb. 106; *Duarteana* Camb. 66, (var. *rotundifolia* Camb. 67 in obs.); *elegans* Otto 139; elliptica Urb. 107; *frutescens* Aubl. 89, (var. *latifolia* DC. 123); genistoides Camb. 113; *glabra* DC. 72; Glaziovii Urb. 93; Guianensis Aubl. 111; hebepetala Urb. 127; *helianthemoides* Camb. 74; hermannioides Camb. 145; *hexandra* Spreng. 123; Hilaireana Urb. 108, (var. lanceolata Urb. 109, var. minor Urb. 109, var. oblongifolia Urb. 109); Hindsiana Benth. 91; *Hindsiana* Hemsl. 92; *hirsuta* Bert. 74; *hirsutissima* Sauv. 114; hirta Desv. 147; *hirta* Willd. 73; *Humboldtii* Spreng. 112; *humifusa* Endl. 126; incana Camb. 120; *integrifolia* Willd. 72; lamiifolia Camb. 119; *lanceolata* Camb. 109; longiflora Camb. 121; longipes Triana 99; lucida Urb. 137; *lutescens* Camb. 117; macrophylla Urb. 95; melochia Trian. et Planch. 119 in obs., 147; melochioides Camb. 115, 116, (var. angustifolia Urb. 116, var. arenaria (Spruce) 115, var. genuina Urb. 116, var. latifolia Urb. 116, var. oblongifolia Urb. 116, var. ramosissima (Spruce) 116); *microphylla* Desv. 125; *mollis* H. B. K. 140; nana Camb. 103; nervosa Urb. 108; *oblongifolia* Camb. 109; *obtusifolia* Smith 139; odorata Rich. 123; *opifera* Benth. 143; opifera Mart. 117; *ovata* Bello y Esp. 76; Panamensis Urb. 92; *panniculata* Willd. 148; *parviflora* Benth. 123; Pernambucensis Urb. 133; *Peruviana* Willd. 140; pinifolia Camb. 112; *pinnatifida* Camb. 102; *pinnatifida* Juss. 102, (var. *angustiloba* Camb. 103, var. angustiloba DC. 103, var. β. Poir. 103, var. *carnea* Camb. 102, var. *lycopifolia* DC. 103); (Piriqueta) *nov. spec.* Schlecht. 74; Pohliana Urb. 104; *procumbens* Gardn. 113; Pumilea Linn. 114; *Pumilea* Poir. 125; *racemosa* Jacq. 77; *ramosissima* Spruce 116; *refracta* Kl. 143; Riedeliana Urb. 110; *rosea* Camb. 64; *rugosa* Willd. 75; rupestris Aubl. 88, (var. frutescens Urb. 89); salicifolia Camb. 93; *salicifolia* B. Seem. 92; Schomburgkiana Urb. 132; *sedoides* DC. 102; *sericea* H. B. K. 140; serrata Vell. 92; *setosa* Griseb. 103; *setosa* Smith 102, 103, (var. *Entreriana*

Griseb. 103, var. *integrifolia* Griseb. 102); *sidaefolia* Camb. 61; sidoides
Linn. 101, 102, (var. angustiloba Urb. 103, var. Grisebachiana Urb. 102, var.
hispida Urb. 102, var. holosericea Urb. 101, var. incisa Urb. 102, var. lycopifolia
Urb. 102); *sidoides* Vell. 147; stachydifolia Urb. et Rolfe 122, (var. flexuosa
Urb. 122); stipularis Urb. 131; *subglabra* Kl. 98; *subulata* Smith 139; *Surina-
mensis* Miq. 143; *tomentosa* H. B. K. 123; *tomentosa* Willd. 75; *tomentosa*
Wood 72; trigona Urb. 111; *trioniflora* Presl 141; *trioniflora* Sims 139; *ulmifolia*
Bello y Esp. 140; *ulmifolia* Camb. 138; *ulmifolia* Griseb. 139; ulmifolia
Linn. 138, 142, (var. acuta Urb. 142, var. angustifolia Willd. 141, var. caerulea
Urb. 144, var. cuneiformis Urb. 138, var. elegans Urb. 139, var. elliptica
Urb. 143, var. grandidentata Urb. 139, var. grandiflora Urb. 144, var. inter-
media Urb. 140, var. orientalis Urb. 138, var. Surinamensis Urb. 143, var.
velutina Urb. 141); *ulmifolia* Trian. et Planch. 138; velutina Benth. 98; *ve-
lutina* Presl 141; *villosa* Raeusch. 75; *virgata* Willd. 140; *viscosa* Sauv. 68;
Weddelliana Urb. et Rolfe 90; *xanthotricha* Shuttl. 71; *xanthotricha* Shuttl. 71.
— TURNERACEAE DC. 45. — *TURNERAE* sect. *PIRIQUETA* Poir. 58.

Ustilago Urbaniana Fisch. de Waldh. 139 in obs.

WALTERIA Caroliniana Walt. 71. — *WALTHERIA terminalis* Vell. 139. —
WORMSKIOLDIA Thonn. et Schum. 48; *Abyssinica* A. Rich. 56; Biviniana
Tul. 50; brevicaulis Urb. 51; *diversifolia* A. Rich. 54; glandulifera Kl. 49;
heterophylla A. Rich. 54; *heterophylla* Thonn. 54; *Hildebrandtii* Urb. et
Rolfe 57; lobata Urb. 52; longipedunculata Mast. 53; pilosa Schweinf. 54,
(var. angustifolia Urb. 54, var. latifolia Urb. 54); *serrata* Hochst. 56; tanacetifolia Kl. 51.

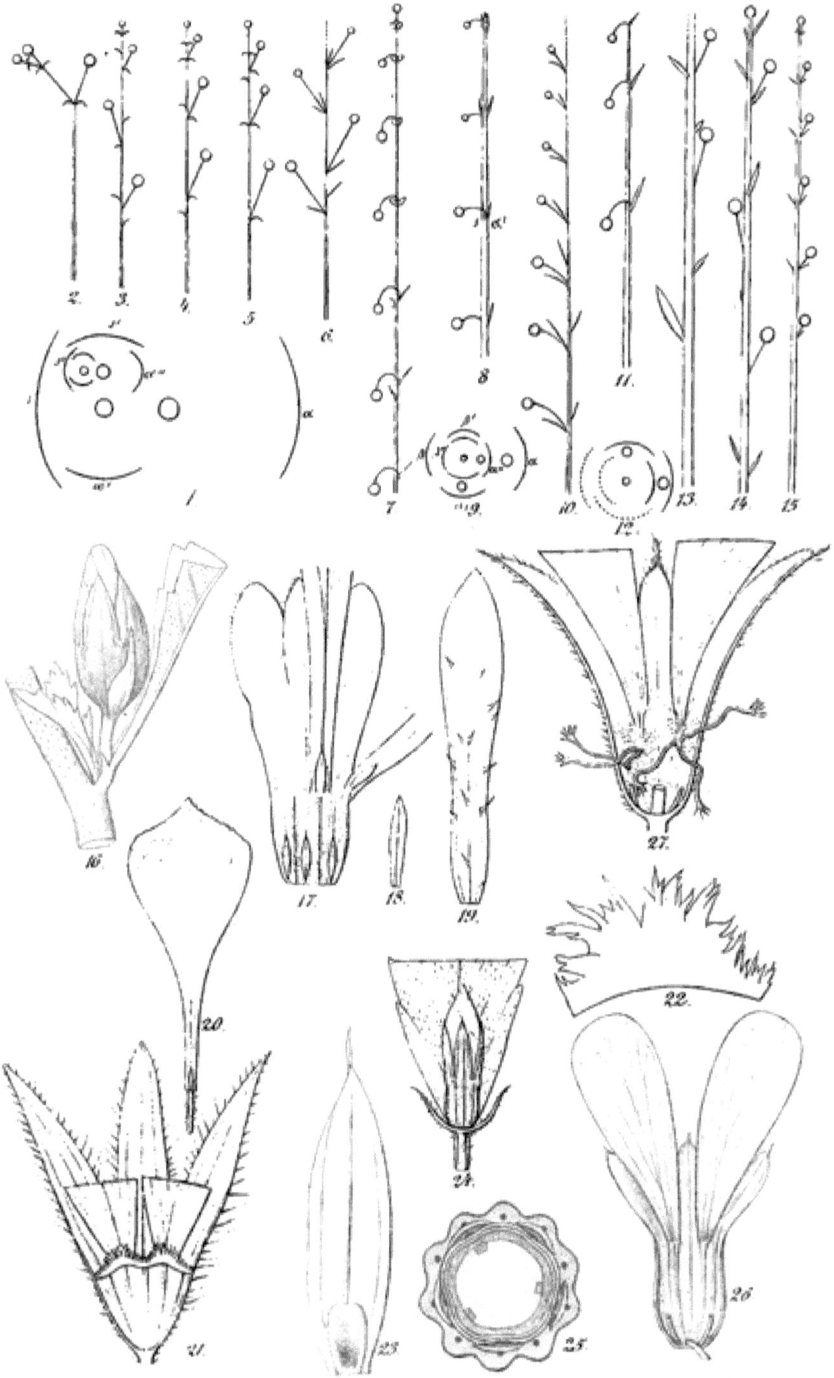

I. Urban del. W. A. Meyn lith.

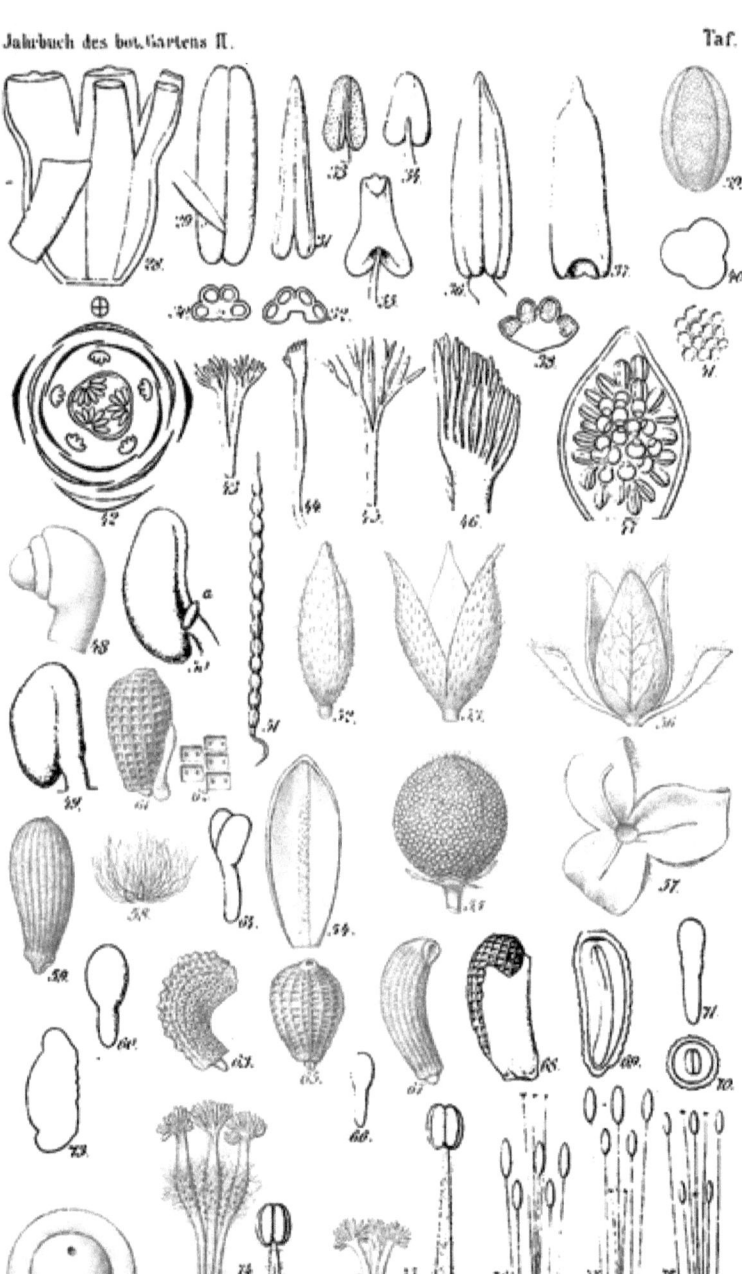